TANGJINLIUYIN WUBAINIAN
—QINGSHUI JIANG LIUYU
MUSHANG WENHUA YANJIU

淌金流银五百年

——清水江流域木商文化研究

曾梦宇　胡艳丽　编著

四川大学出版社
SICHUAN UNIVERSITY PRESS

项目策划：梁　平
责任编辑：梁　平
责任校对：杨　果
封面设计：璞信文化
责任印制：王　炜

图书在版编目（CIP）数据

淌金流银五百年：清水江流域木商文化研究 / 曾梦宇，胡艳丽编著 . — 2 版 . — 成都：四川大学出版社，2021.1

ISBN 978-7-5690-4269-6

Ⅰ．①淌… Ⅱ．①曾… ②胡… Ⅲ．①木材－贸易史－贵州－文集 Ⅳ．① F724.724-53

中国版本图书馆 CIP 数据核字（2021）第 012564 号

书名	淌金流银五百年——清水江流域木商文化研究
编　著	曾梦宇　胡艳丽
出　版	四川大学出版社
地　址	成都市一环路南一段 24 号（610065）
发　行	四川大学出版社
书　号	ISBN 978-7-5690-4269-6
印前制作	四川胜翔数码印务设计有限公司
印　刷	四川五洲彩印有限责任公司
成品尺寸	148mm×210mm
印　张	8
字　数	212 千字
版　次	2021 年 6 月第 2 版
印　次	2021 年 6 月第 1 次印刷
定　价	58.00 元

四川大学出版社
微信公众号

前　言

　　清水江（亦名轻江、清江、清水河……），发源于贵州省贵定县斗篷山与都匀云雾山麓之间，逶迤东流，经贵州省的都匀、麻江、凯里、黄平、施秉、台江、剑河、锦屏、天柱和湖南省的会同、芷江、黔阳（今洪江市）等县（市），在古城"黔城"与潕阳河汇流后称黔江，下称沅水。后入洞庭，注长江。清水江全长1200余里，流域面积近2万平方公里，是贵州省境内第二大河流。由于清水江连接长江水道，历史上是西南边陲与富庶江南交流的重要通道之一。

　　清水江水道作为水运通道历史悠久，早在南齐时（479—502年），沿江就设立了南平阳县（今锦屏县）和新东市县（今天柱县瓮洞镇）。

　　由于清水江流域土地肥沃、气候湿润，非常适宜林木生长，自古以来，就是森林密布、层峦叠翠、莽莽苍苍的景象。

　　明永乐十九年（1421年），明成祖迁都北京，大规模兴建皇宫，对高端木材的需求量极大；而清水江流域尚属未开发的"化外之地"，原始森林密布、古木参天、遮天蔽日；于是乎，历史的际遇由此发生了，清水江流域成了修建皇宫所需"皇木"的征采地区，也由此开启了清水江木材经济的滥觞。清水江流域产出的木材史称"苗木"，质量是沅水流域产出的四种木材（苗木、广木、州木和溪木）中最好的，在上贡的皇木和江南市场中都有极佳的口碑，需求量甚大。当天然林的采伐远远供不应求时，人工营林应运而生。从此，一辈一辈的清水江人，用勤劳的双手世代耕耘，给沿江的青山带来了长期的葱荣；从此，清水江的木材源源不断地顺着江水流向了四面八方；从此，清水江成了淌金流银的黄金水道。

清水江的木材经济具体产生于何年，目前尚无定论。1963年，清水江契约文书被学者发现，经过各方不断地挖掘、收集、整理，总数估计达 50 万～60 万件，如此庞大而悠久的历史档案，记载了清水江流域人工营林的历史，也见证了清水江木材经济的繁荣。天柱县档案馆收藏的明成化二年（1466 年）的契约文书，是目前发现的最早记录清水江木材经济的史料，我们起码可以将清水江木材经济产生的年代追溯到 1466 年。

纵观清水江木材经济发展史，清水江作为商品木材的运输通道，兴起于明，盛于清，繁荣于民国，辉煌于社会主义建设时期，直至 19 世纪 80 年代流域内公路、铁路运输兴盛才逐渐被放弃。

从明成化二年（1466 年）到 19 世纪 80 年代，其间跨越时空五百多年，这五百多年是清水江木材经济兴盛的五百年，可以说是清水江淌金流银的五百年。

五百年里，清水江作为木材运输的重要通道，给清水江流域带来了经济的繁荣，交易高峰时，年交易量可达二三百万两白银。

五百年里，清水江作为木材生产重要之地，养育了一代又一代清水江人，也见证了一个个城镇、一座座山寨走向繁荣。

五百年里，清水江作为木材交易重要场所，汇聚了全国各地的客商，也由此形成了独具特色的木商文化。

其实，五百年里，清水江淌出的不仅仅是木材，还有桐子、棉花等各种各样的土特产，从下游流入清水江的也不仅仅是白花花的银子，还有陶瓷、棉布、铁器等工业用品，甚至长江流域人们的观念和文化。

追本溯源，木材经济才是历史上清水江流域繁荣的根本，清水江流域的木商文化才是最值得我们回味和追思的。

本书是贵州省教育厅人文社科基地项目（JD2013243）的研究成果，分为上下两篇。上篇是木商文化篇，主要介绍清水江流域五百年里形成的木商文化；下篇是文化研究篇，是笔者近年来研究清水江木商经济的十篇学术成果。

清水江木商文化十分丰富，这里呈现的仅仅是冰山一角；也由于视角的不同，这里呈现的也仅仅是一家之言，不当或不妥之处，期待读者的批评指正。

曾梦宇

目　　录

上篇　木商文化篇

第一章　孕育木商文化的山与水 …………………………（3）

第一节　清水江干流及其航道 …………………………（3）

第二节　清水江支流及其辐射区域 ……………………（7）

第三节　清水江流域的山与林 …………………………（10）

第二章　清水江流域的木材生产技艺 …………………（15）

第一节　清水江杉木种植技艺 …………………………（15）

第二节　木材砍伐技艺 …………………………………（20）

第三节　木材运输技艺 …………………………………（23）

第四节　木材的流失与清赎 ……………………………（31）

第五节　木材的检量方式 ………………………………（32）

第六节　清水江人工营林 ………………………………（37）

第三章　明清时期的清水江木材市场 …………………（39）

第一节　清水江流域的木材流通 ………………………（39）

第二节　木材交易主体：山客、水客和商帮 …………（40）

第三节　木材交易机构：木行 …………………………（45）

第四节　木材交易规则：江规 …………………………（48）

第五节　清水江木材交易冲突："当江"之争 …………（49）

第四章　清水江流域的主要木材村镇 ……………………（55）
　　第一节　上游村镇：下司、重安、旁海 ……………（55）
　　第二节　台江、剑河村镇：施洞、柳川、南加、柳基
　　　　　　 …………………………………………………（60）
　　第三节　锦屏的"内三江"：卦治、王寨和茅坪 ………（65）
　　第四节　锦屏的营林村寨：嘉池、河口、文斗………（70）
　　第五节　天柱的"外三江"：清浪、坌处、三门塘 ……（74）
　　第六节　入湘门户：翁洞、金紫关………………………（79）
　　第七节　清水江尾部重镇：托口、洪江………………（82）
第五章　清水江流域绚丽的民俗文化………………………（88）
　　第一节　民族歌舞 ………………………………………（88）
　　第二节　民族节庆 ………………………………………（98）
　　第三节　生产习俗 ………………………………………（109）
　　第四节　婚俗：小广侗族娶亲习俗 …………………（113）
　　第五节　宗祠文化：天柱县宗祠文化习俗 …………（114）

下篇　文化研究篇

"木材经济"对清水江流域经济观念的影响 ……………（121）
清水江林契中的产权形式与深化林权改革 ……………（131）
"当江"制度与民族地区经济发展的保护研究 …………（144）
"争江案"：经济垄断与开放的研究 ……………………（154）
论清代清水江流域的"木行"管理 ………………………（167）
清水江木行与民族地区农村中介组织功能定位 ………（178）
论清代清水江木材产业分业经营 ………………………（189）
论清水江木材村镇的发展及对民族地区城镇化的启示…（199）
清水江"木材经济"与黔东南特色经济发展研究………（216）
清代以来洪江古商城的兴起及在清水江贸易中的作用……（225）

参考文献 …………………………………………………（243）

上　篇

木商文化篇

一方水土养一方人，一方水土也孕育一方文化。

　　清水江流域独特的自然山水、浓郁的民风民俗，加之远古的历史烟尘，伴着木材的生长而孕育出独具特色的木商文化。杉木种植文化、木材交易文化以及歌舞、节庆、建筑、宗祠等民俗文化的汇聚奠定了清水江流域木商文化深厚的底蕴，绽放出了绚丽多彩的风姿。随着清水江不息的流淌，木商文化也将在一代又一代清水江人手中和心中不断地传承和繁衍。

第一章　孕育木商文化的山与水

山上种树、水上放排，清水江流域的木材得以成为皇宫中的栋梁，得以成为海船上的甲板，得以成为江南经济兴盛的重要资源，离不开清水江两岸的山山水水，也正是这一方山水孕育出了这一方的木商文化。

第一节　清水江干流及其航道

清水江（亦名轻江、清江、清水河……），发源于贵州省贵定县苗岭山脉斗篷山与都匀云雾山麓之间，是沅江主源，在都匀称剑江，都匀以下称马尾河（龙头江），至岔河口汇入重安江后始称清水江。《贵定县志稿》记载："斗篷山上有天池，水分三派流出，东经都匀之谷蒙达阳安江（今清水江），入湖南。"

2005 年 4 月 25 日都匀市人民政府、湖南省水文水资源勘测局和潇湘晨报社在清水江源头共立"沅江源"碑。碑记说："呜呼，大江沅水，乃湖南第一长河。源自都匀，流经湘西，山高斗篷，水深五强。经黄平会北源重安江后，称清水江。自黔贵滚滚东流，出芷江銮山。历经一千零二十二公里，川流不绝，逶迤而归洞庭，流域八万九千一百六十二平方公里。锦绣山川，怡然而育芙蓉。夜郎故里，黔湘英才，饮沅江水而立，为天下福而鞠躬尽瘁，扬中华威而卧薪尝胆。汉、布依、苗、侗、水、土家各族人民，血脉相承。大江东去，逝者斯夫。江之源头，黔山沅水儿女居源而思，刻石立碑，感恩明志：共饮一江水，同以一片冰心待人，当使此山此水，长存玉洁冰清，流万世甘甜，为子孙福祉。"

清水江自斗篷山流出，东北流至谷江转东南流，至都匀市区折南流，至小围寨镇折东南流，经马寨、营盘，转东北流，经明英、团鱼浪，进入麻江县、丹寨县边界，经麻江县富江、龙里，汇羊昌河，至下司镇折东北流，进入凯里市境内，经清新电站、凯里市区，在岔河口（又称螃蟹上三汊河口）重安江汇入，始称清水江。经旁海镇，进入黄平县、台江县、施秉县边界，至台江县施洞镇转东南流，纳小江河（巴拉河）至南哨河口折东北流，经革东镇，进入剑河县境内，经剑河县城柳川镇、南寨乡，至南加镇进入锦屏县境内，至河口乡纳乌下江折东北，经平略镇，至县城三江镇纳亮江，至茅坪镇，进入天柱县境，经坌处镇、远口镇、白市镇、瓮洞镇以东白毛寨峦山入湖南省怀化市。清水江贵州省内河长 452.2 公里，流域面积为 17157 平方公里，峦山出省境段多年平均流量为 355 立方米每秒，总落差为 1275 米，平均比降 3.97‰。其流域面积在 1000 平方公里以上的主要支流有重安江、巴拉河、巫密河、六洞河、亮江。

至湖南省境，在会同县漠滨乡的金子村入怀化市，再东流经芷江侗族自治县至洪江市（原黔阳县）托口镇与渠水汇合，下流至原黔阳县黔城镇与舞水汇合，始称沅水（《湖南省志·地理卷》第 513 页及《贵州省志·地理志》第 899 页载）。民间习惯有两种说法，一种是清水江在托口与靖州来的渠水汇合，就称沅水；还有一种说法是清水江在托口与靖州来的渠水汇合，至黔城镇与㵲水汇合，至洪江（今洪江古商城，下文中如无特别说明，洪江即指洪江古商城）汇入巫水，洪江以下方称沅水。洪江是清水江木排发送的重要节点,明清时期,清水江沿岸居民常称"放排下洪江",洪江以下称沅水亦有道理。清水江在怀化市境内(也即湖南省境内)流程29.2公里,流域面积约600平方公里。

清水江究竟有多长,民间说法不一,但官方资料上有官方的说法。历史上,清水江航道历经了三次测量,上始于都匀,下结束于洪江。

第一次是清代雍正七年(1729年),贵州巡抚张广泗向雍正王朝奏请疏浚清水江航道,以利清江厅(今剑河县)左右卫各屯堡驻军的物质供应和兵勇调遣。据《贵州通志》云:"清江,古曰剑河,又曰长河,旧陷苗境,舟楫不通,雍正七年,总督鄂公(讳)尔泰,巡抚张公(讳)广泗,奉旨清厘,夷人归诚,题请开浚自都匀至湖广黔阳县,总一千二百余里,遄行无阻。"这为第一次开浚清水江时所量航程,总长约510公里。

第二次是民国27年(1938年),经黄河水利委员会整治清水江工程处第一、二测量队,对清水江的南北二源分别勘测。北源航程自平越(今福泉)新码头至洪江全长480公里。南源自都匀至南北汇合处为140公里,至洪江为511公里,与第一次所测量的基本相符。

第三次是中华人民共和国成立以后,贵州省航道工程队于20世纪50年代初期,实地勘测,自都匀至洪江全长491公里(原黔阳县黔城镇至洪江两地相距30公里都是航程终点)。

清水江航道是木材运输的载体,也是木商文化孕育的母体。清水江主航道,自都匀以下按自然特征大体可划分为三段:(1)上游都匀至岔河段,长148公里,通称马尾河或龙头河,枯水河宽30~50米,此段河床,砂卵石浅滩居多,河浅碍航。(2)中游岔河至锦屏段,长197公里,枯水河宽50~100米,剑河以上有大滩20处,以十里长滩最著名,滩长3.5公里,航槽窄狭,狂浪鼎沸,为全河最险河段。(3)下游锦屏至托口段,长

116 公里，山势开阔，河谷稍宽，枯水河宽 70～200 米。此段河槽宽敞，流量较丰，比降相对平缓，航行条件较以上各段好。

历史上，清水江航道还经过了三次疏浚，时间与三次测量的时间基本一致。

第一次是张广泗题请疏浚清水江航道，当时炸药尚未出世，疏浚工作全靠钢钎钻锤敲打，历时两年，完成了全航道疏浚，开创了整治清水江的先例。鄂尔泰《全定古州苗疆疏》云："……诸葛营既控其中，群苗寨复环其外，左有清江，北既可达楚城，右有都江，南亦接连粤境。向因顽苗盘踞，各寨巢穴弃诸上游之界外，据为三边之腹心。故顺则一水可通，逆则多方中阻。历代相沿，为患已久。臣屡经奏请调遣官兵，已收诸葛营、清水江、丹江、八寨、九股等次第清理，业于雍正年间题报在案……河道现阻，更属切近之忧，是以臣调两省之兵，竭二年之力……迄今夏秋，始获全定。"［乾隆四十八年（1783 年）《贵州通志·气文志》］

第二次是民国 27 年（1938 年），国民政府经济部部长翁文灏看到清水江上游的重安江在抗日前线与西南大后方物质运输的重要作用，故电令黄河水利委员会派技正陶履郭率领该会两个测量队对清水江进行测量和整治。他们对上自都匀、重安，下至翁洞的全江 23 个重要险滩和剑河以上的 18 个次要险滩以及重安江、施洞口、锦屏码头等重要工程，都进行了设计与施工。

第三次是从 1952 年至 1981 年的 30 年间，陆续整修 13 次。整修后，3～5 吨的木帆船可以畅通无阻，到每年春季水发时，还可同行 10 吨以上的机动客货汽船，航行与剑河至南加及锦屏至远口航道上，并能朝发夕至。

清水江流域航运在明朝以前，发展极为有限，仅限于在水运条件较好的下游局部地区，运输货种也相当有限，可能仅仅是贡赋和少量食盐的运输。而在明代进入发展时期，航运开始在上游、中游、下游地区都有发展，但是因为中游航运条件不佳，再加上多为"生苗"所据，因此未能全线通航，不过这一时期航运范围扩大，货种增加，除了贡赋、食盐外，还有土特产、木材、漕粮、战时军粮的运输也十分频繁。清代进入流域航运的极盛时期，中流地区实行"改土归流"，对清水江进行疏浚，实现了全线通航（干流而言），四方巨商大贾，络绎而至，清水江流域的发展进入繁荣时期。民国时期更为旺盛，清水江沿岸生产的木材、桐油、五倍子、生猪、黄豆，特别是大烟土饼等，络绎不绝地从水上外运湖广，以至江浙。回航运来食盐、布匹、百货。新中国成立后，清水江仍然发挥着重要的航运作用，至 20 世纪 80 年代，因公路运输作用越来越大，航运逐渐式微。

第二节　清水江支流及其辐射区域

历史上，清水江众多的支流在木材交易和运输中发挥了不可磨灭的贡献，也在木商文化的形成和传承中发挥了积极的作用。在无数的山涧、溪流、江河中，我们撷取几朵浪花，以窥清水江流域的概貌。

重安江：又称诸梁江，清水江支流（或北源），发源于福泉市黄丝武陵山脉东麓，东北流至马场坪折北流，至福泉折东南流，至洗布河口折东北流，至翁马河折东南流，经黄平县重安江镇至两岔河注入清水江。流域面积为 2770 平方公里，包括福泉、黄平、凯里、麻江、都匀等 5 市、县。沿河城镇有马场坪镇、福泉县城、重安江镇等。主要支流有洗布河、平路河、围阻河、浪波河、翁马河等 5 条。河长 143.8 公里，落差 645.4 米，河口多年平均流量为 48.9 立方米每秒，比降 4.65‰。重安江水运仅在下游河段新码头以下分段通行小木船，航程 52 公里。

巴拉河：发源于雷山县苗岭山脉雷公山与冷竹山之山涧，西流至大塘折北流，穿过雷山县城，称为丹江，至南花下折东北流，至季刀流入凯里，经挂丁向东北入台江，过报效、老屯至巴拉河寨注入清水江。流域面积为 1366 平方公里，包括雷山、凯里、台江 3 县。主要支流有陶尧河、望丰河、黄里河、台江河等。河长 157 公里，落差 652 米，比降 4.63‰，河口平均流量为 37.4 立方米每秒。

南哨河：北源乌迷河发于苗岭主峰雷公山东面，有雀鸟、格头分流，汇于方祥，东北流经台江交密折东南复转东北流入剑河，经反招至南哨镇；南源太拥河发于苗岭主峰雷公山东面，流经毛坪入榕江镜，经小丹江、两汪入剑河，流经展模、太拥，至南哨汇乌迷河称南哨河，东下至革东河口流进清水江。流域面积为 1264 平方公里，包括雷山、台江、剑河 3 县。流长 97.3.9 公里，落差 967 米，平均比降 10.8‰，河口平均流量为 35.1 立方米每秒。傍河主要城镇有南哨镇。交通以公路为主，水运为辅，下游段太拥以下可通行小木船和放木，航程 28 公里。

乌下江：又名瑶光河，发源于黎平县的盘奴山和梅岭山涧，由高维、猛洞间各分流至孟彦汇合，改向东北流至乐里，转北至上八里寨入锦屏，流经胜利、固本、新民，于瑶光河口汇入清水江。河长 83.2 公里，年平均径流量为 4.71 亿立方米，流域面积为 760 平方公里。主要溪流有八柳河、固本河、宰格溪等。

小江：又名六洞河、八卦河，古名赤溪。发源于贵州省镇远县金堡乡境内高曜坡、五爪坡东部山麓，经高曜、贵凯、翁共、杨满韶、中寨、黑岩，从南、西、北三地向金堡、松明等地汇流。由东北流至三穗塘冲，经明德穿过县城，上游称邛水，续向东流至六洞，方称六洞河。从六洞折向东南流，进入剑河县境内，至大洋称大洋河，再向南流至龙塘下段入天柱，天柱界内称八卦河，向东入锦屏县界，至锦屏县王寨汇入清水江，锦屏段称为小江。沿途纳台烈河、赉秧河、雪洞河、坦洞河、南明河、孟思河、磻溪河、肖洞溪等支流。全流域面积为1697平方公里，主河道全长124公里，多年平均流量为42.20立方米每秒，天然落差551米，平均比降2.96‰。自锦屏县南明以下可通航木船和放木排。

亮江：北源发于黎平县西部则柱坡东麓和岭计流山南。由高进、高兴向东至坝寨汇流，转向东北绕高屯；南源发于黎平县中部石井山岭，向北绕黎平县城至高屯与北源汇合；北源至新化流至敦寨折西北流，至锦屏县亮江村汇入清水河。流域面积为1697平方公里，流域范围包括黎平、锦屏两县。傍河城镇有高屯、新化、中黄、敦寨、锦屏县城等。主要支流有娄江、同古江、黎平河、羊角河、钟灵河、花桥河等。河长124公里，落差442米，比降3.7‰，河口多年平均流量为32.5立方米每秒。亮江在八寿山以下可通行木船，航程18公里，干流和主要支流中水期均可放木。

八洋河：发源于锦屏县西南部胜利的便晃，经启蒙、巨寨、寨早等地，至平略八洋村脚注入清水江。主河道长27公里，流域面积为197平方公里，河床落差300米，比降18.67‰，年均流量为3.94立方米/秒。主要溪流有皎云溪、八腊溪等。

鉴江：古称北门江，发源于天柱县西北高车坡山涧。西源经号寨、平么寨向西、西南绕八界、八阳；东源由高车向南流至坪地与西源相汇。向南流至邦洞，绕天柱县城，东流至等口村流入清水江。全长82.3公里，中、下游河宽20～30米，流域面积为820平方千米，自然落差742米，年平均流量为17.3立方米/秒。鉴江为县内灌溉农田和放运木材的重要河道之一，沿江两岸，均属宜林地带。

渠水：又名渠江。有东西两源：西源出贵州省黎平县地转坡，称播阳河，又称洪州河，向东北流经潘老、中潮，至屯上向东流经德顺，再下东南至下温，转折东北。绕洪州西，环草坪北至流团入湖南通道。自此东北流 5 公里至黄寨，纳黄寨河（独坡河），又东北流 30 公里经播阳至地阳坪，合牙屯堡河。播阳河又北流 4 公里至秀溪口，合四乡河。播阳河又东北流 2 公里至犁头嘴，与东源汇合。东源称通道河或长平水，源出城步县 40 公里南山大茅坪，西北流至绥宁县的丝毛坪入通道县境，折向西南流（临口以上称东溪），经临口、下乡（此段称临口河）至西江，合双江。通道河又西北流 16 公里至菁芜洲（此段称芙蓉江），洋溪自北注入。通道河又西北流 19 公里至犁头嘴，与西源汇合，自此以下始称渠水。渠水又北流 13 公里至蓑衣江入靖县县境，又北流 22 公里至肖家角合横江桥溪（小江溪），又北流 8 公里至老鸦溪口，老鸦溪水自东注入。渠水又北流 4 公里，高桥河自西注入，又北流 19 公里合金滩溪、地脚溪、高枧溪至连山手会同县境，又北流 25 公里经岩头至会同县城，合会同河，又曲折西南流 13 公里至酿口合广坪河。渠水又曲折北流 53 公里经朗江、东城、洞头塘、漠滨至黔阳托口与清水江汇合，下流至黔城称为沅水。渠水流经黎平、通道、靖县、会同、黔阳等县，全长 285 公里，流域面积为 6772 平方公里，河流坡降 0.919‰。播阳河自流团至犁头嘴 41 公里，可通航 0.5~5 吨船只。通道河自坪坦至犁头嘴 70 公里，在 1959 年前可通航，后因修建电站断航。犁头嘴至靖县 47 公里全年可通 5 吨船只，靖县至托口 145 公里全年可分段通航。

第三节　清水江流域的山与林

古代，清水江流域是天然林广布之地。明代至清朝年间，清水江流域古树参天，杉、柏和种类繁多的阔叶林，排山塞谷，遮天蔽日。清乾隆十四年（1749 年），《黔南识略》记载："郡内自清江（今剑河县）以下至茅坪（今属锦屏县）二百里，两岸翼云承日，无隙土，无漏阴，栋梁枭桷之材，靡不具备。坎坎之声，铿訇空谷，商贾络绎于道，编巨筏放之大江，转运于江淮之间者，产于此也。"光绪初年，战事趋于平静，人丁兴旺，毁林种粮，修房造屋，耗材增加。长江中下游木商涌进清水江中上游林区采购木材，砍伐、出售木材量日渐增大，森林资源逐渐减少。民国时期，清水江流域森林居多的地方首推锦屏、天柱、剑河县。

清水江流域的森林基本分布在以雷公山为主峰的苗岭山脉。苗岭山脉在贵州省南部，位于潕阳河以南、都柳江以北的广大地区，从贵阳、贵定向西部延伸，东至天柱、锦屏直达湘黔边境。山脉呈东西走向分布。北部由沙帽顶（黄平上塘）、团坡山、黄飘山和施秉黄土坡、镇远沙木山（海拔 1100～1334 米）等山峰组成潕阳河与清水江的分水岭。南部由龙泉山、冷竹山、黄阳山、三转坡、三省坡（海拔 1100～2000 米）等山峰组成清水江与都柳江的分水岭。北、南两线之间，除海拔 500 米左右的大小不等的谷地坝子外，更多的仍是 1000 米左右的中低山，如麻江的羊羔山、凤凰山，凯里的香炉山，台江的猫鼻岭、高跃坡，三穗的老山坡，锦屏的青山界，锦屏与天柱之间的黄韶山等等。

雷公山是苗岭山脉的主峰，位于黔东南苗族侗族自治州中部，地处雷山、台江、剑河、榕江四县之间。其主要为苗族聚居区，其中也有部分侗族聚居或杂居。主峰在雷山县城东 32 公里处，距州府凯里 76 公里。雷公山由 10 多个 1800 米以上山峰组成。主峰海拔 2178.8 米，相对高差 1500 米，万山拱卫，岿然独尊，为黔东南第一高峰。雷公山，史称牛皮大箐。山上夏季雷暴频繁，民间传说"山有连天之高，是雷电之源"，雷公山因此得名。

1982 年 6 月 16 日，经贵州省人民政府批准，雷公山划为省级自然保护区。地跨雷山、剑河、台江、榕江四县，总面积为

47300 公顷。保护区内有大片原始森林，总面积为 28199 公顷。由于得天独厚的自然条件，雷公山成为许多古老生物的"避难场所"，生物种类近 2000 种，已鉴定的植物有 1390 种，分属 273 科，679 属，属中国特有的有 16 属，森林覆盖率高达 83%。除国家一级保护植物秃杉外，还有国家二级保护植物鹅掌楸、马尾松、钟萼木、十齿花、香果树、水青树、金佛山兰、福建柏等，三级保护植物翠柏、穗花杉、白梓树、长苞铁杉、木瓜红、红花木莲、柔毛油杉、黄杉、半枫荷、乐东拟单性木莲、银鹊树等。在雷公山林海中，树梢间飞翔着色彩斑斓的鸟类，密林里奔跑着形形色色的走兽。据有关专家考察证实，雷公山的动物有 518 种，分属 132 科 39 目，属国家二类保护动物的有大鲵、猕猴、黑熊、林麝、苏门羚、鸳鸯等 23 种。

清水江流域的森林植被属中亚热带常绿阔叶林带。由于长期受到人类活动及自然力的影响，有的已演替成为常绿落叶阔叶混交林、针叶阔叶混交林和针叶林，局部地区成为灌丛和草坡。

针叶林是清水江流域的主要森林植被之一，麻江、雷山、天柱、锦屏、黎平、剑河等县都有大量分布。针叶林中主要是杉木林和马尾松林，其次是柏树林，还有少量华山松林和秃杉林。常绿阔叶林主要分布在雷山县的开屯、永乐和雷公山，天柱县的坌处，台江县的南刀坡等地。

杉木是清水江流域人工营林的主要树种，流域自古盛产杉木，是我国的杉木中心产区之一。这里的杉木誉称"苗杉"，以材质优良而畅销国内外。所产杉木树干通直，尖削度小，材质坚韧，具有"入土不腐、作棺不生白蚁、外腐心不朽"的特点。明清时期，清水江流域发展木材经济的主要资源就是杉木。在已发现的大量的清水江契约文书中，记录的交易对象大多数是杉木、杉山，可见杉木在当时木材品种中占有主要的比重。

清水江流域的木材产出量一直非常大，新中国成立后，清水江流域的木材蓄积量仍非常丰富，据 2002 版的《锦屏县林业志》记载，在 1954 年，仅锦屏县就有森林面积 160 万亩，森林蓄积量为 958 万立方米。

时至今日，清水江流域仍散生着许多古老的大树，它们用古老的年轮记载着昔日的繁盛（见表 1-1）。

表 1-1　清水江流域古老巨木

树种名称	生长地点	树高（米）	胸径（厘米）
银杏	黄平县铁厂乡金庄村	30	250
水青树	雷山县雷公山雷公坪	22	283
伯乐树	台江县石灰河小路边	32	86
香果树	锦屏县九南乡政府旁	37	191
福建柏	剑河县南哨乡反台村溪边	27	172
檫木	黎平县罗里乡上龙村寨旁	38	210
小叶红豆	黎平县德顺乡太平山	30	168
乐东拟单性木莲	黎平县茅贡乡罗曼后山	20	147
百日青	凯里市万潮镇荷花乡	25	76
细叶青冈	雷山县永乐区桥歪村	26	156
枫杨	天柱县冷水溪	34	197
黄枝油杉	黎平县岩洞乡后山	32	68
柔毛油杉	剑河县高丘乡河边	26	150
青檀	凯里市旁海区翁项村	15	30
泡桐	黄平县罗朗乡窝田村	30	236
白栎	黎平县长青村公路边	27	92
贵州红山茶	凯里市万潮镇区荷花乡坎上	9	24
杉树	剑河县久仰乡党东寨旁	40	150

续表1-1

树种名称	生长地点	树高（米）	胸径（厘米）
南方红豆杉	锦屏县平略乡	34.5	240

资料来源：黔东南苗族侗族自治州地方志编纂委员会：《黔东南苗族侗族自治州州志·林业志》，北京：中国林业出版社，1990年。

第二章　清水江流域的木材生产技艺

数百年的木材供给，需要有强大的生产手段作为支撑。清水江流域的居民在生产实践中，借天时、凭地利、依人和，探究出了一整套的木材生产经验，并将这些经验世代相传。清水江流域木材经济的繁荣，正是由此才得以长期的延续。直至今日，其中的许多技艺仍在绽放着夺目的光彩，带来了清水江流域的郁郁葱葱。

第一节　清水江杉木种植技艺

清水江流域以种植杉树为主，栽种方法主要有以下几种：一是野生杉苗，二是杉树砍伐后的桩（本地人称为"蔸"）萌芽再生苗（本地人称"发蔸木"或"替蔸木"），三是用杉树种子生长出的"实生苗"栽培。

（一）再生苗技艺

再生苗技艺，是杉树砍伐后，靠自然生长，发蔸木又生长起来，即在寒露以后，立春以前将要用的杉木砍下，树桩要留下50厘米以上，砍伐后用米浆胶凝创口，树桩在来年就会长出一圈幼芽来，一般都有5～6株，将长得好的一株幼芽留下来，其余的割掉，这支树芽生长速度极快，3 年后就能长到 5 米高。再生苗技艺可以做到砍树不毁林，是一项成本低廉且生态环保的技艺。砍杉树不能用锯子锯，必须得用"攀刀"砍，如果用锯子锯，杉树将会撕裂形成层的细胞组织，不能再次发芽了。因为砍树的需要，人人进山都得带"攀刀"了，所以明人江进之《黔中杂诗》有"耕山到处皆凭火，出户无人不带刀"的诗句。

（二）实生苗技艺

实生苗技艺，是清水江流域居民观察到自然形成的天然乔木长势互有区别，形成高低不同层次的特点而发明的。主要由采种技艺、育苗技艺、定植技艺和幼苗抚育技艺组成。

1. 采种技艺

清水江流域林农采集杉木种子（球果），多沿用砍枝丫的办法，亦有摇树采种的。

砍枝丫法，即爬到母树上，将结实好、球果大的枝丫砍下来，摘取球果，也有将结实枝条全部砍下后选摘球果。这种方法对母树伤害大，影响以后结实。

摇树法，就是在杉树种子全部成熟或大部分成熟，球果鳞片张开后，在母树干基周围铺上薄膜或床单，然后攀援树干逐一摇动枝条，或于树干及枝条上部系上绳索，用力拉动摇晃枝条，令种子落入铺垫物上进行收集。这种方法采集到的种子质量好。

球果采回后需进行处理，林农习惯上将杉球果铺放于通风不漏雨的木楼房顶层楼板上，三五日翻动一次，让鳞片自然开裂，定期将脱落的种子收集，俗称"阴凉法"；也有将摘来的球果铺放于露天晒坝上，让风吹日晒，使种子早脱落，遇雨天将球果收回放于阴凉处，天晴时又晒。

2. 育苗技艺

在长期的营林实践中，清水江流域的林农掌握了一套科学的育苗方法。《贵州通志·风土志》记载:"春至则先粪土,覆以乱草,既干而后焚之,然后撒籽于土,而护以杉枝,厚其气以御其芽也。秧初出谓之杉秧,既出而复移之……"育苗技艺主要有以下几个步骤:

(1)苗床选址:①选在老林空地段。这里既有巨大的树木遮阴,地表又有厚厚的落叶层,杉种萌发后易自然成活。②苗床地往往是设在水源良好的林间平地,坡度不大,排水灌溉条件良好,多在向东、向东北方向的地段。

(2)精耕细耙:首先要对选好地段上的杂草灌木进行彻底清除,干后焚烧,深挖土块随即捣碎;浇入粪肥,然后铺上从林间搜集得来的细碎枯枝败叶厚达10~17厘米,烧后翻挖;复浇入粪肥,再敷以枝丫杂草,再次翻挖。如此反复三次。这样做后,杉床上土壤极松、极肥。再清灭草籽和虫卵。

(3)铺垫杉皮:选用宽厚无漏洞的杉木皮,将整理好的杉床土料腾出,以木皮垫底,再将烧炼过的泥土覆盖其上,土层约20~23厘米,开沟筑床整平。

(4)播撒树种:将精选后的杉树种子像撒稻谷种一样,直接播撒在杉床上,撒种时还要拌以草木灰,每亩用种量在5~7公斤。撒种后,还要在其上覆盖一层约种子层面三倍厚,并用筛子筛过的细泥土。

(5)搭建凉棚:有时还要在杉床上搭建尺许高的凉棚,凉棚上覆盖新鲜的杉树枝,杉树是针叶树,既能遮挡阳光直晒,保证秧床的温度,又能透些气,不至树苗闷气。以后每隔三五天需在凉棚上洒水,以维护和营造杉苗的特殊环境,对杉树苗起到催芽的作用。对杉秧床的维护过程起码要持续一年以上,一旦树苗长出了嫩嫩的叶芽后,才逐步扯掉凉棚上的杉树叶,以增加光照,加速杉树苗的生长。

3. 定植技艺

幼苗成长到可以移植的时候，就需要移栽定植。清水江流域的定植多依据自然地势和杉木的生长特性进行，自身特点比较鲜明。

（1）定植杉木苗的位置是根据地形地貌而定的，并不是机械地一定要拉直，这就可以根据山体的结构沿等高线定植苗木，层层地减缓地表径流的速度，有效地抑制了水土流失。

（2）主伐后留下树墩不加清除，而是用火焚给这些树墩消毒，让其来年萌发新的树苗，这样形成的树苗，不仅能减少定植苗木的投资，还能使林相参差错落，郁闭速度明显提高，特别是活着的树根能较好地扣住表土，足以抵御地面径流的冲刷。

（3）山坡上自然长出的杉树树梢均朝向山谷，于是在定植杉树苗时，总是有意将树梢朝向山谷一方。

（4）当地的杉树主根均发育不好，而侧根发育却很旺盛，于是定植杉树时多采用切主根浅植，由于没有全面翻土和深挖洞穴，地表的土层结构没有遭到破坏。

（5）根据坡地栽杉特点，每栽一株杉苗就在苗的一尺上方钉一小木桩，以防碎土块落下砸坏树苗，必要的土障设置既减缓了地表径流的下泄速度，也较好地收到了水土保持的实效。

4. 幼苗抚育技艺

明清时期，清水江流域无地少地的农民，租佃地主山地造林，一般议定三至五年必须郁闭成林，如若不成，不能参与林木分成，一切劳累将付之东流。为此，佃农们精耕细作，选用良种壮苗，在林地内套种苞谷，以耕代抚，以肥促林，既可获得粮食赖以度日，又达到培育幼林的目的。也就是"林粮间作"抚育的技艺，并沿用至今。其过程主要是：

（1）苗移栽定植后，于林地苗行之间间种小米、苞谷各一季。注意行距，勿使苞谷根须伸入杉苗窝。薅苞谷除草，亦为杉苗松土，加覆表土于根部。秋收苞谷，将茎叶敷于杉苗侧，待其腐烂为肥。

（2）定型抚育管理，苗长到三岁，高 1.3～1.7 米，不宜种粮。

（3）第三、四年里，四月除草，七月松地，覆盖表土，五年后杉木幼苗郁闭，每年修枝一次，并薅除杂树野藤。

清水江流域的杉木一般在二十年以上成材，但历史上也流传着"十八杉"的传说和"八年杉"的奇迹。

链接一：

"十八杉"的故事

在清水江流域的锦屏县，民间盛传，女儿降临人间，为父母者即栽杉一片，经三年间作，五年抚育，十八岁姑娘出嫁时，杉可伐，出售后作嫁资。因之，姑娘与杉树齐长，女儿与杉结缘，故十八杉又叫女儿杉、姑娘杉。也有家境殷实的人家，索性将大片杉林作奁陪嫁。民国时，王寨人龙引弟下嫁潘寨杨姓，其父母将盘龙溪一片十八杉陪嫁给女儿，一时传为佳话。当今人们谈及十八年杉，除追忆那美好的民间传说外，更多的是为锦屏林区人民创造的杉木速生丰产纪录所叹服。历史又回到锦屏刚解放的20 世纪 50 年代，建丰社龙成禄、彭永茂、龙瑞祥等人于 1940年栽植的一块面积 2.9 亩共 408 株的杉木林，1958 年测定，平均胸高直径 20.1 厘米，最大一株胸高直径为 33 厘米，平均树高22 米，总蓄积 142 立方米，平均每亩面蓄量 48.6 立方米，平均每年的生长量达 2.7 立方米，成为国内到今未被突破的杉木速生丰产纪录。

十八年杉的栽培方法是：头年三月将杂草灌木砍倒，晒干后焚烧，全面浅挖整地，播种小米，小米收割后复将土深挖八至九寸，让其风化过冬；次年初春将土拍碎，除掉石块树根，选一年生、地上地下部分均壮实、未受病虫害及机械损伤的苗木，三月栽植。栽前沿水平挖穴，深30~45厘米，宽45~60厘米，打穴时心土和表土分开，苗入窝时，苗尖朝坡下，主根直立窝心，侧根向四周舒展，先填表土，再填心土，填至一半时，手提树苗往上轻轻一拉，使根系更舒展，填土高度略高于树苗根茎位置，使形成凸状，用脚或锄背踏实夯紧土壤，但勿过紧。过松土壤和根部不能紧密接触，苗易枯死，过紧则易板结，不利苗木生长，栽后穴面呈凸状，可防积水。造林后的头两年间种苞谷等粮食作物，但不得紧靠杉苗，影响杉苗生长，给苞谷薅草松土时，适当给杉苗松土，所除杂草不宜堆放在杉苗周围，以免其受虫害。苞谷收后，秸秆铺放地上任其腐烂成肥，但亦不能紧靠杉苗，免遭蚂蚁危害。两年后，杉苗逐渐郁闭成林，根系增多，枝繁叶茂，不宜再间种农作物。第三、四年每年松土除草两次，给树根培土，第六年打枯枝，使林内通风，减少病虫害，十八年杉即可成材。

HTH》链接二：

"八年杉"的奇迹

锦屏县三江镇龙埂村农民陆宗吉1950年培植的一块面积0.44亩（共52株）的杉木林，八年后的1958年，经贵州省和林业部专家测定，其最大胸高直径22厘米，平均为15.5厘米，平均树高11米，亩产材积12.34立方米，胸高直径18厘米以上的植株有13株，占25%，创造了杉木8年成材的速生丰产纪录，被称为"八年杉"。

第二节　木材砍伐技艺

明武宗正德时，开始在清水江流域采取皇木，择长大者伐之，司夫采集。明末至清代，流域内的木材也作为商品进入市场交易，以根头或两码计价，不足码的树木林农不愿砍伐，所以，择伐居多。伐木者也称"木夫"。每有砍伐山林出卖，林主多雇请木夫砍伐，少时六七人，多则几十、上百人。

由于清水江流域山高林密，砍伐作业非常艰难，特别是砍伐皇木。要使下一步拽运比较容易些，还要使大树先枯萎，即在砍伐之前，提早数月剥去树的头筒皮，也称为"脱裤"。

采伐季节的选择上，清水江居民在实践中总结出"春不砍竹，夏不伐木，入秋不采茶，出腊不剥棕"的经验。冬季采伐，木质虽坚韧，但木皮不易剥脱，只能剥去花皮；春末至初秋砍伐，木质疏松易裂。采伐杉木一般选择在栽秧之后，打谷之前进行，一是杉皮容易剥离，杉皮是遮风挡雨的极佳材料，可以用以盖房、扎棚等；再则与农忙时间错位，农林兼顾。也有在秋冬砍伐的，这时，距春初架箱旱拖还有两个月，可让木材风晒，待春末夏初河水上涨时放排下运。此时的砍伐需用刀具削皮，杉皮废掉了，所产木材称为"花皮木"。为避免洪水暴涨损失木材，少数人选择农历三、六、七月砍伐，冬季筑坝放运。

开工之日必须择吉日，焚香烧纸，祈求神灵保佑平安。这一天，木夫们置备斧、绳、弯刀等工具，工头安排 2～3 人到伐木山场砍到一根或数根以示吉日开工，一边置备酒肉晚饭集中食用，称为"打平伙"。工头在晚餐时重申入山施工规矩，如不得说与"死""鬼"等有关的不祥的话语；否则，大伙当日停工，所有误工由当事人承担。再编组分工，每组 5～6 人，其中清场工、纤绳工各 1 人，施斧工 2 人，打枝去皮工 2 人。人手不够时，常常免去清场用工。

如果是皆伐作业，都是从山头开斧，逐渐砍伐至坡脚，清场工先将树兜周围 1 米左右的灌木杂物砍掉，避免妨碍施斧工作业。随后，一名施斧工在平土面和高 1.5 米两处砍断木皮层，大的树用斧头，小的树用刀，取去头筒树皮。在下坡方向平土起斧开口，斜向两侧劈去约三分之二，劈去的断面呈"V"字形，留下部分呈倒三角，形似象鼻，但不至于树倒。牵绳工用牵绳一端紧系一长约一尺的木钩或一尺五寸的短棒，牵绳工在上方向向树腰以上抛去钩棒，牢牢钩住或卡住树干，双手紧拉绳的一端司"号"，令另一施斧工在开口背向劈砍，号以"前斧""后斧"以表示砍前、砍后，砍口略高于开口平台5~6厘米，使之既不砍断"象鼻"，又可以使树倒为度，树就按照牵绳工预定的方向扑倒，达到顺山倒的目的。若砍断了"象鼻"，伐倒的树木极容易下滑，不利于安全。施斧放木者每砍倒1株，用斧口在随身携带的四方小木条上斜划一划，五划一组，用以记录该组所伐株数和估算材积。去皮工随后逐根打枝，枝皮去至梢径8~6厘米处即可，留下梢部枝叶以助水分蒸发，促使木头快干。打枝时先顺木砍枝，后逆向平劈，节疤平整不致撕裂树干。剥皮时，每1.5米长断皮为一筒，用弯刀尖顺木划开线口，用剥离棒沿线口绕树剥离树皮。剥离棒长约30~40厘米，为一端劈成楔口的小硬木。一般来说，杉木的皆伐，依次进行就可以了。如果是择伐、间伐以及小木和孤立木的砍伐则另当别论。

链接：

清水江流域伐木禁忌

择日子。进山伐木（大片未采林木）之前，先请"先生"择一吉日。忌凶杀恶丧日进山，择吉祥日时上山。平时砍零星木材不忌。

开山。砍伐前要推选有经验有能力的人作"工头"，其他伴随者叫"木夫"。在择定的吉日内由工头领队进山，选搭住棚和整好煮饭的锅灶，然后由"工头"持斧砍倒两三根树木，称为"开山"。之后，其他人才能采伐。

上棚。开山的第二天（若天气不好也可以推迟），木夫上山砍伐叫"上棚"。在路上、山上都不准讲不吉利的话。最忌讳"鬼""死"等字，更不能骂"鬼打的""死挨刀的"等不吉利的话。出工干活时，工头不喊人，木夫们见"工头"一出棚，就自觉跟上。进山后，还有一些忌讳，如火堆称"亮堂"，抽烟称"烧灰"。

在工棚里说话，还有许多代号：吃饭称为"开锅"，吃早饭称为"开早锅"，中、晚饭类推。柴刀称为"叶子"，锄头称为"佝偻子"。

舀饭要从锅中间舀起，舀第一勺饭不能装进碗里，先舀到锅边放好，然后舀第二勺时才能装进碗中。拖木头时，如果遇到十分危险的地方或原拖木头死过人的地方，要先烧一炷香，以祈求"山神"保佑不出事故。在坡上走路，不能把钉牛弄响。

砍伐、拖运结束，称为"天高"。如果有人要问多久完工，回答"三个月"，实际只要三天。若实际还需一个月，回答"一年"。总之，决不告诉实话。

第三节　木材运输技艺

明清时期，清水江流域的木材在砍伐后，需先从山上运至溪河水边，再由水路放运，直至长江中下游各地。其运输也就由山场运输和水路运输两个阶段构成。

（一）山场运输

木材砍伐后，需山运至外水。从事山场集运的民工称为"旱夫"。他们的施工用具有木杠（又称钉牛杠）、钉牛、牛绳、斧头、弯刀等。旱夫多由一个村寨挑选壮实、精明的劳力组成一"夫帮"，除了搬运自产的木材外，在农闲时也承运其他地方的木材，以赚取苦力钱帮补家用。旱运木材的时节多选择在冬春两季，"照例九月起工，二月止工，以三月水涨难于栈厢。是拽运于陆者在冬春，拽运于水者在夏秋，非可一直而行，计日而至，此拽运之难也"。

（1）集材：依山自下而上，逐根砍去伐木时留作蒸腾的梢枝、梢尖，砍断"象鼻"，顺势滑木汇集山坞或山洼，齐头堆成萝卜堆，此工序统称"下山"。山陡势险处选择晴天施工，缓处宜于阴雨天施工。如果雨天在陡处下山，木湿山滑，极易木断材裂，以及导致伤殒的危险；晴天在缓处下山，则不利于木头滑行，雨天则事半功倍。在砍断"象鼻"的同时，需一并将木材头部修成锥状，即"圆头"，下山时不易裂苑，所以一般不提倡锯伐。成堆的木材力求整齐，便于点清根头，且头朝将运往的方向。

（2）厢运：厢，即厢道，用木材架设的专用旱运木头的拽道。构筑厢道叫架厢。由伐区集材处运木材至外水，若遇到悬崖路陡、肩木难行时，普遍采取架厢拽运，长者几千米，短者百米左右。用"板厢"为单位衡量厢道的长度，一板厢即一根条木有效用于厢轨的长度。平均每板厢约 10 米长。清水江流域厢运木材极为艰巨，架厢设道尤为困难。断小木作"马脚"，之上铺条木以作厢轨，双轨并列，相距 1.5 米左右，横设小杂棒作厢檩，两两间隔 2 米。采取野藤或破竹篾捆扎连接处。木夫架设的厢道平稳、蜿蜒，或绕山麓，或盘溪涧、飞渡悬崖。厢有平厢、低厢、高厢之分，也有旱厢、水厢之别。铺在地面的为平厢，平厢置于水面为水厢。厢面距地面 5 尺以下者为低厢，6 尺以上者为高厢。往往在悬崖陡峭处架设高厢时，设一层、二层或多层厢。厢过转弯处需加宽厢面，加密轨木并横檩。断木架厢损材耗木，一般运距较远的分段架厢，分段拉木，每拉完一段遂即"腾厢"，即拆掉已用过的厢，架设到将前行的地方，"马脚"等用料可得以重复使用。厢架好后，按照厢长和夫数均分当日每杠应拉几板厢，短则5板，长则10~20板不等，抓阄论次，依次来回输运。若抓到头阄和尾阄，自认晦气。头阄发堆，尾阄上堆，均要硬抬方能上厢和归堆，不是特别壮实的完不成。体弱未能胜任的，可以恳请他人换阄换工，但晚饭时必须准备酒肴慰劳。同样当夫必然同工同酬，往往有不能胜任的弃夫从农，中途退出的，前面所做的工日不可取得报酬。拉木用的杠为一米七八长的硬木，杠中间稍有弯曲，一头上有铁箍。"钉牛"为铁制棱锥形大钉，长6~8厘米，穿联一铁环，环联"牛绳"（约2厘米粗的棕绳）。拉木时两人为一杠，一人持杠，一人持"钉牛"，以杠击钉，钉牢木面蔸部，绳挽至杠上，然后二人各走各的木轨错步拽运，各自轮流呼号子，号声一扬一落，杠端一高一低，成"花杠"以协调步伐。切忌同步拖拽；否则，人仰落厢，非死即伤。厢道拉木一杠一程可拉大条木1根，次之2根或3~7根。1根叫"青龙"，2根叫"筷子"，3根以上叫"一把"。民国以前，清水江流域旱运木材基本都是架厢拽运。

（3）抬运：遇到山路平缓易行，运距较短，集运数量少，以及截成圆木的木材旱运，常采用抬木运送。抬木以木轻重、长短分别或扛或抬。旱夫抬木均置备一头有桠口的拐棒，棒长随旱夫肩高，锦屏九寨一带称之为"打柱"，沿河一带有的叫"丫杈"。肩扛木头行走时，用拐棒绕后托木，以空肩作支点，辅助承重一侧，双肩受力。上坡或下坡时，手持拐棒撑地，辅助脚力。拐棒给运木歇息同时带来更多方便，桠口托木，棒端支地，手持木头平衡即可。二人抬木卸肩时，必须用肩同侧，否则有致伤残之患。抬大木常使用"三丁拐"的方法，即大头用杠抬，木尾1人肩扛。

（4）滑运：运木下长坡时，掘土为槽，木顺槽滑行。俗称土槽为"翎"。这种作业方式称"放翎"，有放飞之意。在缓坡滑运时，需适当辅之以牵拉。

（二）水上运输

伴随清水江流域的木材以皇木或商品形式输出，木材水运兴起，一直到民国年间，流域木材外销一概依靠清水江贯运江汉各埠。内河集运木材也全依赖溪河漂筏。

（1）水夫：又称排夫，指放运木排的人员。

明清时期，清水江及其支流的沿岸村寨的村民，田少民贫。除上山栽杉种粟为业外，只有依靠下水放排撑驾谋生，相当一部分村民把放运客木当作职业来维持生计，常常食不果腹，居无定所，历尽艰辛。有谣云："篙子下水，婆娘夸嘴；篙子上岸，婆娘要饭。"

清水江流域外运木材的水运，一般于春夏秋三个季节的水势适度时，先从溪涧以4～5根连扎成小木筏，抑或单根，或撑或漂流到小河，继而"修头""打水眼""盖斧印"，扎成"挂子"或"把子"筏运至大河，5～6挂连"厢"运抵江埠的木坞，再好坏搭配改编成"子排"。每"子排"以分、小钱码条木计约100根，以中、大钱计仅40～60根，约码子8～15两。三块"子排"合成一"头"，即所谓"苗头"或"苗排"。然后顺序编号统计根数或码子，下运江淮各埠。每"苗排"一般需4人撑驾。"三江"（锦屏县卦治、王寨、茅坪三个江埠的总称，也称"内三江"）以上的木材一概由地方水夫承运，"三江"以下由购木商人雇请下河水夫放运。驻在茅坪的大河夫帮多来自"五勷"等地，先进入杨公庙买"包头"，由包头找排给他们放运，包头从中抽头。夫帮中分"排头工""解箱工"和"撩梢工"。排头工在放运木排中技术娴熟，解箱工次之，撩梢工最次。其由茅坪至洪江每放运一组木排所得工价依次为28元、20～24元、14～15元。内河集运随江就夫，利益均沾，不得越江揽运。如，清代至民国时，锦屏县八洋河上游的木材由上游地方的人放运至寨早，寨早夫接运至岩寨，依次下交干溪，干溪夫运至桂花盘，后交给八洋人接运八洋河口。八洋河的木材水运分四段放运，故八洋河又称"四步江"。木材到了八洋河口后再由平略人接运至"三江"木埠。另一支流亮江，又称"八步江"，顾名思义是分8段8地人承运，依次为洞湳、娄江、八洞口、稳江、赛地、下高、银洞、亮江。木材到亮江口后，由茅坪人接运至茅坪木埠。"三江"内的水夫，向来三五成群自发结成夫帮，没有缔结组织。

每到夜间，水夫们结伴共撑一条小船，到当江行户门前探听木商洽谈生意（习惯上是白天围量木材，晚上谈生意），一旦"落盘"成交，立马上排插标为计，除非行主另雇他夫，此单木材即由插标夫帮放运。其他夫帮不得争夺。甲号后、乙不能混争，历有成规。次日清晨，众水夫即自带食粮、被子、炊具等，上排搭棚安招，将排运到买客指定的木埠，悉数收到后，执回单到行户收领工价。若遇洪水阻木，打岩（撞礁）散排，遇盗遭劫，排工罹难等，均由夫帮自理，水夫不仅得不到工价，而且安全没有保障。

水夫的工价历有定章。如清乾隆四十二年（1777年），由瑶光运至卦治每排取工价银4两8分；运至王寨每排取工价银5两6分；运至茅坪每排6两4分。每排大小木植100根，撬成小排10挂，按例用夫2名。

（2）成排：清水江流域木材在水上运输中，需依据不同的河段溪流和不同的水位编扎成与之相适应的排型，即所谓成排。

挂子排：将木植逐根修头，用凿斧开水眼，用木杠穿水眼，齐头并连成排。三五根不等相连成挂者，适合以小溪小河运出，叫小溪挂子。5~10挂不等的小溪挂子颠倒排插，以绳缆扎紧木排腰部连成一块，流行于大河者，称大河亮挂，习惯叫作一厢排。所谓亮挂，即指这种排型仅有一层条木，不叠加，能看清楚整块木排的根头以及每根木材的长径级和木材缺陷。小溪挂子一般成排材积1～3立方米，大河亮挂则20～30立方米。

把子排：适合于乌下江、清水江等大河流送的一种排型。排头结构无异于小溪挂子，适度加宽，8～10根穿连成一排作底，排尾分层以藤缆栓最外之木抟牢木排，成头窄尾宽，成排材积20～30立方米。也有不用打水眼作底的把子排，其排头以木杠作梁，用藤条紧扎木梢于梁下。这种方法成排省时便捷。

行江排：是清水江大河流送的排型。排宽5.1～8米，长22.2～23.8米，排面叠加4～5层，成排材积视季节或水位不同来判断木排吃水深浅而定，一般40～60立方米。编扎方法和程序较其他排型规范，木排牢固。先是把停泊于塘口（扎排处所）水面的挂子排或把子排散开排列，选择大木作底排，最长大者用作木排两侧的帮护，中木撬放中层，端直干长者作面木撬放排面上，此工序俗称"编单"。固定的塘口常设头排，每隔三年需翻撬一次。其次是"修头做篾"，即施斧或刨将木材头部刨圆、刨小、修平，使之既光洁美观，又使脚木中短尺寸的木材达到符合正木的规格。然后是"复篾检码"，逐株按下河规格尺式（销售检尺标准）重新围量，计算两码或材积数量，做到心中有数，交售时不至盲从。再"检蔸撬扎"，以木材齐蔸为准，梢头相向交叉编成底排，于排中央用竹缆编扎，两头蔸部用木杠穿水眼相连，按编单选择的木材依次逐层撬放，层间蔸距向内缩退0.3～0.4米。

盒子排：与行江排式和编扎方法基本相同，仅区别于底排上面装载的层数为一二层，俗称一二"脑"，留出一定的可载量用于装载枕木、枋板材、圆木、小材小料及其他商品物资等，同样适用于清水江河段流送。

无底排：是专门流送圆木的排式。以大条木6根分左右为骨架，每两根梢部相向连接，骨架间编扎圆木。因无条木作底排而称无底排。常流行于乌下江至茅坪以及剑河至茅坪河段，往往也在茅坪至洪江段使用。剑河南加至茅坪单排可承载松圆木 8～12 立方米，茅坪至洪江可承载 15～20 立方米。

（3）水运：清水江流域木材的水路运输主要有两种形式：管流和排流。

管流：也就是单漂，俗称"赶羊"或"洗散"，是水夫在溪涧运木时不能用小筏运输而普遍采用的运输方式。每当暴雨水涨过后，水位回落，水夫们将归堆在小溪、小河边的木材适时单根顺水漂流。由放漂起点到外水汇集收扎，沿流各段都安排有水夫护拥下漂，一段送至一段，分人把守。木材经转弯处易碰磕卡流，损坏木材，尚须用啄钩引导。冬季溪涧水位枯竭，往往需筑堰蓄水，泻流放运，由于工程较大一般很少采用。

排流：水夫放排通常组成夫帮一起行江，最少必须两排以上同行，一旦遇险或需要"搬滩"可相互照应。清水江河道未经整治前，木排经过黄狮洞滩、鸬鹚滩、辰州滩、横市滩、清浪滩等五大名滩时，要请当地民工（又叫漂滩工）"搬滩"才能通过，夫帮结队行江则相互帮助过滩，不需雇请漂滩工。放运小溪挂子排、把子排和大河亮挂，操撑竿即可一人撑驾一挂，其余各式木排均需安招扒运，两人共撑一排。招有大招、帮招、扒水招，均用条木加工。卦治至洪江河段使用的大招长 11 米，条木检尺径在 10～12 厘米，洪江以下的大招长 14 米以上。招以丁弓作支点，至招把长 1 米多。

由锦屏"三江"人工放排至常德、陬市往返行程 600 多公里，沿江经过木排停靠码头 63 个，大水时全程约需 20 天，中水 30 天，小水 35～40 天。从"三江"至洪江的木排通常为行江排，2 人共驾一块，也有 4 人共驾一联两排。一块行江排叫 1 个"苗排"，3 个"苗排"相连成 1 个"苗头"。至洪江后，3 个"苗头"再拼成 1 个"洪头"下运各埠。由于运输路线较长，水道险恶，撞礁、打排、搁浅随时都会发生，水夫们尤其谨慎小心。民国 5 年（1916 年），锦屏茅坪的退尾寨修成一座相公庙，庙里存有一樽木雕菩萨"相公爷"，水夫每当开排放运之前，置备香、纸钱、酒肉、鞭炮等，前往相公庙敬庙拜神，祈求神灵保佑放排一路平安。并且禁止排工谈及与"打""撬""流""鬼"等相关的字眼，以避免途中打岩、翻撬、流失木材以及由之引起伤亡事故的发生。就连在木排接逗处大小便，抑或吊挂绳索在正丁弓上，均有所忌讳。开排之前还要查看"号簿岩"，依其水面所处的位置来确定能否放排。所谓"号簿岩"，是河床显露在水面上具有一定特征的固定岩头，如茅坪的路丝岩、眼眼岩，远口的当中岩，白市的鸭凄岩等。凡河水水面超过这些岩头一般不敢开排放运。有歌谣云：

> 不会放排你莫来，开排要看"号簿"岩。
> 路丝岩来是号簿，水涨到坎不开排。
> 清水河来清水江，四至七月洪水涨。
> 上河下河都不怕，单怕埂洞野猪岩。

链接：

织竹缆

编扎木排需要大量竹缆，由此衍生出了织竹缆的行业，以确保扎排所需。竹缆的原料是楠竹，洪江、托口等地都盛产。将楠竹扎成排，从水上运到缆子加工地。织缆子的工作需在缆架上进行。每座缆架高约二十米，由四根粗大笔直的木材做立柱，离地面十七八米处，以结实的木板铺设平台，四周围上栏杆，前端垂直固定一个上下贯通的竹筒。最顶上是顶棚，用于挡风、避雨、防晒。平常缆子工就站在平台上编织竹缆。在缆架两根立柱之间是云梯，由下而上每隔一米左右依次钉着木棍，供工人上下之用。生意红火时，常有几座缆架在一起开工，规模很壮观。

缆架通常高高地树在河岸上，一排排缆子工在缆架上用篾刀熟练地破篾扎缆，在那高而宽敞的楼上，把不断编扎不断伸长的竹缆随时延伸下来，他们熟练地摆弄着手中丈余长的竹篾，就像一种美妙的舞蹈。他们手中编成的竹缆越来越长，就像无限长的蟒蛇一样，盘成高高的一团。到了一定长度时便将竹缆盘成圆环型，其形如汽车轮胎，用绳子捆住，逐层放入泡着石灰水的池子（俗称"窖塘"）里浸泡数月，为的是不生虫、耐水泡、增加硬度和韧性。

少数不通水运的地方，便直接在山里编扎竹缆。他们利用高大的古树桠叉，搭个简便的架子，就在树上编扎竹缆，绿树丛中又平添了一道美妙的风景。然后他们把编好的竹缆分成中间不切断的两盘，用竹扁担从中穿过，再送来江边，直接卖给木商。

第四节　木材的流失与清赎

清水江中上游是暴雨多发区，凯里、剑河、台江、锦屏等地一旦降大雨，清水江就会泛水成灾。根据部分文字史料考证，仅锦屏县的大水成灾，明代1次，清代6次，民国时期10次。每次都有大量木材流失。清道光年间，一次大水，清水江、小江泛涨，沿江木植漂流殆尽。在下游，常有民船捞取漂流的木材。于是，上下游须围绕流失及捞取的木材开展清赎。

木材清赎最早见于清嘉庆七年（1802年）六月黎平知府程姓的一则布告，布告曾刊碑竖立于瑶光。由此，木材清赎规约定章，以斧记认赎漂流的木植，以打捞的木植多寡按率收付打捞费，禁革多收或少付，杜绝削除斧记后变卖以至客主民夫讦讼的时弊，规范木材市场。但由于年代久远，赎木费率无从稽考。

光绪二十八年（1902年）二月二十日刊立的"永定章程"碑的碑文，对木材清赎也作了一系列规定。该碑文由三部分组成，一是天柱县知县的批示，二是贵州通省厘金总局的批示意见，三是赎木章程十一条。

民国 2 年（1913 年），经贵州都督兼民政长唐继尧核准的锦屏木商会议拟呈的《赎取木植章程》，由总办三江木植统征兼弹压府黄姓、署理黎平府兼开泰县事傅姓、署理天柱县赵姓、总办瓮洞厘金兼弹压府上官姓等四人"遵宪会衔录批"，刊碑勒石，永远遵行。

由于清水江流域常有水患，漂流木及其引起的纠纷从不停歇。民国 37 年（1948 年），天柱、剑河和锦屏三县的参议会，共同制定了《清水江漂流木清赎办法》，报经三县政府同意，作为政府布告，向三县居民公布施行。其内容共 16 条。

第五节　木材的检量方式

由明代以来，及至逊清，清水江流域的木材计量及计价以根、块论，或凭借目力以整块木排、整堆木头估价，仅皇木征采有固定尺式。民国年间采用"龙泉码"。

按民国 32 年（1943 年）贵州木业公司所记，龙泉码并非以体积计算，而是以一种特殊（材积和材质的综合）方法，名曰"木码"。这种方法就是在杉木之眉高处围量木的大小，而设假定木码为几钱几分，此几钱几分之木码单位即为龙泉码。

用龙泉码检量木材操作用的工具有丈杆、篾尺、啄钩、画笔。丈杆为 1 丈长的木制或竹制的长杆，以"滩尺"尺寸（尺、寸、分）刻画其上。1 滩尺等于 0.344 米，用以丈量木植的长度。篾尺为竹篾制成的宽 1 分，长 3 尺 7 寸~3 尺 8 寸，用以围量木材大小的度量工具，每 1 篾尺约合 1.267 市尺，此尺叫板篾。宽为 1 毫米的叫丝篾。篾尺也称滩尺，有正滩尺和汉滩尺两种。正滩尺长 3 尺 4 寸 2 分，汉滩尺长 3 尺 4 寸 6 分，依不同地方"江规"均为各木埠分别采用。锦屏采用正滩尺，即最大可围量3尺4寸的木材，超大者不计。锦屏以下除洪江用汉滩尺外，陬市、常德、汉口各地均用正滩尺。

用龙泉码检量木材，其方法通常是以篾尺在水眼以上若干尺处（常在7尺处，即所谓眉高处）起围，围量出木材周围尺寸，用画笔将该尺寸号记在该木头大头侧面，再根据材长和所围出的滩尺尺寸对应"包长规格"记入码单。所谓"包长规格"，即保证一定基本材长眉高围量尺寸规格区间的木材，并以"毛木""小分""分码""小钱""中钱""大钱""七钱""两码""双两码"等，表示8种规格区间（见表2-1）。除毛木、小分规格的木材一般论根或论堆议价外，其他6种包长规格，木商则以木码的码值分别计算其价格，形成大材大价，小材小价。分码的价格最低，依次增加，两码和双两码价格最高。这种包长规格的限定及其价码的构成，客观上起到了保护幼树的作用。"江规"所定，各地木埠规定的包长规格不一。锦屏"三江"的包长规格是：

毛木：长2丈4尺，围度7寸以下。

小分：长2丈4尺，围度7寸以上1尺以下。

分码：长3丈，围度1尺到1尺5寸，又称"一包分码"。

小钱：长3丈6尺，围度1尺5寸半到1尺8寸，又称"二包小钱"。

中钱：长4丈，围度1尺8寸半到2尺2寸，又称"三包中钱"。

大钱：长4丈6尺，围度2尺2寸半到2尺6寸半，又称"四包大钱"。

七钱：长5丈2尺，围度2尺7寸半到2尺9寸半，又称"五包七钱"。

两码：长6丈，围度3尺到3尺4寸，又称"六包两码"。

双两码：长 7 丈以上，围度 5 尺到 1 丈，又称特大码。

表 2-1　清水江围码称谓及新旧度量对照表

两码		直径（厘米）	长度	
			尺	米
双两码		38～43	72	24
两码		33～38	60	20
钱码	大七钱	29～33	52	17
	大钱	25～29	46	15.3
	中钱	20～25	40	13.3
	小钱	17～20	36	12
分码		11～17	30	10
毛木		7～11	20	6.6

在龙泉码中计算木材价格采用木码，用码子记下数量，码子以两、钱、分厘为计算单位，实行十进位制，每一根包长规格的木材在龙泉码中都有一定的码子。最后的价格就是木码数量与 1 两木码单价的乘积。

采用龙泉码围量木材，还有特别的质量要求。从木材规格上划分正木、脚木、毛木和筒子。在包长范围内长 3 丈以上的木材为正木。而围度达到某一包长范围内的码级，但长度不够该规格的包长（又称不足丈杆），视为脚木，脚木只算该码级码子的一半，俗称"对折扣码"。眉高周围不足 1 尺者为毛木，亦称子木。筒子，后来称为圆木，一般规定长 6 尺，1 丈 2 尺长者叫连筒。

清水江流域各地在检量木材时，还有一些特殊的规定（见表 2-2）。

在锦屏卦治以上林区收购木材，围长是从水眼以上 9 尺过围，在锦屏的卦治、王寨、茅坪则从水眼以上 8 尺过围，到了洪江以下，从水眼以上 5 尺过围。围量木材使用的尺度也随地点不同而变化，在清水江的沿岸林区收购木材，围量的尺头空留 1 寸长度不计算，运到锦屏卦治以下，围尺空留 7 分头，到了洪江以下只留 5 分头，到汉口以下围尺不留头。围量的部位高低和留头的长短与所获的材积数量成反比。一般是杉木自树兜上量 5 寸，则减短圆周 2 分。每增长圆周长度 5 分码子增加 7 厘 5 分。如在产材区检量为 90 两码子的木材，运到锦屏围量就有 105.05 两，运到靖县则有 106.5 两，运到洪江有 124.5 两，运到汉口有 139 两，运到南京有 139.5 两。出码率增大 55%。不计产销差价，单是折算码子，若至南京出售则无条件得获利 50% 左右。

表 2-2　几种围量计码对照表

"江规"	围篾空头长	围码高	最大限量码子	让篾范围、几包
龙泉码	无	8 尺	3 尺 5 寸	
江内河段	7 分头	7 尺	2 尺 8 寸	"8 种缺陷""三包"
下河河段	5 分头	8 尺	3 尺	"8 种缺陷""五包"
常德、陬市河段	无	5 尺	不限	半寸至二寸、"六包"

链接：

郭明珠与龙泉码价

郭明珠（生卒年无考），龙泉县三十二都三溪（今江西省遂川县五斗江乡五斗江村）人。她虽为女子，却自幼聪慧好学，很有才华。成年后嫁于泰和马家州的以经营木材著称的肖姓人家。五斗江盛产杉木，农民靠山吃山，绝大多数以栽种和出售杉木维持生计。生于斯长于斯的郭明珠，耳濡目染，对杉木的生长和交易非常熟悉。尽管当时对女性的束缚和限制森严，但在山区为环境所迫，妇女在很大程度上都要与男子共同承担家庭的生活重担。在这种环境里，郭明珠不仅有机会上山观察杉木的生长情况，而且还可深入杉木交易的现场了解买卖双方的利弊得失，因此，她深知杉木计量方法的诸种弊端。在父亲的帮助下，郭明珠发现了树高（材长）和围径之间的内在增长规律，并利用这种规律创造发明了"龙泉码价"。在闺房里，郭明珠用丝线作条木，以杉条正木（规格材）最小径级的年龄为一，正木中最大径级的年龄为六十，叫作一个"甲子"。用六十根长短不一的线，表示六十个年龄不同、径级各异的杉条。运用材长与围径的关系，巧妙地以线段的长短度表示材积的大小，年龄长的材积大，线段就长一些。这是杉木生长的一般性规律。但当杉木生长超过某一特定的年龄阶段的上限时，其材积增长就会由渐变发展为突变，"龙泉码价"称之为"转贯"。根据杉木这种特殊性，她又调整了六十根丝线的长短比例，并对应于材积的大小，拟订出了码价等级。为简便实用起见，郭明珠又巧妙地将商品交易中采用的斤、两、钱、分的重量计算单位引入"龙泉码价"作为材积计量单位予以应用。将五尺之木定位为"斤"，码价为"十六两零三分"；三尺之木定位为"一两"，码价为"一两零三分"；一尺五寸之木定位为"一钱"，码价为"九分"；八寸（含九寸）之木定位为"一分"，码价为"二分"。在确定这四个基本定位基数后，其他规格的杉木则按其尺码大小和使用价值，确定买卖双方都能接受的合理码价。"龙泉码价"有老码与新码之分。老码是在郭明珠出嫁之前，在娘家即五斗江创制并开始投入应用的，分为小分码、中分码、小钱码、中钱码、大钱码、七八九钱码、两码等8个码名，共60个等级。待她嫁到肖家后，马家州的杉木交易市场和婆家的经营经验又为她完善"龙泉码价"提供了更加有利的条件，因此，她在总结老码应用实践的基础上，对老码进行了修正，增半寸围，变老码60个等级为120个等级，从而使老码更为科学和实用，俗称"新码"。从此，"龙泉码价"编成口诀，印成《龙泉码价书》开始流行，并成为全国杉木交易的通用材积计量标准。

龙泉码通用全国，历时 300 余年。1949 年后木材计量改用公制，1953 年全国统一试行公制木材材积表，1960 年林业部颁布了杉原条标准和杉原条材积表，龙泉码价随之废除。

第六节 清水江人工营林

清水江流域的人工营林始于明朝中期，普及于清朝、民国时期。

元末、明朝年间，山林土地为封建领主所有。及至清朝，十有八九聚敛于地主豪绅手中，当时，森林分布广袤，一派莽莽原始景象。然而，自明武宗正德九年（1514 年）朝廷派工部侍郎兼右都御史刘丙总督四川、湖广、贵州等处采办大木开始，经历明、清各个朝代，初为皇木、例木，后为商品经营，清水江沿岸可供利用的林木被砍伐殆尽。于是开始有了人工营林。

清水江流域的人工营林始于明朝中后期。《姜氏家谱·记》记载，开拓文斗者是原居于里丹、羊岩和中仰的苗族，其在明正统及万历年间相继迁来的。最初的人工营林是农民自发耕种或"伙种"，继而出现雇工栽植、佃山造林等形式。清朝中期，随着木材贸易的发展，人工栽杉造林已成为民众仅次于田间的生产活动。占有广大山地的地主豪绅，为图木利，雇请当地和外埠居民植树，允许他们在林地内间作粮食，收入以抵工薪，所栽树木郁闭成林后即停止间作，林地收归地主管理。也有"无地种粟栽杉"的贫苦农民，为了生计，租赁荒山或采伐迹地造林。清雍正、乾隆、嘉庆、道光、咸丰至宣统年间，出现于锦屏、天柱、剑河、三穗等地的山林土地买卖租佃契约，无地的农民向山主租山造林，约定造林头几年在林地内间种的粮食归佃耕者收获，以解决口粮需要，林木按比例分成。一般分成十大股，山主占六股至七股，栽手（佃耕者）占四股或三股。五年或三年成林后，按各自占有股份又另立契约，明确四抵界限，凭以管业。

佃租造林契约规定三五年必须成林，否则栽手将不得参与分成。既为履行契约，更是为了生计，佃耕者精选良种，培育壮苗，细致整地，认真栽植管护，林地郁闭成林之前每年间作粟、苞谷、麦，以耕代抚，以肥促林。

清乾隆初年编修的《贵州通志·风土志》对清水江流域人工营林经验就有了详尽记载："黎平（当时锦屏等地隶属黎平府）山多载土，树宜杉。土人云，种杉之地，必豫种麦及苞谷一二年，以松土性，欲其易植也……春至，则先粪土，覆以乱草，既干而后焚之，然后撒子于土面，护以杉枝，厚其气以御其芽也。秧初出，谓之杉秧，既出而复移之，分行列相距以尺，沃之以土膏，欲其茂也。稍壮，见有拳曲者则去之，补以他栽，欲其亭亭而上达也。树三五年即成林，二十年便供斧柯矣。"可见，清水江流域在明朝尤其是清朝时期，人工培育杉木技术已经达到较高水平。

第三章　明清时期的清水江木材市场

　　清水江流域优质木材带来的巨大经济效益引来八方云动，各色人等追逐着利益纷至沓来。成排成排的木材源源不断地顺流而下，到了武汉，到了南京，到了上海，甚至辗转到了京城的大内皇宫；满仓满仓的银子也是源源不断地逆流而上，散落于清水江流域的商贾巨户，散落于贩夫掮客，也散落于林农排夫等寻常百姓家。这利益的交换过程并不平静，有和气生财的平等交易，也有仗势欺人的强买强卖，更有抱伙组团的集体博弈……也正是这一幅幅跌宕起伏、风云变幻的利益角逐画面，才构成了清水江流域的市场百态。

第一节　清水江流域的木材流通

　　明代，清水江木材的流出主要是通过"皇木"的形式。由于明王朝迁都北京，为修建紫禁城，敕令在全国各个产木地区征派木材，史称皇木，也称大木、例木、神木、贡木等，这就是皇木的由来。其中以上好木料建成的乾清宫、坤宁宫、保和殿、太和殿，木料均取自我国西南部的湖广、四川和贵州等省区，以及东北的原始森林。

　　明代，朝廷在清水江流域征派皇木主要集中在嘉靖和万历两个时期，先是专官买办，后坐派地方官采办，也不乏地方官贡大木者。为采大木，有的加官晋爵，也有横遭革职的官宦。万历四十二年（1616年），湖南小本木商进入锦屏县三江买木，随遇而安，伙店代其联系木材。随后徽、临、西"三帮"木商进入，透过店家找山客入菁买木。"三帮"兼负采办皇木，又叫"皇商"。清雍正七年（1729年），贵州巡抚在锦屏县王寨设立总木市，法定三江轮流当江，所有木商只准于值年当江处所交易，由行户代为经理一切买木事务。三江所在的锦屏县山多田少，山民生计主要依赖于卖木扎排。官府历来以保护山客利益、保护木业正常经营作为"抚苗"的一项措施，不准下河木商和行户深入林区收购木材，山客与木商之间由行户中介成交，木材收购按林农—山客—行户—水客的方式进行。这种交易方式一直沿袭到民国时期。

第二节　木材交易主体：山客、水客和商帮

（一）山客

山客是指木行业的卖方，即卖木材的商家。

在清水江流域木材交易中，充当山客的，多数是三江上游的富裕农民。他们一方面向林农买青山或平水木，筏运到三江的行户待售；另一方面，从行户打探水客需要的花色品种数量后，预支部分货款。很少有自伐筏卖的林主。山客又叫"山贩"。山客资本较小，贩卖之初合伙买青山伐卖，合伙者自称"众山友"。也有以自有山林"当借"作"生理"（生意）本钱的。乾隆、嘉庆年间，是清水江木业市场繁荣鼎盛的时期，山客队伍得到很快的发展，数量达到二三千人。民国8年（1919年），仅是遗留在王寨的山客斧印记号就有300多家，每一把斧印标示一号客商，

山客遍布了清水江流域林区各县。山客常用包袱带钱游走山间购买木材，故又称他们为"包袱客"。通过木材交易，山客一行中致富的不乏其人。乾隆、嘉庆年间，瑶光、文斗等地曾有姚继周、姜志远、姜仕朝、"李三千"等4个山客富甲一方，"姚百万、李三千、姜家占了大半天"，就是当地人对他们暴富的写照，广泛流传至今。

姚继周：又名玉魁，贩木于乾隆、嘉庆年间，致富后拥有资产上百万，号称"姚百万"。乌下江上至黎平的罗里、孟彦，下与清水江汇流于今天的河口，盘曲80余公里，因为分支有五马溪、岑明河、八溪江、地里河、罗洞河等五叉支流，又名五叉江，沿江两岸杉木葱郁、蔚然成林，巨木雄冠各个林区。姚继周在这一带经营木材，再到三江进行交易，获利十分丰厚。发家后，大量购置山林、田产，溯乌下江二三十公里，沿江两岸的山林、田地都为他所有，可见其富裕程度。姚继周在河口南岸凌河修建了九幢大院，供其九个儿子居住。大院柱石雕龙刻凤，面壁浮雕祥物，窗镂花鸟，栩栩如生；月台院坝全部由青石砌成，台高三四丈，院坝平台全用四方石板嵌成；外坎周围的横竖栏杆，也全部用青石打造。沿外坎的两侧，从河边砌造了五十多级台阶，呈倒"八字"直接通往院坝，院坝内石鼓林立，富足气派尽显。传说，姚继周往往依仗自己九个孔武有力的儿子，以及豢养的家丁，横行乡里，拦江强买木材，强取豪夺，为富不仁，以致后来被四乡民众串联告状而走向破落。"三魁告倒姚百万"的故事至今还在流传。

姜志远：瑶光人，青年时家境贫寒，曾投奔远在剑河的姐夫。因为嗜赌，被姐夫拒之门外。嘉庆年间，清水江木材交易繁盛，姜志远沿乌下江而上，意欲靠扒排谋生。由于他衣着整齐，当地人误认为他是进山来的木商，争相将木材卖给他。姜志远信口开河：少量的木材，零三带四的太费事，现在不想买，过几天，等银子运到了，再大批的买也不迟。大家信以为真，愿意先走货后兑银。姜志远将木材放到三江，恰逢缺货，竟然以奇货卖了高价，赚了大钱，回去后据实兑付了购木银两。从此，他以木商自居，往返于乌下江和三江一带进行贩木，并深入台江的巴拉河大量采买木材，木材运至清水江，在江面蜿蜒数里，一跃成为取代"姚百万"的巨富。后来，又进一步大量购置青山田亩，其田土跨越县境，买到了天柱县的远口，黎平县的罗里、孟彦，以及剑河等四县，共计达 1.7 万石。一直到民国后期，姜志远一脉成了一个六代相承的地主家族。

姜仕朝：文斗寨人。经考（1988 年杨有赓《侗族社会历史调查》第 31 页），姜仕朝经营木材发迹于嘉庆年间。姜仕朝之所以能够"富冠千家"，就是投机于嘉庆十年（1805 年），趁当时垄处与卦治开展争江，造成了两年的木材交易中断，上游的木材苦于无处脱手，他拿出所有的家资，低价购进囤积了一万多两木码的木材。嘉庆十一年（1806 年），争江事端平息，上河与下河恢复通商后，姜仕朝在四五十天里将囤积的木材全部转手高价卖出，获得了超过购买价几倍的收益。

"李三千"：名不详，韶霭人。依靠经营木材发家致富，曾经出资乡里状告"姚百万"，家底不薄。

（二）水客

水客是指木行业的买方，即买木材的商家。

在清水江流域木材交易中，水客是指下河木商进入三江买木的商人和商号。他们之间相称"同年"。康熙前，除了皇商入境采取大木外，湖南民间的小本（至多能买 10 两木码）商人同时活动于锦屏三江购木，转运洪江、常德各埠兜售。随后，各地商贾结成商帮直接前来购买。历史上活跃于三江木市的商帮有"三帮""五勷""十八帮"。乾隆时，客商朝夕往来，络绎于道。道光年间，仅"三帮""五勷"在三江的人数超过千人。民国8年（1919年），水客斧记达300多号。

（三）商帮

商帮是指清水江流域的木材买家，他们中有皇木的采办，也有来自全国各地的木材经销商，常以地域性组团的方式出现。

"三帮"：即安徽省的徽州、江西省的临江、陕西省的西安等地的商帮，简称徽帮、临帮、西帮，史称"三帮"。雍正时，"三帮"在洪江采购木材，知悉清水江流域的"苗疆"苗木丰饶，材质优良，于是逆流而上进入三江，是最早在三江经营木材的商帮。"三帮"并非一般的富商巨贾，其中不乏朝廷委以采办贡木的木商。因此"三帮"在木材贸易中较各商帮具有特权，在锦屏三江至南京各口岸均有其泊木码头。

"五勷"："勷"字有着互助合作的意思，"五勷"是贵州天柱木商与湖南芷江、黔阳木商等两省的木材商帮的合称。具体的"五勷"是：天柱瓮洞、巨潭为一勷，黔阳西溪和天柱柳寨为一勷，芷江碧涌、冷水为一勷，黔阳托口、原神为一勷，黔阳金子、大龙为一勷。也即天柱占一勷半，芷江、黔阳占三勷半（另一种说法是：湖南的常德、德山、河佛、洪江、托口各为一勷）。"五勷"是继"三帮"之后进入三江的。"五勷"中的天柱木商在下游沿江设置有诸多会馆和木坞，他们在茅坪有杨公庙，在洪江有关圣殿，在陬市有灵义宫，后改称天柱木业公所。陬市木坞从陬市至合符长20余公里。在汉阳有两湖会馆，匾额题"砥柱南天"四字，木坞设于鹦鹉洲，名花五里，坞阔水深，可泊大帮木筏，以至清末和民国年间锦屏木商能够凭借天柱木商的木坞直接下筏木材，在下游各地自行销售。

"十八帮"：即于嘉庆至光绪末年涌入三江进行木材交易的木商帮派，有汉口帮、汉阳武昌帮、大冶帮、黄冈帮、长沙帮、衡州帮、益阳帮、宝庆帮、祁阳帮、永州帮、辰州帮、沅州帮、德山帮、常州帮、宿松帮、闵帮、金寿帮、花帮等，俗称"十八帮"。"十八帮"中尤以花帮资本雄厚，规模最大，经营额最多，营销手段特别。花帮多由湖北大冶商人组成，清代后期进入三江购运木材。湖北省的汉口沔阳、监利以及湖南的洞庭湖畔盛产棉花，置于汉口的日本三菱三井洋行则委托大冶商人在这些产棉区代购棉花，并透过御通钱庄预付6～8成的购棉金。这些商人在巨资到手后，先后深入清水江经营木材，故称此帮商人为"花帮"。花帮在下游的洪江设庄，在天柱三门塘设收购据点，每年在锦屏、天柱等地收购木材。他们的年购量约占清水江总销量的80%，为各商帮之首。他们所带斧印少则二十来把，多则六七十把，一把斧印代表一个木号，一个木号往往收购一千两码子，多则收到五千两码子，收购量最多的年份可达十万两码以上。于是，每当花帮一到洪江，竹缆价格将上涨一成。花帮当中，殷家四号（益成和、益成德、益成利、吉善祥）和刘家四号（兴义兼、兴茂永、兴茂祥、兴茂盛）最为著名，他们不仅具有经历百余年的经营杉木的历史，就是使用的"汉票""洪兑"就能通行江内江外，其他商帮使用的"汉票""洪兑"常常需要殷家担保后才能取得卖方接受得以通行。花帮营销木材时，已使用拖轮拽运，沿江上运布匹、食盐、百货，以低于市价的5%～10%倾销，下拽以高出市价10%哄抢到的木材，以之挤垮小商家，垄断市场。当众多商人一旦受排挤离境，无竞争对手后，立即逆向调价，布匹、食盐、百货的销价上浮，木材的收购价下跌，诸多小商小贩经受不了由此带来的货物积压和价格瞬息涨落的折腾，往往破产。"花帮"所持资金无须借贷付息，采取垄断经营以及双向牟利而获利丰厚。辛亥革命（1911年）不久，花帮离境。

链接：

汉票与洪兑

早期的清水江木材贸易中以白银为流通货币，后因自嘉庆年间始，在白银中灌铅掺假情况时有发生，以及白银沉重携带不便，交易中就大量使用"期票"，即"汉票"和"洪兑"（见图3-1）。由湖北汉口和湖南洪江的钱庄发行"汉票"和"洪兑"，以代替白银流通于清水江中上游的林区市场。下河木商到林区采购木材，一般把白银或现金存入汉口钱庄，领取"汉票"，至洪江后，再将"汉票"换成"洪兑"，也有的运货到洪江卖成"洪兑"，在清水江中上游的苗侗林区主要使用"洪兑"购买木材。林区商人获得"洪兑"后，到洪江进货，洪江商人又以"汉票"向武汉进货，这就形成了以兑票为简便形式的密切相连的商品流通环节。

图3-1 清光绪戊申年（1908年）洪江官钱局发行的局票

第三节 木材交易机构：木行

木行（木牙行）是指专为山客、水客之间搭桥撮合，为买方、卖方服务的经纪，旧称"劝盘"。

初期的木行诞生于清康熙前后，最初只是一些不固定的散兵游勇式的人物，他们向双方提供木材的供销信息，获取一定报酬。后来，沿江一些有一定实力的住户成了卖木山客和购木商人食宿的场所。初时，这些住户除向客人收取少量银两作为食宿、灯油等开销外，别无其他责任，木材交易由交易的买卖双方自由议定。即所谓"店无定所，行无定规"。再后来则发展到木行提供食宿服务。

随着清水江木业市场的发展，下江来的"水客"大都财大气粗，木行经纪人也不再是贫寒之辈，为了规格对等，他们把自己的住宅装修一新，配上了做工考究的八仙桌、太师椅，板壁上装挂着书画丹青，名贵的茶具和每天擦得锃亮的水烟筒。接待、住宿都竭力仿效汉、沪豪门大户的排场。

木行的业务范围也有了很大的扩展。木行负责议订合同（旧称议单）；衡量结算，收付货款，监督买卖双方遵守、执行同业共订的河规制度；还代山客木排保安。较大的木行设经理（或总管）一人，文武管事各一人。文职人员称"文管事"，职司财会结算，交际应酬等，总揽营运大权；武职人员称"武管事"，职司验收，质检，筹划编扎、航运、保安等工作。"武管事"必须具备业务、编扎、航运、保安等有关全面知识，得失安危系于一身。另雇有木材围量、厨师、勤杂、学徒等，多则十余人，少则六七人。小的木行，一般只雇请管理先生一名和一两名学徒工。在三江，总管薪酬最高，文管事一般月薪银二十两，武管事十五至十八两，其他河下人员十两，学徒三年内没有薪酬，只供伙食、剃头钱和冬夏服各一套。

三江的卦治、王寨、茅坪木行分别审批有总的贴名和行号。卦治贴名为"三才公"，行号为"同仁治"；王寨帖名为"五甲公"，行号为"同仁德"；茅坪帖名为"五美公"，行号为"同仁美"。从此，一改过去任意开店，任客投宿的做法，使木行成为专门的木材交易中介组织。三寨轮流"当江",年交易额达白银二三百万两。三寨木行在鼎盛时期达 340 余户,其中卦治 70 余户、王寨 120 余户、茅坪 150 余户。

清光绪以前,清水江流域只有位于锦屏县内的卦治、王寨、茅坪三寨有木行。另外,与清水江木材贸易关系紧密的托口、洪江也设有木行。托口是清水江的终点,并有渠水汇入。顺渠水而下的"州木""广木"在这里与清水江流域的"苗木"汇集,沅水流域木材交易鼎盛时期,贵州 70% 的木材经托口外运,形成了一个重要的木材交易点。清王朝在托口设有厘金局,发放有木行的牙牒,繁盛时有"祥荣栈""有发栈""永福昌"等木行 48 家。洪江则是清水江、渠水、潕阳河、巫水木材的汇集地,也是沅水入黔的重要中继站,从清水江、渠水、巫水放下来的挂子排在洪江要重新改扎成大排,俗称"洪排",再下放至常德、武汉甚至上海,上游放下的木排相当一部分在洪江进行交易。洪江的木行,经常保持在 15 家左右。

清光绪年间,由于清水江流域木材经济发展的需要,"当江"权利有所放开,与锦屏县三江水路相连的天柱县清浪、坌处、三门塘三个侗家村寨也享有了部分"当江"权利,能够开行进行木材贸易,"行户"得到迅速发展。其中以三门塘为盛,高峰时,有 20 余家木行。

木行的收益来自各项"服务费",即从木材交易额中抽取服务费,标准是一两银子的交易额抽取四分,所有的服务费都包括在内。在洪江,木行按交易额向卖方收取佣金 3‰,向买方收取围量费 6‰。

第四节　木材交易规则：江规

"江规"是指清水江流域木材贸易中的"当江"制度。"当江"制度是明清时期在清水江流域木材交易活动中，形成的一套"由卦治、王寨、茅坪三个村寨轮流之年'当江'、开店歇客、执掌市易"的制度。

卦治、王寨、茅坪三个村寨（俗称"内三江"）顺清水江而下，位于现锦屏县城及附近，由上至下各相距 15 里水路。由于此处有清水江支流小江、亮江汇入，河面宽阔、水流平缓，便于停靠、编扎、储存、运输木排，从而使得三寨成为清水江流域最佳的木材集散地。"当江"制度就是由此三寨"岁以一寨人掌其市易，三岁而周"的制度。该制度的核心内容有三项：

（1）三寨轮流开市交易，一寨交易一年，三年轮换一次。交易之年，称为"当江"。每逢子、午、卯、酉年茅坪当江，辰、戌、丑、未年王寨当江，寅、申、巳、亥年卦治当江，未当江的村寨不得私引客商交易。

（2）下游来的客商最远只能上溯至三寨，并在此进行交易，不能再往上游采购木材。在卦治的江边巨石上刻有一块"奕世永遵"碑，碑文是"徽、临、西三帮协同主家公议，此处界碑以上，永为山贩湾泊木植，下河买客不得停排。谨为永遵，毋得紊占"，立碑时间为嘉庆二年（1797 年）春。客商到三寨后就需住店，然后寻求交易。清光绪以前，只有"三帮""五勷"可以进入三江购买木材。其他木商在托口、洪江进行交易，不能直接进入"内三江"进行交易。

（3）木材交易需通过"木行"进行。"木行"，即进行木材交易的"牙行"。三寨"木行"在鼎盛时期达 340 余户。

光绪十五年（1889 年），坌处举人吴鹤书出面向贵州省请帖开行，锦屏三江没有加以干预，又经黎平、镇远二府派员到垒处面议。认为垒处开行，对三江没有害处，对木商却有益，还能够增加木税收入，于是批准垒处、清浪、三门塘也可以设店开行。因为锦屏与天柱两县开行的都是三个村寨，因此，以内外"三江"分别命名来区别，锦屏县的卦治、王寨、茅坪称为"内三江"，天柱县的清浪、垒处、三门塘称为"外三江"。

为了求得长期协调共赢，避免新的冲突，对内外三江的经营还作了若干规定。

三帮、五勷原在内三江有泊排、扎排码头，仍沿袭旧的规定，进内三江通过值年的行户向山客购买木材。凡是三帮、五勷以外的汉口帮、黄州帮、宝庆帮、衡州帮、长沙帮、花帮等，只能住在外三江，通过主家行户购买木材。永州等外江客商要进内江购买木材，必须有外江的主家引进。内江行户不得与外江客私自开盘议价，违反规定者，内江罚行户，外江罚客。外江引客到内江成交后，须交纳厘税、佣金等费用，才能放木至外江主户成排。木商须提取木价总额的 3％作为佣金付给主家作为酬劳。

另外，清水江流域还有一些专项或区域性的规定，也可视为江规，如"永定江规""八步江规"等。还有一些行规，也可视同为江规，如木行的一些约定俗成的规矩。在洪江木行就有规定：买卖议定成交后，预付估算总值份额的 50％，称为"押封"；木材交接前，如逢洪水骤发所需的保安措施，由卖方负担工资，买方负担缆索；如有损失，按成本上升买卖方各负其半等。

第五节　清水江木材交易冲突："当江"之争

清代清水江"当江制度"的实施确立了有"内三江"之称的卦治、王寨、茅坪在清水江木材贸易中的垄断地位，"内三江"

凭借垄断优势在长期的木材贸易中获得了巨额的垄断利润。但这一垄断贸易方式也引起了茅坪以下各下游村寨的强烈不满，下游的"四十八苗寨"在濒临清水江的村寨——天柱县坌处的带领下，为打破"内三江"的垄断地位，从康熙二十四年（1685 年）至民国 5 年（1916 年）前后长达 230 多年时间里，采取具控上诉、哄诱客商、拦木阻江等种种方式进行抗争。这一事件，也即史称的"争江案"。

清水江"当江"之争，先后经历了 200 余年，直至民国年间方才结束，其间风起云涌、潮起潮落，过程纷繁复杂，令人眼花缭乱，以历史事件为线索，"争江"历程大致可分为四个阶段。

（一）萌芽及形成阶段 ［康熙二十四年（1685 年）至雍正九年（1737 年）］

以坌处为代表的下游村寨与"内三江"的"争江"大致萌芽于康熙二十四年（1685 年）的"苗乱"，此后，坌处"故失江坞"。

之后，坌处以下沿江地方，曾自发地出现不成群体的"争江"活动，如趁洪水暴涨，抢捞漂流下来的木材，高价待赎；或削印匿为己有；或现捞现卖，以对付控制交易的茅坪以上三寨。

有记载的群体性"争江"发生在康熙四十二年（1703 年）。当时，坌处王国瑞、王繁芝等因不满茅坪等三寨独享当江之利，于这年春串联了坌处以下至湖南黔阳托口二百多里沿江 18 个村寨，设了 18 个关卡，号称"水上十八关"。凡木排过关，每排抽银九两，过十八关得抽银 162 两。这一割据局面，不利于木材流通，客商难以忍耐。后来大龙木商田金展、绥宁木商伍定祥等联合赴长沙湖南省巡抚部衙门控告，湖南赵巡抚令原地关府县将"十八关"强行拆除，禁革了抽税名目。

雍正七年（1729 年），贵州巡抚张广泗武力开辟"清江六厅"。为筹集军饷，曾任黎平府知府、谙知三寨木材贸易情况的张广泗遂将卦治、王寨、茅坪法定为"江铺"。通过清查登记后，在"三江"各设木市，对行户进行统一管理。在王寨设总木市，总理"三江"木政，稽征"江费"（即木税）。为保证"江费"征收，还在王寨设立弹压局。为协调"三江"之间的关系，规定"三江"轮流值年当江。

雍正九年（1731 年），天柱县已归贵州省管辖。坌处人王国良，与卦治的苗人相互争夺当江权利，控诉到巡抚和贵东道，后委托黎平知府滕文炯审断，审理结果是"革去当江名色，听从客便"。由此，"内三江"的"当江"权利得以真正确立，同时，也酝酿了一场场风起云涌的"争江"斗争。

（二）三寨当江，争江迭起的阶段 ［雍正至光绪十五年（1889 年）］

这一阶段，围绕当江权利的归属，内、外三江各施手段，争江活动迭起。主要事件有：

乾隆四十六年（1771 年），坌处王美凤等禀请给贴开行，经巡抚图思德审批，认为该处并非新开场市，历来都没有牙行，不准开设。

嘉庆三年（1798 年），伍仕仁又请帖开行，布政使常明将此请求移交贵东道周纬审理。

嘉庆六年（1801 年），伍仕仁又伙同王志勋、王绍美等，指使木商孙怡盛等说服其他木商弃"内三江"而投奔坌处，但因在坌处做不成生意，客商愤愤而去。伍仕仁等又雇人冒充"皇商"，冒名采伐"皇木"，偷运到坌处，但被查获。恼羞成怒后，伍仕仁等组织人员在坌处拦江阻排，与木商的矛盾激化。木商们在"内三江"的支持下，由湖南德山木商作代表具禀至湖南布政司。之后，案卷又转到贵州，责成镇远、黎平两府共同审理，伍仕仁被判充军浙江，案卷报备工、户两部。

嘉庆十一年（1806年），垒处王朝富、刘秀刚、刘林山等图谋当江，先后拦阻木商李瑞丰、瞿从文缆船，及王大有木排，毒打客商、焚烧缆船，并打伤天柱县官差。后王朝富、刘林山被擒拿到案，经两司审断，王朝富、刘林山被判充军，其余各犯各有处治。并判定，以后木商，仍照旧在三寨分年投歇交易，垒处不得滋事。刘秀刚潜逃到京城，被擒后，审理认为：刘秀刚一犯应照凶恶棍徒扰害地方加一等，发配黑龙江，给披甲人为奴。经过这次大诉讼，"争江"活动由高峰跌落低谷。

之后，道光年间（1821—1850年）相安无事；咸丰、同治年间（1851—1876年），由于清水江流域爆发了以张秀眉为首的苗民起义和以姜映芳为首的侗民起义，烽烟四起，木业处于停顿，"争江"也自然停歇。直至光绪初年。

（三）曲线"争江"，内、外三江确立阶段［光绪十五年（1889年）至民国5年（1916年）］

在张秀眉、姜映芳的起义被平息后，清水江木材贸易逐渐恢复。经过了十余年的平静，光绪十二年（1886年），天柱举人吴鹤书在向天柱知县廖镜伊的书禀中提出文斗寨地处锦屏（隶属黎平府）境内，因不和，一部分寨民自愿输粮入籍天柱（隶属镇远府），应划归黎平府管辖。借文斗部分寨民输粮入籍天柱之事，欲将"黄寨、茅坪、小江"划归天柱、釜底抽薪、曲线"争江"之计隐含其中。虽然吴鹤书上禀中隐藏的意图当即被卦治、王寨、茅坪"三江"绅耆识破，并遭到"三江"绅耆列举的拨归天柱的"五不可"的理由还击，最终被黎平知府郭怀礼否决，但其中的理由不可避免地为"争江"斗争的重新燃起埋下了伏笔。

三年后，"争江"战火重燃。光绪十五年（1889年），天柱知县余骏年以吴鹤书的上禀符合"养练"、保护沿江商民的利益为由,将禀帖转呈各省巡抚院;而吴鹤书也再次出马,被称为这次请帖开行的头面人物,"争江"再起。

两地经过纷繁复杂的禀复查验之后,在黎平知府余谓的支持下,三寨"当江"的旧例得以维持。遗憾的是旧例的维持情况以及垒处等寨的反应由于资料的缺省难以明晰。

但是,之后的一些资料已初步显示出内外"三江"并存的现象。一是一通光绪二十四年(1898 年)刊刻的石碑上已使用"内帮""外江"等特殊字眼;另一是民国 4 年(1915 年)8 月刊刻的《天柱县高等小学校记》中记载了"规复垒处募捐",内外"三江"共同当江的局面已经出现。

辛亥革命之后的民国 5 年(1916 年),正是鼎革之后,百事待举之时,锦屏、天柱两县知事对两县商会共拟的木植场规作了批复,并将布告及所附八条"归复旧章条件"同刊石碑,以示共同遵守。其中的第二至第五条,明确了"内江"和"外江"在木材交易中各自的权利。由此,利益均沾、皆大欢喜,绵延 200 余年的"争江"斗争落下帷幕。

(四)共同"当江"及制度的消亡[民国 5 年(1916 年)至民国二十年(1931 年)]

随着时代的发展,政治、军事、经济等形势的不断变化,"当江"制度受到的冲击也在不断增大,民国 5 年(1916 年)起允许天柱县的清浪、垒处、三门塘(史称"外三江")开店歇客,住宿三帮、五勸以外的客商,并代理客商进入内三江购买木材,形成内外江并存的局面。后来各地商会成立,以及以各级地方政府资本投资的木业公司成立,如"泰丰木号""华中木号"等。从民国 20 年(1931 年)起,国民政府明令撤销厘金,"当江"制度的载体——"木行"因失去政府的税费收缴职能而相继被淘汰,"当江"制度在延续了二三百年之后,最终在民国时期消亡。

对于这一旷日持久的"当江之争",在内三江有民谣及手抄说唱本作了大略的记述。

第四章　清水江流域的主要木材村镇

经过漫长岁月的穿梭，清水江就像一条蜿蜒曲折的纽带，将两岸的村村寨寨与木材的生产、贸易紧密地联系了起来。围绕着木材经济，它们逐渐地形成了分工，有种植的，有运输的，有贸易的，有加工的……受益于木材经济的兴盛，沿江的不少村寨都曾享受到了经济繁荣带来的幸福。时至今日，幸福的感受有的已淹没于历史的尘埃之中，有的却随着时光与日俱增，不论世代居住于此的人们感受怎样，毋庸置疑的是，这些村村寨寨都留下了不可磨灭的历史痕迹。

第一节　上游村镇：下司、重安、旁海

"清水江"正式称谓是其南源和北源在旁海汇流后才有的，旁海之上是清水江的上游。上游的航道虽然不是很长，历史上却涌现出几个小有名气的集镇，有的至今仍闻名遐迩。

一、南源最上游的"小上海"——下司

下司，素有"小上海"之称，就此称呼亦可见其工商业的繁荣。

下司，在麻江县境内，位于清水江畔，沿江上溯，可达都

匀；顺流而下，可通湖广；陆路上达贵阳、安顺、云南。因航道和物产的原因，都匀物质极少通过清水江运输，下司就成了清水江上最上游的水陆码头。

旧时，贵州土特产运往湘鄂各省时，多集中到下司上船，由水路转运至洪江、常德，过洞庭湖直达武汉。湘鄂赣的棉花、棉纱、土布、药材、瓷器等货物也用船逆流而上到下司起岸，陆运到贵阳、安顺等地。因此，当年的下司成为云、贵、湘、鄂诸省货物的一个转运点；商业、手工业迅速发展，形成了货物的集散地。当时，下司镇上楼房鳞次栉比，连同附近村寨，人口近万，俨然一幅"小上海"的景象。

清同治、光绪年间及民国初年到达极盛时期。当时，下司商帮云集、行栈众多。著名的商帮有本省的贵阳、安顺帮，外省的江西帮、福建帮、云南帮，湖南的湘乡、宝庆帮，湖北的汉口帮等。较大分客商庄号有刘同庆的"庆元丰"及后来的"厚生昌"、张文斋的"怡兴斋"、杨尚友的"扬天成"，还有潘翼庭的"友成"、陈明周等人的"裕厚祥"、杨子清的盐号等。这些商帮在下司先后建有同乡会馆，如江西会馆的"万寿宫"、两湖会馆的"禹王宫"、福建会馆的"天后宫"、江浙会馆的"三元宫"等。各大商号主要经营布匹、棉花、棉纱、桐油、牛皮、五倍子等。

木材是下司交易和运输的重要商品之一。当时，王寨（锦屏）、洪江的木商常住下司的孟永安、吴洪轩等家。通过委托行户深入上游的瓮城河一带和丹寨南皋的摆泥河，下游的舟溪、里禾一带的汶南河（到凯里菩萨寨汇入清水江）林区代购木材。这一带年成交条木约三五千两"码子"。待溪水泛涨时放散木到清水江起岸，扎成木排后直运洪江。

旧时，贵阳、安顺等地到下司交通不便，陆路运输多靠肩挑马驮，下司的马店也为数不少。最早开设的是喻兴斋，后来有金国应、黄炳元、石巴斗（绰号）、龚正品等。下司市场繁荣时，马帮每日往来三五百匹于下司—贵阳—云南—四川之间，最多时超过千匹。云南马帮多打野，不驻店。马店规模最大的是金马店，可容三四百匹马。

马帮多数时候是驮鸦片和盐。云南鸦片均用马驮，贵州鸦片（贵阳以下）多用人挑。川盐（四川岩盐）由遵义经瓮安、牛场、鸡场人挑马驮到下司。驮烟马帮一般二三百匹，有时则多达上千匹。马帮一进场口，人马之声鼎沸，大街小巷人来人往，摩肩接踵。有的马帮则自带帐篷、箩锅，野营露宿，布满镇外的野狗坡、四方井一带。

除贵州全省的大烟在此集运外，本地及邻县八寨（丹寨）、三合（三都）、摆金、平越（福泉）、炉山等地的土特产桐油、五倍子、杜仲、黄檗、牛皮等也集中在下司装运。

新中国成立后，铁路、公路运输兴起，水路运输的局限越来越明显，下司（见图4-1）逐渐淡出商圈。

图4-1 下司古镇风韵

二、北源上的"小上海"——重安

重安，以地处重安江畔而得名，重安系苗语音译，意为重安水势如马鞍形泄流。重安是清水江北源上的一座重镇，明洪武八年（1375年）置重安长官司，隶播州。明弘治元年（1488年）

置重安守御千户所。清雍正五年（1728 年）设重安土吏目，隶黄平州。民国 21 年（1932 年）设重安镇。

重安镇坐落在重安江河谷，重安江由西南而来，至此折而向南，皎沙河流经镇中心，在江转折处相汇，是清水江北源支流最终的码头，水陆衔接，陆路直达贵阳。明清及民国时期，是贵州省东南面对外贸易枢纽，人殷物阜。与南源上的"下司"一样，当时亦被称为"小上海"。

重安究竟有多少年的历史，至今尚难以考证，但有文字可考的至少也有上千年。黄平旧州是古代且兰国的故里，而重安离旧州只有七八十里路的里程，重安应该是且兰古国的领地。而庄蹻是先灭了且兰才去打夜郎的，重安是中原西去夜郎直至云南、交趾国等地的唯一通道，也称得上是军事要冲。苗族古歌中有"买缎去熙尔（汉语叫重安），旺介（汉语叫旧州）的那边"，隐约透射出当时商业的繁荣，估计唐或宋代时，重安已是古"丝绸之路"的一个中转站了。

至今，古老的小巷、深邃的古井、石头铺就的小径依然留存，那些陈旧的店铺仍在历经着沧桑；四灵桥、文昌阁、万寿宫、地母阁等古建筑历经数代，古韵犹存。依然矗立的万寿宫，位于重安北街北侧，建于清乾隆二十年（1755 年），光绪四年（1878 年）重建。建筑按纵轴线布局，层叠而上，四周以风火墙围护，占地 710 平方米，牌坊、戏楼、戏台、厢楼、南脚楼、正殿、观音堂、双步廊等一应具有。睹物思人，可以想象遥远年代里，赣商和徽商云集于此的盛况（见图 4-2）。

图 4-2　重安江上的"三朝桥",分别建于清
同治十二年(1873 年)、1938 年和 1994 年

重安一带还生活着我国少数民族之一的"僙家人"。"僙家
人",有人说其是尚待识别的民族,有人将其归属于苗族,我国 56
个民族中没有这一称谓,但他们始终称自己为"僙家人",所以很
少有人知道这个民族,甚至以为不存在。"僙家人"自称射日部落
后裔,至今女人仍头顶"太阳帽"和射日弓箭。

三、有着美丽传说的水上关隘——旁海

清水江南源形成的龙头河与北源形成的重安江在旁海的岔河
口汇流后才真正成为"清水江",旁海也因地处两条支流的分叉
端而显得非常重要,无论是从下司登岸去贵阳、云南,还是从重
安登岸去福泉、贵阳或且兰古国都需在旁海转运,旁海是清水江
上游水陆运输的中转中心。上下游的船一到这里之后,船工们总
是要在这里下船,他们或购物,或驻店,或吃饭。官员的光临之
后,这里出现了驿馆。旁海在历史上就很有名气了,是清水江畔
最重要的码头之一。

"旁海"是当地苗语 pax hvat 的拟音,音译为"扒哈"或
"旁海",意思是"扒开浮萍来看"。其源起于一个美丽的传说:

相传当年旁海地方有一位漂亮的苗家姑娘，一次，她到清水江畔井边喝水，一不小心将耳环掉进了井里。她心急要找回自己的心爱之物，于是急忙用手扒开水面的浮萍，往下寻找井底的耳环。旁边引来了一大群围观的人，开始是少数人喊，后来是围观的人一起跟着起哄："pax havt，pax havt……"后来这件事竟变成一个故事，当地苗民祖祖辈辈把它相传，"旁海"也就成了当地的地名。

旁海最早见于文献的历史应始于明代，当时叫"临江堡"，从名称上可以看出那个时代的特色及名称含义。"临江"，面临清水江，面临两条分流的支流；"堡"，当时的军屯重地。旁海因其凭险直扼清水江，而被明王朝命名为"临江堡"。明正统年间发生了"播州所属翁谷龙等苗寨僚民"造反事件，韦同列聚众不下20万，攻新添、清平、兴隆、平越诸卫，最后退守今凯里所属的香炉山，后被攻陷，战火就曾燃烧到了临江堡。

据记载，清乾隆三年（1738年）时，凯里卫曾下辖临江堡等13堡。至咸丰六年（1856年）时，苗民起义军攻克凯里，凯里卫覆灭。此后直到同治十一年（1872年），才重建凯里卫，而临江堡改设为"屯"，"临江堡"更名为"旁海屯"，名称也回归到了苗民世代习惯的称谓。

明清时期，旁海作为清水江黄金水道上的重要码头，无论是在军事上，还是经济上都发挥着重要的作用，时至今日，旁海仍流传着诸多古老的故事和传说。

第二节　台江、剑河村镇：施洞、 柳川、南加、柳基

台江、剑河两地在旁海下游、锦屏的上游，是清水江的木材产地之一，历史上也形成了不少的村镇，其影响虽不如赫赫有名

的锦屏"内三江",却也孕育出了自己独有的特色。

一、苗乡桥头堡——施洞

施洞,苗语叫"展响",译为集贸市场,位于清水江南岸,地理位置优越,水陆交通方便,凭借清水江,施洞水上交通下可至湖南洞庭湖,上可至州府凯里,挑起了古代南来北往的交通大动脉的重任,有着苗乡桥头堡的作用。建于明末清初的施洞大码头,是当时水上物资的集散地。

施洞自古以来商贾云集,最繁荣的时候这里百舸争流、过尽千帆。至今,临边几个乡镇都没有赶集日,还完整延续着在施洞赶集的习俗,可见施洞的影响力有多么深远。木材是施洞重要的交易商品之一,巴拉河、台江河流域产出的木材在这里交易后,汇入清水江的木排洪流之中。

施洞在历史上就是兵家必争之地,在元正二年(1342年)就纳入前江等处军民长官司了。为镇守这化外之地,明清时的镇远府就将古驿道从镇远修到了马号(施洞对岸),并一路设苟屯、斑鸠哨、后哨、上水塘、黄东埔、江元哨、响水屯、平定营等哨塘铺这样的军事机关加以扼制。那时这一带的苗族都被称为黑苗。清朝开辟苗疆的时候,一直把施洞看作是遏制苗疆的咽喉之地,多次与起义反清的苗家义军交战、争夺,留下一段段血雨腥风的军事故事。咸丰、同治年间,清政府为开辟苗疆,清剿苗族村落,抗清英雄张秀眉带领的苗族起义军就以施洞为据点,多次有力地阻击清军的进犯;清军攻取施洞后据此为营,清将苏元春在施洞修建公馆,长期居留。清末民族学家徐家干长期遨游中华大地,最后择居在施洞,长达十多年,写出了著名的《苗疆闻见录》。

施洞镇的苗族文化厚重,列为世界非物质文化遗产名录的有"苗族姊妹节""独木龙舟节""苗族刺绣""苗族银饰",以及世人所熟知的"苗族飞歌""苗族古歌""舞龙嘘花""木鼓舞"等。至今仍保留有清朝和民国时期所建"八大窨子屋""两湖会馆""苏元春公馆"和"一品夫人墓"等文化古迹。

二、历史上的清江厅治——柳川

柳川是原剑河县城，在清代及民国时期，为厅治、县治所在地。在其设官置治前，属"管外苗族地区"。清雍正八年（1730年），清王朝在柳川置清江厅，雍正十年（1732年）置清江镇，以后曾改称理苗府、军民府、理民府等，府衙都设在柳川，称为清江厅城，迄今为止已近三百的历史。民国2年（1913年），改清江厅为剑河县，属黔东道，县治仍设在柳川。民国21年（1932年）设清江镇（今柳川），民国31年（1942年），改名柳川镇。

柳川坐落在清水江畔，清水江由西而东绕柳川而过，水上交通较为发达，下连湖广，上达云贵，运输便捷，清代曾为王朝对苗疆用兵的关键节点。从雍正七年（1729）开始，云贵总督鄂尔泰、贵州巡抚张广泗把对"千里苗疆"的用兵当成西南地区"改土归流"的重要组成部分，而对清江一带的用兵则是这一行动的"冲要"。在鄂尔泰的整个军事行动中，只有清江境以公鹅为首的10余寨不畏兵威，对"召抚"政策进行反抗。鄂尔泰调集大兵，由张广泗率领向清江境实行武装征剿。在清军疯狂的杀戮下，清江诸苗寨悉平。

柳川的厅治、县治的重要地位，也促进了清水江水道的利用，除大量军需物质运输外，木材、药材、木炭、大米等也是主要运输商品。柳川曾有上、中、下三个码头，柳川城中形成了新西街等十余条街道，这也折射出昔日的繁盛。

三、剑河木材集散地——南加

1992年以前，南加称为南嘉。南加最早时是一个只有几十户人家的苗寨，周边森林密布，盛产杉木、松木。雍正六年（1728 年）以前，清王朝未开辟"新疆"和设置清江厅，这里还是一块桃花源般的世外之地。清王朝开辟苗疆后，南加优越的地理位置逐渐凸显，也逐渐走向兴盛。一是它上可达清王朝开辟苗疆的前哨清江厅，下可达"七省通衢"的湖南洪江；二是位于剑河、黎平、锦屏三县交界处，商品交易和集散优势明显。于是，湖南、江浙等地商人溯河而上，有的收购木材，有的经营食盐、铁器、布匹等，有的在此定居，逐渐繁荣成了集镇。

清乾隆二年（1737 年）清王朝在南加设南嘉堡，民国 20 年（1931 年）设南嘉镇。清代和民国时期，南嘉已经成为剑河木材集散地，清水江上游放排下来的木材及本县和周边县砍伐的木材大多在这里进行交易和集散。据《清江志》《剑河县志》记载，民国前，南加已成为剑河县内最为繁荣的集镇之一，客商云集，有"小南京"之称，城内街上居民多为湖南人。

至今，南加仍流传着许多昔日放排的故事。清水江沿岸的汉子，深山伐木，抬至江上，扎成木排破浪东流，木排川流不息，搏激流、战险滩，浑厚的号子激荡在江面上。到洪江交货后，揣上换得的银圆，然后拉纤、划船而回，到南加歇脚打尖，上街买食盐、镰刀、锄头或者给妻子买些丝线，给孩子买些玩具或者结伙打餐牙祭。

清水江的排夫们，一代一代到急流险滩中张扬男人的血性，南加集镇为此不断扩容，呈船型在江岸由西南向东北延伸。雄浑的船工号子在江上回荡，从清朝到民国到共和国，直至 1992 年最后一批排夫上岸

四、战火中遗存的古城堡——柳基古城

柳基原名"柳霁分县"，位于现剑河县南加镇柳基村，在南加镇上游十余里处。这座古城垣南倚甘塘山，北临清水江，是苗

疆腹地通往湖南的水陆要道之一。

柳基古城的修建始于雍正年间，云贵总督鄂尔泰、贵州巡抚张广泗武力强行实施"改土归流"，在苗疆各处安屯设堡，修建讯城，柳基古城垣在这一时期修建。雍正十三年（1734年）设柳霁讯城，修建土墙。乾隆二年（1737年）改建石墙，乾隆三年（1738年）竣工，始分天柱县丞驻柳基，称"柳霁县丞"，置县丞一员，隶属镇远县清江厅。

柳基距清水江畔的另一重镇剑河南加较近，为什么选择在柳基建分县呢？据说当时为设这座分县城举棋不定，有的说设在新柳，有的说设在南加，最后经风水先生提议在同等范围条件称水土重量，结果柳基的水土比南加、新柳的重4钱，确定设分县城于柳基。城墙周长1194米，高5米，宽（厚）2.5米，分东、西、南、北门和6座炮台（含南门台）。

因清水江木材交易和运输的兴盛，柳基古城得以繁荣。咸丰元年（1851年），已发展成为千家寨。据悉当时城内十分繁华，在南北长1里多的中心街道全是青条石砌成，石阶宽约4米，城内20多家商铺一家连着一家。从东至西的花街长为327.6米，宽2.5米，县衙门遗址处在城正中央，长26.8米，宽25米。炮台、慰文书院、把总署、千总署、府台、兵营、练兵场、县衙、江西馆、贵州馆、湖南馆、城隍庙等撒落在城内，约有20来户大户也住在城内。而近千户的平民和商人住在东南北三个城门外，使这座清水江边的小城曾经热闹非凡，盛极一时。

柳基城的衰败，自咸丰六年（1856年）始，同张秀眉一起武装起义的苗军将领李洪基攻下清江厅城后，分兵顺江而下攻打柳基城，与城内清军相持三年。咸丰十年（1860年），苗军增兵增炮围攻，三个月破城而入。城破时，守军全部战死，居民抱着侥幸涌向东门逃生，结果被斩尽杀绝。柳基城几乎被毁掉，只留下残垣断壁和东门外的"万人坑"。

同治十三年（1873年），清朝当地政府着手修复城墙，但经血火洗礼后，元气消耗殆尽，柳基城已无法恢复昔日的繁荣。民国3年（1914年），柳霁县丞改为柳霁分县，民国25年（1936年）撤销柳霁分县。

经过修复，现今古城的北门墙体、街道、关帝庙、东门炮台堡坎、古城关帝庙至南门石板路已基本恢复原貌，昔日的盛景正逐渐得以还原。

第三节　锦屏的"内三江"：卦治、王寨和茅坪

锦屏的卦治、王寨和茅坪三个村镇在木材经济时代的清水江流域有着不同凡响的超然地位，历史上称之为"内三江"。清水江流域的木材交易规则"江规"中规定了在贵州境内只有这三处可以进行木材交易，其他地方一律不允许，而且在商帮中，只有"三帮""五勷"才被允许进入这三处购买木材。其他木商或者在湖南境内的托口、洪江进行交易，或者在下游的天柱境内委托当地的主家进入"内三江"购买。实质上，"内三江"形成了对清水江木材交易的垄断。

一、"生苗"与"熟苗"的分界处——卦治

卦治位于清水江南岸，在锦屏县城（旧时的王寨）上游9公里处，是明清时期"内三江"中最上游的木材商埠。明清时期，卦治属湖耳长官司管辖，民国3年（1914年）设卦治团防分局。民国15年（1926年）设卦治镇。现为卦治村，属三江镇。

卦治地处江埠，清代前期系"生苗"和"熟苗"的分界处。随着木材贸易的发展，上游的"苗木"多集中于此外销。至康熙时，卦治与下游的王寨、茅坪已经成为木材商埠，商贾云集。雍正时，卦治文、龙两姓头人与王寨、茅坪两寨头人一道向省申请

到开设木行的资格,三寨轮流值年"当江",主持木材贸易。至光绪时木材贸易空前繁荣,卦治一派昌盛。一条 300 多米长、3~4 米宽的青石板街道贯通全寨,店铺和打铁等手工作坊布列街道两旁,寨内有建筑考究的窨子屋 30 多幢。街道和江边码头之间有两条青石铺就的阶梯相连,江边专用于拴捆木排的石柱、石眼随处可见。光绪十五年(1889 年),天柱属清浪、坌处、三门塘(俗称"外三江"),经镇远、黎平两府批准开设木行,买卖木商可以沿江随意投行,卦治寨内行户逐渐减少,宣统元年(1909 年)尚有行户 21 户,民国 14 年(1925 年),终止三寨轮流"当江",木业贸易集中到县城王寨后,卦治行户多转业,村寨日渐失去昔日的繁荣景象。

寨内曾立有反映木材经营历史状况的碑文 20 多块,但由于历史原因被毁或挪作他用,至今均已不见。寨后龙山上存有一块禁止放运木材破坏村寨龙脉的禁碑。村南的望楼坡上曾建有烽火台。

二、中兴至今的木头城——王寨

王寨,现今的锦屏县城(见图 4-3),旧时从事木材贸易的清水江边的苗寨,它由木材贸易而繁荣。民国期间,设有大小木号百家,木材成交额为黔东之冠,故有"木头城"之称。

图 4-3 清水江、小江在王寨(今锦屏县城)汇流的夜景

从明万历四十四年(1616 年),湖南省第一批木商进入卦

治、王寨、茅坪算起，到 1986 年黔东南州清水江木材水运局撤销，历时整整 370 年。在这三个多世纪的历史长河中，王寨一直是清水江流域木材贸易的中心市场之一。王寨的地理位置十分优越，沿江而上 15 里是卦治，沿江而下 15 里是茅坪，王寨承上启下，在内三江中处于中枢地位。陆路上有一条古驿道从天柱经过黄哨山下的茅坪，通过这里，并由此勾连西北的镇远府和南面的黎平府。另外，小江、亮江作为重要的支流，与清水江交汇于此。王寨背靠重重青山，雄踞于江岸之上，其势若武汉三镇，总揽山川之秀色，包涵江河之地利。

清雍正年间张广泗在王寨设立弹压局，进一步促进了王寨木材市场的繁荣。数百年里，附近的苗侗居民逐渐集聚于此，外省因做生意、谋生等在此安家落户的人不计其数，促使王寨成了清水江流域最大的商埠。1914 年锦屏县治由 50 里外的铜鼓迁至王寨。从此，王寨不仅是锦屏的经济中心，而且还成了锦屏的政治中心。

旧时王寨有两条主街。一条于红庙山下，高高低低向东西两向蜿蜒伸去，沿街均设有大小商业门面，街中可通马车和黄包车之类的交通工具。另一条叫河滨街，又叫河街，从竹缆厂沿河岸而上至小江口与马路街相交。此街下段约两华里最为特殊，全是因岸而建的半边吊脚楼铺成的木板街，宽约两丈，独具"木头城"的韵味。街外边是清一色的杉木栏杆，凭栏而望，群山耸绿。俯视江面，木船争渡，长排竞发，江水声、扎排声、号子声不绝于耳。街里边是清一色的大小店铺，每当夜幕降临，木板街上家家户户的檐灯、各商店里的汽灯、斗篷灯、美孚灯光亮闪闪，如同白昼。店内店外，人来人往，川流不息，其热闹程度胜过白天的马路街。

王寨凭借在此交汇的黄金水道和古老驿道，各种商品历来充足，货源广泛。民国 20 年（1931 年）前后，王寨人口达到了空前的 5000 余人。不仅"木业兴旺"，其他商业也"十分红火"，连大烟也因此盛行起来。江面上的船只和木排，自赤溪坪到公馆塘，停泊得密密麻麻，人们不用浮桥，踩着木排，攀着船头船尾也能走过对河，到达开宪、排洞寨和赤溪坪。在大街小巷商店的货架上，各种商品琳琅满目，其中不乏"洋"字号的东西和国内的名牌产品。这期间，"山客""水客"、军政要员、富商大贾、地主豪绅、流氓赌棍、妓女嫖客等麇集于此，不分昼夜，灯红酒绿，眠花宿柳，醉生梦死。

三、内三江最下游的江埠——茅坪

茅坪，明清时期内三江最后一个江埠，锦屏县境内最重要的商埠之一。

卦治、王寨、茅坪顺清水江而下，依次排开，茅坪位于最下游，既是内三江最下游的江埠，也是清水江在锦屏县境内最下游的一个江埠。由茅坪顺江而下，进入天柱县境内，清浪、坌处、三门塘属外三江江埠。

茅坪位于王寨的下游、黄哨山坡脚，距离县城 15 里。早年这里原是一片茅草坪，故得名"茅坪"。茅坪分为上、下两寨，侗苗杂居，人烟稠密，居民十之八九是龙姓，其余为杨姓、吴姓等。由于茅坪一带群山起伏，盛产杉木、毛竹、油桐、古松、楠木、樟木、梓木，且河床开阔、水流平缓，因而从明代起就成为黔省又一个重要的木材集散地。据《黎平府志》记载光绪十五年（1889 年）六月，云南赵一鹤赴开泰县（今黎平县）任知县时，曾路经黄哨山，夜宿茅坪村。

由于茅坪山清水秀，木楼林立，物产丰富，又东靠湖南，北临天柱，西南连接县城，因而随着木材生意的兴隆，山主云集，木商辐辏。为了经营木业，外来的商帮在茅坪都建有各自的会馆和停泊木排的码头。各种会馆都以美名冠之，如"关圣宫""杨公庙""德山馆""两湖会馆"等。馆内设有戏台与酒楼供商贾绅士们洽谈生意，消遣享乐。镇内临江伸展的街道，全由光溜的青石板铺成，几十家卖盐巴、针线布匹、烟酒糖果、日杂百货的店铺，打豆腐、染布、烤酒的作坊，以及出卖鱼肉的案铺交错罗列在街上，白天人来人往、声浪喧嚣；入夜灯火明亮，渔歌唱晚，呈现出一派林海水乡的景象。

当江带来了经济的繁荣，也带来了文化的兴盛，徽、临、西，三帮五勷及浙商、湘商、鄂商、闽商等商家大量涌入的同时，将各地的文化也带到了茅坪。至今，一座座融湘黔文化、荆楚文化于一体的古民居还在向人们讲述着这方水土厚重的历史和浓郁的人文底蕴。20多幢保存完整的封火楼更是几百年来的徽商文化给茅坪烙上的深深的印迹。它们多是粉墙黛瓦，青砖的外围，木质的内核，回廊有格窗，有马头墙。它们虚实相生，明朗素雅分明，黑白动静相衬，尽显出古民居的动态美、韵律美以及象征美。从那粉墙青砖的封火墙边，我们依稀能辨当年雕绘的花瓶与如意、寿桃与佛手、谷穗与蜜蜂、灯笼与蝙蝠，它们象征着吉祥如意、四季平安、福寿双全，这正是"徽文化"中保捍乡土、尚祖祭、俭朴勤劳和崇礼仪的另一种文化含蕴。

与茅坪木材交易紧密相连的还有黄哨山古驿道。茅坪域内的黄哨山古驿道是明清西南通黎平、西北通天柱至镇远等地的要道，在清王朝王化苗疆、平定苗侗起义中发挥着交通干线的作用。通过陆路运输的军需物质都经过这条驿道运达各处。黄哨山最高海拔1029米，最低海拔406米，整条驿道盘旋于黄哨山之上，高削陡峭，险峻难行，运送物质全靠人力。"近水楼台"的茅坪也由此承担了繁重的夫役。内三江的夫役与木材的当江市易是紧密相连的，三地轮到谁当江，那一年就由谁承担夫役。由于茅坪临近黄哨山，夫役过重，为了获得与"当江送夫"相匹配的权利，茅坪曾经抗争，要求改变内三江轮流当江的规定而争取独自当江。1941年，桂穗公路修成后，黄哨山不再是要道，驿道的作用渐渐消逝了。如今的黄哨山依然奇丽，石板古道古朴险峻，楠竹林排山塞谷、葱郁妩媚，姐妹岩、写字岩、白水洞点缀其中，漫步古驿道时，已然回归了自然的怀抱。

第四节　锦屏的营林村寨：嘉池、河口、文斗

在清水江流域的木材时代，木材交易与人工营林的相互支撑带来了木材经济的繁荣。在锦屏，除了垄断木材交易的内三江外，还有许许多多个源源不断为交易提供木材的人工营林村寨，这里仅列举一二，以追溯那个时代的背影。

一、"看得见历史的苗寨"——嘉池

嘉池是一个苗族村落，是锦屏、剑河、黎平三县交界地区传统的四十八苗寨之一，属锦屏县河口乡。

早在明成化时期（1465—1487 年），嘉池一带的先人们即已习惯了"开坎砌田，挖山栽杉"的山田互补、林粮间作的生产方式。到了清代雍正乾隆时期，这里的林业经济已是十分繁荣，形成了一种较为成熟的封建林业生产关系。明永乐时期，朝廷因修建北京宫殿而在全国各林区征集"皇木"，清水江林区属在征之列。现在嘉池还有"皇木坳"的地名和"皇帝木"的传说。

人工营林的繁荣也给嘉池留下了大量的山林权属买卖转让和佃山造林及山林管理的契约文书，现保存完好的契约就有数万份，其中村民无偿捐赠给锦屏县档案馆的达 1 万多份。在嘉池还保留着清光绪元年（1875 年）修建的四合院。该四合院由湖南的 9 名工匠历时 3 年建成，为青瓦顶四合天井式纯杉木建筑。横排 5 间，占地面积 270 平方米。在结构、布局和使用上，前面为前堂，后面为正屋，两边为厢房。正屋是五柱七瓜重檐悬山顶三层结构，前堂和厢房为三柱五瓜单檐悬山顶两层结构。楼房的楼

板都是叠装两层，屋上均盖两层青瓦。楼院中间即为长 11 米，宽 5.5 米镶铺青石板的长方形露天天井，原初的排水系统格局依旧。虽经百余年风雨剥蚀，却保存完好。直到今日，嘉池老人们仍沿袭数百年的传统，每年六月在这里"晒契"，一边对家传的文书做着"保养"，一边翻阅着历史追忆着沧桑。

驻足江畔，眺望嘉池，江岸斜坡上，杉木漫山遍岭，一片葱荣。

二、黄金水码头——河口

河口，又叫河边，位于乌下江与清水江的交汇处。河口北向清水江，西濒乌下江，两江交汇，三岸对峙，有名的杉乡文斗、瑶光、韶霭、中仰、加池等都位于此。这个水码头，是地处清水江流域河口南岸一带的山区走出山寨的唯一路径，也是清水江河口以上地区及与之交汇的乌下江流域黎平一带排筏流运、木业经营的黄金通道。

曾几何时，大江流水、木排蔽江、木坞人家、船筏竹缆，炊烟、船歌、鱼鹰、号子……是历史上繁华一时的黄金水码头。

码头之上，是著名的"月亮坪"和"月亮街"。

月亮坪弧形如月，又叫姚家坪，占地 3000 多平方米。月亮街由月亮坪两侧分别向上、向下延伸，长达 100 余米。月亮坪、月亮街，皆以精工打凿的青石板和青石条镶砌而成。台高四五丈，前瞰清水江，侧俯乌下江，两江相拥。

从月亮坪而下，左右两边是成"V"形的石阶，两边围以石柱栏杆。石阶数十级，高达十余丈，宽阔丈余，亦皆由凿有防滑沟的整块大青石板铺就，直达江边。

河口最有影响的人物应属清代乾嘉时期的姚玉魁，他在一带采购木材，运销三江，发迹后富甲一方，人称"姚百万"。"姚百万"，一门九子，发迹之后，在河边建成九重大院，一字排开，雄踞于河口码头虎形的虎口之上，气势磅礴、风光无限。随着岁月的流逝，因风雨剥蚀，加上水火兵燹之灾，到20世纪80年代的时候，已只留下了孤零零的一栋。该大院为三间两进，七柱落脚，重檐悬山顶式木质结构。高三丈，全深三丈五，明间宽一丈五，梢间宽一丈二。椿木作梁，杉木立柱，樟木作枋，青瓦为盖，紫檀雕窗；抱柱楹联，梁檐廊庑，瞒鼓暗销（一种无板间缝隙的精工装修方法），神龛香案，兽头铜环。柱粗四尺，立于雕龙刻凤的青石礅之上。三合土地面，门前雕花石礅、石鼓；天井四合，周遭高墙，飞檐翘角。大青石料镶嵌在大门两侧，窗棂嵌有"福""禄""寿""喜"字样的雕花木窗，还有双龙抢宝、双凤朝阳、大象、狮子、麒麟、雀、驴、蜂、猴等飞禽走兽以及花草树木。尤其精彩的是大门两边穿斗榫头两只展翅凤凰浮雕，栩栩如生。门楼木枋上各有一"望月磻溪"的匾额，为同时代以经营木材起家，富贵双全的地方名流姜志远（其子姜吉兆、姜吉瑞皆为举人）所题赠。堂前走廊，封顶卷板；门前石街，两边石枕。整个房屋布局，结构严谨、奇巧、合理，气势恢宏。

"月亮阶，青石台，姚家窨子成排排。一渡两江三上岸，金银如浪滚滚来。"虽风光不再，九仅存一，但其整体的豪盛仍可从至今犹存的凌河而立的月台院坝窥见一斑。月台全由青石砌成，每石约一尺见方，垒于陡峭的岸上，台高三四丈。院坝全用四方石板嵌成。从河边造两重石级，各五十余梯，直通院坝。隔河眺望这迭迭石阶和雄伟的月台遗迹，依稀可见富甲一方的"姚百万"当年是何等的富贵豪华。

三、装满历史的苗寨——文斗

文斗，位于河口乡东北部，清水江南岸山岭上，距王寨有30公里水路，是明清时期主要的营林区之一，现村民家中还保存有大量的民间契约文书，是"清水江文书"研究的重要田野调查点。文斗，也叫文堵，苗语称"冉都"，意为朝上水之岭。前朝上水，后靠高岗，左不见水来，右不见水去。明堂开展，朝对有情。

鼎盛时，文斗寨是个有千户人家的大寨，由于地近清水江，属山林地带，地面受清水江切割较深，山清水秀，气候温和、雨量调匀，适宜林木速生丰产。人工造林与木材采运是清代文斗苗人赖以谋生的重要生产手段。不仅文斗人造林，省内各地甚至湖南等地的手工业者和破产农民也蜂拥而至，争相来此租地造林。

文斗寨分为上寨和下寨两个村，上下寨两村处在同一水平线上，只是根据清江水的流向，处于上游位置的称为上寨，处于下游位置的称下寨。上下寨犬牙交错，呈带状分布。从上寨寨头到下寨寨尾跨越九冲十一岭，绵延两公里多。尾居顺其山势惟妙惟肖地分布在诸冲岭之间。自清代康熙三十二年（1693 年）起至民国 4 年（1915 年）文斗一寨两属。上寨属黎平府开泰县（今黎平县），下寨属镇远府天柱县。民国 4 年（1915 年）恢复锦屏县时才将两寨划属锦屏县管辖。其间经历 220 多年之久。到清咸丰同治年间，地方组建营团，上下寨一同组建了"三营"中的中营。清末民初，设地方团防总局下设文斗分局。1949 年前属瑶光团防总局下设文斗分局。1949 年前属瑶光团防总局下设文斗分局。1949 年前的民国时期属瑶光第八保。1950 年后为第八村，1953 年民主建政设文斗乡置于上寨。

文斗上寨有姜、易、李、龙、高、朱、范、马、玉、陆、蒙 11 姓，下寨全是姜姓。龙姓是文斗寨的开辟者。以前文斗人上山挖蕨根要等龙姓人先挖之后，大家才动锄开挖，否则挖出来的蕨根熬不出粑来。清明扫墓要等龙姓先扫。

文斗两寨一派古木葱荣，村寨民舍掩映其中。尤其是寨头和寨脚，两人合抱的古树群遮天蔽日。树下长着性喜荫蔽的节骨茶、兰花草、芭蕉以及蘑菇等各种菌类，鸡犬追逐嬉戏其间。临路的树下设有木石坐凳，行路或劳作疲乏时在此间小憩，听听鸟雀的鸣叫声，品品清凉山风和随风送来的各种花草清香，顿时心旷神怡，疲乏全消。两寨内胸径 20 厘米以上的风景树有 1000 多株，25 厘米以上的古树有 500 多株。下寨有一棵银杏树，下部自然干空成树洞，树洞中可摆一桌并容七八人酌饮。此树虽然中空，但依然生机勃勃，每年果实累累。

链接：

清水江流域的"晒契"

清水江流域数百年的人工营林，留下了大量的林地、林木交易契约。在沿江的许多村寨，特别是人工营林的主要村寨，几乎家家都还收藏有契约文书。在锦屏县文斗、加池一带，老人常说"有山必有契，有契就有山"。在文斗，几乎所有的人家或多或少都拥有契约文书，多者数以千计，少者亦有几十份。由于文书是家庭财产的主要凭证或重要的历史资料，所以各家都十分小心地进行珍藏。大户人家的契约大多是用睡柜（上面是床，下面是柜，专门用来藏载贵重家什）来收装，一般人家也都是用樟木或楠木打制的箱子装载。

由于契约文书需要保存的时间比较长，短则数十年，长则数百年，为了防止霉虫，清水江流域流行着"晒契"的习俗。

"晒契"，就是每年的农历六月六日，各家各户都要将家中珍藏的契约文书、家谱翻出来置于太阳下暴晒一两个小时，使其干燥，然后继续收藏。有的家庭在晒契之后，甚至将之当作神物置于神龛上祭拜。

"晒契"习俗不仅是一种保护文书的活动，还是一次传统教育的机会，大多数家庭通常会借"晒契"之时，给孩子讲解契约规范的内容，讲述家庭的兴衰历程，激励下一辈奋发向上。

第五节　天柱的"外三江"：清浪、垒处、三门塘

由于锦屏"内三江"对木材交易的垄断，挤压了近在咫尺的属于天柱县管辖的下游村寨的木材经济发展空间，它们由此而进行着抗争。二百余年的"争江"，使得天柱境内的三个村寨获得了一定的发展空间，在木材经济的青史上留下了自己的名字，它们便是在称谓上与"内三江"相对应的，史称"外三江"的清浪、垒处和三门塘。

一、木材集运的"排坞"——清浪

清水江从锦屏的茅坪急流而下，至杨渡滩脚，江面变阔，水流趋于舒缓。江水缓行，来到了清浪。清浪是个侗族大寨，有"扼'外三江'咽喉"的地利，清浪寨脚一带河塘宽而深，水流平缓，是清水江木材贸易停排、扎排、改排、交易的理想场所。于是，清浪利用天然水域，建造排坞，锦屏"内三江"放运下来的木材在这里加工整理，再扎成垛子排外运。

历史上清浪与同为"外三江"的三门塘、垒处等周边村落关系十分密切，为争取清水江木材贸易的经营权，从清康熙二十四年（1685 年）开始，共同与隶属锦屏的卦治、王寨、茅坪"内三江"展开了延续两百多年的"当江"之争。

当年，清浪最著名的排坞应属"红树脚水坞"，因岸上有数十株可系竹缆、钢缆的古树，其中有几株是珍贵的"红木"，故称为"红树脚"。该水坞容储量近 2000 立方米，是"外三江"主要的水坞之一，当时，清浪木行的客商和驻宰贡的木商都储木于此。清浪负责着本寨及附近水坞所储木材的加工整理，水坞数量众多，如卦子棚水坞、高卡水坞、大了塘水坞、新盘路脚水坞等。

在今天的学界，清浪的研究地位远不及同为"外三江"的坌处和三门塘，但曾立在锦屏县与天柱县交界江面稍下处的地冲滩南岸的一块石碑，对学界影响至深。此碑高四尺，宽二尺，碑无碑名，因现存放在清浪村，故被学界称为"清浪碑"。

此碑的研究价值在于，碑文至少透露了三方面的信息：①清水江捞取漂流木与赎取问题。②二百多年的争江起于何时，如何引起。③"争江案"判决不公，坌处受冤屈。

清水江白市电站修建前，清浪大寨仍遗存有古民居、古庙、古凉亭，以及保存较完整的王永泰家的老宅窨子屋。街头（即古寨门）陈列着乾隆、道光、同治、光绪等时期修庙、建学馆、木材贸易、筑路的五通碑刻，这些碑刻高大凝重，记述着村寨过去大兴土木的盛事。

二、风起云涌的"争江"滥觞之地——坌处

坌处位于锦屏"内三江"的下游，是清水江木材市场"外三江"之一，也是清水江下游早期的"采办皇木之所"。坌处于明洪武年间（1391年左右）就有少量文字记载可考，迄今已600余年，明朝属归化二图，清朝属归化乡由义里，设坌处汛、雅地汛，民国21年（1932年）置保安镇。

坌处依清水江北岸而居，江水从门前流过，下入沅水，其河面宽、水流缓，便于木材的集运，加之坌处附近亦是木材产地，据清浪现存古碑（学界称清浪碑）记载，在清康熙二十四年（1686年）前，坌处已是宪批的采办皇木之所，同时也开展木业经营，是清水江上的重要码头之一。

坌处，名称的本意是聚集安居之所，大家都是远离故土，到此谋生，应和睦相处。据推考，在明万历时，定居在坌处的已有十多个姓氏。但坌处得以在清水江木材经济史上名声大噪并不是因为和睦，反而是因为争斗。大约从清康熙二十四年（1686年）

开始，到民国 5 年（1916 年）结束，坌处与上游锦屏县的木材交易市场卦治、王寨、茅坪，即"内三江"，开展了长达 200 多年的"当江"之争。在争江过程中，坌处将上可控"内三江"，下扼"十八关"，居清水江"水口"的独特地理优势发挥得淋漓尽致，给"争江"诸雄提供了施展才华的舞台，其过程跌宕起伏、波澜壮阔，甚至惊动了远在京城的大清皇帝。

当历史的尘埃散去，坌处依然留下了岁月的沧桑。虽然坎坎伐檀声、合力撬排声以及高亢的放排号子只是依稀在老人们的回忆中回响，但那些江水带不走的古庵、古宗祠、古渡、古水坞、古街、古巷和饱经沧桑的窨子屋却依然与坌处人朝夕相伴。古木掩映、曲径通幽，如今的坌处依旧江水萦绕、恬静安详，人们怡然自得地享受着桃花源般的惬意，只有老屋房柱上不知何时留下的"斧印"，偶尔让人们回想起"争江"时代的峥嵘岁月。

三、贵州的"小上海"——三门塘

三门塘是位于坌处下游的一个村寨，是"外三江"的最后一站。清水江在寨内流长 3.5 公里。由于三门塘地理优势明显，且依山傍水、岸高塘深，是屯放木材、撬排停排的好处所，由此成为历史上外三江的主要木材商埠，是清水江流域的木材集散之地。有数据表明，它的木材经营量约占"外三江"的 80%。

三门塘，三面环水，溪流纵横，村民自古与水结下不解之缘。关于"三门"的来历，有两说与水有关。其一为：寨内原有鱼塘多口（最多时达 17 口），且辟有东、南、西三座寨门，因名"三门塘"；其二为：人口最多的王氏先人祖籍湖南黔阳（今洪江市）三门潭，溯江打鱼而上，定居于此，因"潭""塘"音近，讹为"三门塘"。

按《江规》规定，外省木商不能直接进入内江采购木材，只能由外三江的木行进入内江代行收购。三门塘得天独厚的地理位置，使它很快成为清水江流域的木材集散地。内江运来的木材，都是未经处理过的原木柱子。在搬运过程中难免有破头、断尾、弯头、空心等缺陷，属不合江规的等外材，只按50%或更低标准计价。三门塘人便把这些等外材进行商品美化或加工处理，通过截头、打眼、刨头、削腰、补空、续尾、锯头、解板等方式，提高它的价值。

除了在水坞里整治木材，三门塘人还将木材扎成垛子排，然后下洪江，到陬市，过洞庭，交汉口……

鼎盛时期，三门塘共有三门溪码头、刘家码头、王家码头、吴家码头、谢家码头五座水码头，云集了镇江帮、临江帮、黄州帮、徽州帮、花老帮、五湘帮等商帮，有20余家"木行"，"同兴""德大""顺德""大有""德友""同乐""泰和""生发""谦益""茂益""兴茂福""兴茂永""兴茂怡""义和顺""双合兴""永泰昌"等斧记在残存至今的"木行"遗迹上依稀可辨。年逾古稀的老人追忆当时的境况是这样描述的：三门塘前的五里河塘上，密密麻麻地排满了待运的杉木。行人过江，踏木而行不湿布鞋。上下过往的船只，一般要泊上数月才得以通过。碧绿的江水，排满白晃晃的杉条。逢二、逢七开放的乡场上，京广百货应有尽有。饭铺、客栈、糖果铺、铁匠铺、银匠铺等，隔三岔五地开张……江边的吊脚楼，多半是歌舞之地，歌妓舞女人数之多，几乎可与南京的秦淮河相媲美。

人口的汇聚、经济的兴盛，也促进了三门塘文化的繁荣。古碑、庵庙、宗祠、桥亭、民房、街道，民间歌谣、传说故事、语言服饰、风俗习惯、乡土建筑等文化遗迹中（见图4-4），至今仍折射出苗侗文化、荆楚文化、岭南文化、耕读文化、西方文化交融并存的余晖。中国博物馆学专家苏东海教授到三门塘考察后做出了这样的评价："三门塘是贵州的小上海。"

图4—4 三门塘刘氏宗祠

第六节 入湘门户：翁洞、金紫关

木材从贵州顺流而下进入湖南，横跨两省的要冲便是翁洞及金紫关，它们一道构成了由黔入湘的"黔东第一关"。

一、入湘门户——瓮洞

瓮洞是清水江流出贵州省境的最后一个小镇，属天柱县，与湖南省会同县、芷江县、新晃县、黔阳县（今洪江市）犬牙交错，是三湘入黔的门户。

瓮洞历代为"蛮夷腹心"之地，历史地位十分重要，曾在历史上发挥过重要作用，是历代王朝进入苗侗地区的一条走廊，同时也是楚汉文化和苗侗文化的传递带，几乎历史上每一社会变革的新趋势无不从这一走廊深入苗侗地区，推进苗侗地区社会经济的发展。

明万历二十五年（1597年），天柱建县。第一任知县朱梓在瓮洞修建码头。

清代繁荣极盛，有"小洪江"之称，光绪年间，清政府设贵州省瓮洞厘金局，局的头目为总办，下设市洞、白市、远口、城关、帮洞、大段六卡，建有炮台、碉堡，配有号船、炮船，每天早晚各鸣炮三响示警。镇上人口逾万，旅馆、饭店、日杂百货店等营业通宵达旦，街道两旁殿堂庙宇和民居楼房星罗棋布、鳞次栉比。每日过往木排、木船成百上千，入夜船排灯火通明、山歌嘹亮。

瓮洞是清水江流出省境的最后一个小镇，水上交通运输十分便利。自古以来，两湖、两广、江浙等省的木商、油商、盐商、布商、土特产商皆云集于此，利用清水江水道运出和运入货物。鼎盛时期，沿河随处可见装有从瓮洞起运的烟叶、蓝靛、生漆、五倍子、牛皮、药材、木制品、桐油、菜油和从外省运往瓮洞的工业品的木船、木排。汉阳设有贵州码头，其停存物资就是由瓮洞河运去的，因此，瓮洞镇一直是贵州省重要的商品集散地之一。

瓮洞，作为清水江的黔湘两省的分界地，还有一神奇之处。清水江在两省的交界之处名分省岩，又叫作分省坡，是贵州与湖南两省犬牙交错的分界线。此处一溪中分，两边岩石各自倒向自己的领地，这石头就有这么神奇，是过去划分界限的好方法。分省岩在瓮洞镇下金紫村，这里是清水江的贵州出省口，江中礁石累累，生象奇特，上部一层层礁石全指向上游，是为贵州天柱县境；下部层层礁石俱倒向下游，是为湖南省境。两向分指的礁石中间，是两米多宽的平坦岩板。从古至今，皆依据岩层指向，划定湘黔两省清水江的分界线，称分石岩，又叫分水溪。由此而下，入三湘，汇沅江，直入八百里洞庭。

二、黔东第一关——金紫关

瓮洞往下走十里的地方有一道赫赫有名的雄关，这道雄关位于清水江畔金紫村的渡头坡，它上扼黔东，下襟沅芷，为出黔入湘的必经之路，水陆交通咽喉，地势十分险要。清朝道光年间便在坡上设置关卡，建立炮台，常年驻军，称其为"黔东第一关"（见图4-5）。因地处金紫村，俗称"金紫关"。

图4-5　黔东第一关石碑，立在天柱瓮洞镇渡头坡

"黔东第一关"自古以来是黔东清水江出省的船排必经之地。蒋介石于民国24年（1935年）就派同乡胡为夫来此镇关任厘金局总办并常驻兵一连把持。民国26年（1937年）胡为夫亲题刻"黔东第一关"立碑高2米，至今尚存。

清水江流经渡头坡这段河道，从上到下有四个险滩，依次为小富贵、大富贵、小雷打、大雷打，在大富贵和小雷打之间，长约二里，水道平直，水流平缓，名为渡家塘，正好位于渡头坡下，为停排泊船的最佳之所，从上游顺流而下的木排和从下游开来的商船多停缆于此，丢下过关的"买路钱"，方许前行。

渡头坡原来只是一个江边小寨，地方不大，只有三十来户人家，全为胡姓，抱木溪从中隔开，分上下两寨，人们聚族而居。设厘金局，建关设卡后，建有码头商埠，人口骤增，加上驻军，数以千计，高峰时达万人以上。寨脚之渡家塘，船排不断，首尾相连，拥江塞流，水枯时可步排过清水江，不湿鞋袜。每天至少有数百号船，几十起排过境，有时两岸停泊之船达千余只，上泊至富贵滩头之黄虎冲塘；下至雷打滩脚的金子鲤鱼塘，岗哨亦分别设到黄虎冲上金子。船多人多，进进出出，熙熙攘攘，热闹非凡，每至夜间，渔火船灯，相互映照，沿江数里难分昼夜。上游来的船只，把产于贵州的桐油、生漆、牛皮、烟叶、生猪、药材等土特产运往湖南长沙，远销武汉、上海。又从湖南输入布匹、食盐及日用品。外地商贩、工匠闻知渡头坡市面繁华，纷纷涌入，有的开设日用百货布匹商店，有的开设钱庄从事银票汇兑，放高利贷。原来的寨中巷道渐成大街，酒楼饭店，烟馆赌场，青楼妓院，三教九流，各行各业，应有尽有。

伴随着陆路交通的兴起和清水江上游木材贸易的衰落，水上航运日渐萧条。进入 21 世纪，清水江进行水电梯级开发，瓮洞搬迁，关口淹没，往昔的遗迹尽淹江底。

金紫关是清乾隆三年（1738）至民国 26 年（1937 年）二百年间黔省重要木税征收关口。设有"厘金局"，总收清水江出省木税。最多时（1919 年）过税的木码总值达 300 多万银圆，为黔省主要税源之一。

第七节　清水江尾部重镇：托口、洪江

清水江流入湖南境内后，随着渠水、潕阳河、巫水等河流的木材逐渐汇聚，木材市场的容量越来越大，木材城镇的规模越来越庞大，托口与洪江便是矗立在清水江尾部的木材重镇。

一、清水江的收官码头——托口

清水江奔流而下至湖南省洪江市（原黔阳县）境内，与发源于贵州黎平县的渠水汇合，汇合处因两水互为顶托，故名托口。

从这里开始，沅水正式得名，由此，托口就成了清水江的收官码头和沅水的第一口岸。

因处湘黔两省四县市（洪江市、会同县、芷江县、天柱县）交接地，扼控湖南、贵州衔接之要冲，又是水路交通的重要口岸，在唐代初年，托口已经是周边数十公里内商品交易的集市码头了。就木材贸易而言，因两水汇流，两水放运的木材也在此汇集，来自清水江的"苗木"与来自渠水的"州木""广木"汇集于托口，形成了巨大的木材市场。由于清水江木材贸易实行"当江"制度，"内三江"卦治、王寨、茅坪三地垄断木材交易，同时，又只有"三帮""五勷"享有进入"内三江"采购木材的特权，所以，其他"山客"和外地"水客"一般只能在托口进行交易，木材市场兴盛不衰。即便是在"争江"最激烈的时期，"上江之木不敢放，下江之客托口藏"，托口也不失其繁华。资料显示，清乾隆、嘉庆年间，沅水流域木材交易鼎盛时期，贵州70％的木材经托口外运。到20世纪30年代，木材交易每年还保持在90多万立方米。

从明清延续到民国时期，托口一直都设有由驻军把守的"厘金局"，征收以木税为主的厘金税。与厘金局相适应的中介机构"木牙行"在托口也一片兴盛，最多时号称有72家。直到2014年初，托口古镇上，"祥荣栈""有发栈""永福昌"等木行旧址的老屋依稀保持着昔日的风韵。许多老宅院的木柱上都还完好无损地保留着当年的"斧记"印痕。在托口的木商后裔手中，我们仍看到了弥足珍贵的"有发栈"的"斧记"，一头铸着主人的姓"曾"，一头铸着"有发"，既是主人的名字，又是他的牙行的字号。木行的兴盛还促使托口成立了木行行会，行会除了以实力雄厚的资方大户为主，也吸收了少量在排工中技术高超、品行端正、有号召力的劳方代表参加。行会保障了整个木材交易的正常运作，也协调了劳资双方的和谐合作。

托口的码头是木材时代的见证，大桥巷码头、万寿宫码头、人寿宫码头、祖师殿码头、杨公庙码头、天王庙码头、灶王宫码头等17座青石板码头顺江一字排开，码头边密密的吊脚楼临河而立。近百年来，这些码头没有任何人工修葺的痕迹，朴实无华地伴着一江清水（见图4-6）。

图4-6　托口老码头

桐油，是托口的另一大产业。明清之际，随着航海及造船业的兴起，桐油的需求迅速增长，从而促进了油桐树的种植和榨油业的发展。康熙元年（1662年）安徽霍邱人张扶翼任黔阳县（今洪江市）县令，劝百姓种植油桐树取籽榨油，百姓获利，邻近各县争相效仿，使桐油成为托口的又一支柱产业。周边诸县的桐籽在托口集中，就地进行榨油，然后运往下游的洪江，包装后就是驰名中外的品牌桐油"洪油"，销往国内及世界各地。繁盛时，托口镇上仅榨坊就有48座。托口可以说是"洪油"的生产基地。托口古镇一半以上的建筑是油号，其中最具势力的当属总部设在洪江的"刘同庆""荣昌祥"等8大油号。油号的营业部全都设在临河的码头上。

木材、桐油业的发达，吸引了各行各业的商家闻风而至，争相到托口来抢占黄金码头，建作坊、开商铺、修宅院，一时百业俱兴，民国15年（1926年）时，竟奇迹般形成了九街十八巷的繁华局面。托口古镇上，保存完好的商号、店铺、作坊、豪宅、会馆、祠堂等古建筑有300多栋，总面积达4万平方米，历经千年风雨，依旧保持原来的韵味。

千帆远影、繁华如梦，托口电站的蓄水将托口古镇淹入了江底。昔日的浮华盛景已不着一丝痕迹，只有在迁居到新镇上的老人们的回忆中，我们依稀可以想象些许。

二、魂牵梦绕"小重庆"——洪江

洪江，现今的"洪江古商城"，位于托口下游50公里水路处。按理说，洪江已属沅水，距清水江与渠水的汇流处已百里之遥，两者联系渐少，实际上洪江却是明清时期许多清水江居民一生的魂牵梦绕之地。

20世纪40年代，从湘西走出来已成为大学教授的沈从文先生回到湖南，在沅陵住了四个月，写了一本《沅水流域识小》（后更名《湘西》）。

洪江对清水江流域的居民来说影响是深远的，各种"放排下洪江"的故事至今仍在老人们口中流传，最经典的是"放排赚钱后在洪江潇洒走一回，只剩条短裤回家，回家后又想着放排去洪江，去潇洒……"的故事，述说的老人更是一副回味无穷的感觉。年轻时没有去过洪江的老人则是眼神中透着遗憾，眼神中透着向往。民谣"篙子下水，婆娘夸嘴；篙子上岸，婆娘饿饭"，"放排"是清水江流域居民重要的生活来源之一。明清时期，清水江、潕阳河、渠水、巫水放排下来的木材全部要到洪江进行集中交易，然后扎成更大规模的"洪排"直放洞庭湖，一般情况下，清水江流域"放排"的终点就是洪江。而清水江流域居民所需要的大量日用品，如布匹、瓷器等则需从洪江运来。洪江对于清水江流域居民来说就是赚钱的胜地，就是花钱的花花世界，是一代又一代居民的魂牵梦绕之地。

明清时期，洪江的确具有吸引人们的魔力，它是最贴近清水江流域的商业中心、物流中心、金融中心、娱乐中心。

商业中心：由于洪江地处湘、黔、川、渝、桂五省区交界处，是我国中南与西南连接的咽喉之地，有"扼西南之咽喉而控七省"的特殊地位，早在明代便有了一定的规模，成为交通要道和商品集散地。清初康熙二十六年（1687年），文人徐炯在《滇行日记》一书中称洪江为巨镇。当时，全国18个省24个州府80多个县的商贾、游客和流寓之人纷至沓来，行商流动，来往返复；坐商久居，繁衍子孙，"十大会馆""五府十八帮"云聚一时（见图4-7）。木业行是洪江的主导产业之一。明末清初时期，官府有记载，洪江一年输出的木材就高达60余万两白银（90多万立方米），价值700万银圆。而晚清以前，在洪江经营木材的木行有200余家，从业者数千人。在20世纪30年代，洪江还向上海、武汉大量销售木材、洪油。洪江的另两项主要商品是洪油和烟土。

图4-7　洪江古商城里的太平宫旧址

物流中心：自唐朝开始，华东地区的货品经长江到沅水要运到云南、四川、广西、贵州去，船只都要在洪江这里停下来换成小船，再逆着巫水和沅水上游而去。明清以后，这里千帆竞渡，是鄂、湘、滇、黔、桂物资集散地，被称为"五省通衢"。洪江沿江共有48个水码头，最著名的应数"犁头嘴"，清末时湘西就流传一句谚语："汉口千猪百羊万担米，比不上洪江犁头嘴。"虽有点夸张，也依稀可见当时的盛况。

金融中心：商业的发达也带来了金融业的繁荣，清咸丰年间洪江建起了"盛丰钱庄"（1940年3月为湖南复兴实业银行收购，成立湖南复兴实业银行洪江分行），专营银票汇兑、吸收存款、放贷等业务。至清末民初，已有大大小小23家银行和钱庄，货币流量在湖南省仅次于长沙。

娱乐中心：洪江至今依然保存着完好的23个古钱庄、48个半古戏台、50多家青楼、60余家旧烟馆、70余家酒楼、80余家客栈、近千家店铺，娱乐业的繁荣不言自明。当时有名的青楼——荷风院门前的对联"迎送远近通达道，进退迟速逝逍遥"全部用走字旁部首汉字写成，不仅生动刻画了青楼女子迎来送往的生活面貌，还反映了古商城里客商熙熙攘攘的繁荣景象。

第五章　清水江流域绚丽的民俗文化

　　苗族、侗族都是充满激情、热爱生活的民族，它们在劳作之余，用丰富多彩的方式点缀着人生、装扮着生活。清水江流域的苗族、侗族居住区历来有着"大节三六九、小节天天有"的美称，居住在这里的人们，用自己美妙的歌喉、蹁跹的舞姿轻和着清水江荡漾的水声，催生着两岸山林中那一片片葱荣。

第一节　民族歌舞

　　"饭养身，歌养心"，清水江流域是苗族、侗族聚居之地，歌与舞，是苗、侗同胞生活中不可或缺的内容。时至今日，每逢节庆，清水江两岸常常呈现出一片片歌舞的海洋。

一、侗族大歌

　　民谚说："侗人文化三样宝：鼓楼、大歌和花桥。"其中的"大歌"，就是今日蜚声海内外的"侗族大歌"。
　　"侗族大歌"是侗族地区由民间歌队演唱的一种多声部、无指挥、无伴奏，自然和声的民间合唱音乐，"多人出多声"是侗族大歌最传统的说法（见图5-1）。
　　大歌，侗语称"嘎老"，"嘎"就是歌，"老"是指宏大和古老的意思。它是一种参加演唱人数众多，传承延续久远的民间合唱音乐。

图5-1 鼓楼里演唱侗族大歌

侗族大歌一般由若干句构成一段，若干段组成一首，每首歌开始有一个独立性段落，称为序歌，中间部分由若干句组成"歌身"，然后有一个尾声部分，形成首尾呼应的结构。按侗族自己的分法，侗族大歌主要有两个声部，较高的声部称为"雄声"，较低的声部称为"雌声"。"雄"代表阳性，是父系氏族的表现，是一个家族的象征。"雄声"在侗族大歌中引领着整首歌的发展，起到承上启下、协调的作用，但它不完成主旋律；"雌声"代表母性，在侗乡代表子孙兴旺的意思，能发出声音的人都可以参与，所以唱低声部的人多于唱高声部的。

侗族大歌的音域较窄，音程跳动不太大，一般用小三度、纯四度，典型的进行是小三度加大二度，节拍变化多样，混合拍子较多，连音和弱起的现象很常见。大歌多数是6调式，音域均在九度之内，以真声演唱，很适合人的自然歌唱音域，为全民性参与提供了便利条件。

侗族大歌按其风格、旋律、内容、演唱方式及民间习惯分为声音大歌"嘎听"、柔声大歌"嘎嘛"、伦理大歌"嘎想"和叙事大歌"嘎吉"四类。

侗族大歌与"侗寨鼓楼""侗乡花桥"一起被称为侗族文化"三大宝"，是最具特色的中国民间音乐艺术之一，也是国际民间音乐艺苑中不可多得的一颗璀璨明珠。作为多声部民间歌曲，侗族大歌在其多声思维、多声形态、合唱技巧、文化内涵等方面都属举世罕见。

侗族大歌是侗族的精神和灵魂，它以独特的演唱方式和特殊的组织形式传承着侗族的历史和文化。它不仅仅是一种音乐艺术，而且是侗族社会结构、婚恋关系、文化传承和精神生活的重要组成部分，具有社会史、婚姻史、思想史、教育史等诸多方面的研究价值，是维系侗族社会生存，构建和谐社会的精神支柱。

二、苗族多声部情歌

贵州苗族多声部情歌主要流传于台江县的方召、反排、巫梭等及剑河久仰等清水江流域苗族村寨，以其独特的艺术形式表现了苗族人民的生活习俗和精神风貌。在苗族村寨，青年男女一般都有一个较为固定的谈情说爱的场所——游方场，苗族情歌演唱的场所一般都在游方场上。

苗族多声部情歌是一种地域性很强的有独特的旋律、独特的和音的无伴奏的五声音阶民歌。演唱时，当男声部为主声部的时候，女声用赞词和拖腔伴唱和声形成复调；当女声部为主声部时，男声用大量的拖腔和颤音伴唱形成复调，体现出明显的民间复调音乐风格。苗族多声部情歌具有"调随词走"的特点，其旋律、节拍和速度往往随着歌词和演唱者感情的变化而变化，体现了苗族向往自由、追求无拘无束的精神生活的民族性格。

苗族多声部情歌有其特殊的演唱方法和发音技巧。演唱者善于使用深幽的喉颤音表现对情人的浓浓爱意，演唱中有的句段用真嗓，有的句段用假嗓，随着情感的变化假嗓与喉颤音并用，恰到好处的喉颤音使演唱者的感情达到高潮。假嗓与喉颤音的运用，使声音变化自然和谐，长音和下滑音与演唱者所要表达的思想感情巧妙结合，赋予了苗族情歌更为丰富的思想内涵，其声乐技巧要高，演唱难度大，演唱方法之独特，成为民族民间音乐艺术的一朵奇葩。

苗族多声部情歌调式与苗族情歌内容密不可分，根据苗族男女青年从相识、相恋、相爱到成婚的完整过程，用以表达男女青年爱慕之情的苗族多声部情歌曲调有"见面调""赞美调""单身调""青春调""求爱调""相恋歌""成婚歌"等不同的调式。

清水江流域苗族多声部情歌内容丰富，曲调各异。有关代表作有《假如你是一朵花》《阳春三月好风光》和《要玩趁年轻》等，引起了音乐界的巨大反响。2004 年春节，在中央电视台举办的"中国西部民歌大赛"上，由台江苗族青年农民张本云、吴通林、唐龙、方绍宝、唐翁翁等演唱的苗族多声部情歌《阳春三月好风光》获金奖，剑河苗族多声部情歌组获铜奖。

苗族多声部情歌是苗族青年交流思想、倾诉男女之间的爱慕和思恋之情的表达方式和载体。它的传承是在日常生活中，通过青年男女的情感交流活动，以耳濡目染的方式代代相传。苗族多声部情歌曲调悠扬动听，旋律优美婉转，和声和谐自然，曲调与歌词结合浑然天成，给人以美的洗礼和美的享受，具有极高的审美价值，对于净化心灵、陶冶情操，传承苗族的传统美德具有重要作用。

三、苗族河边腔

河边腔苗歌是流传在贵州省锦屏县清水江流域的一种即兴创作的山歌对唱形式；腔调高亢激昂，以模仿澎湃的河水声，山涧瀑布的波涛声，涓涓的溪流声为主。锦屏县位于黔东南苗族侗族自治州东部，东与湖南靖州相邻，南与黎平县交界，西为剑河县，北为天柱县。锦屏县河口乡的裕河村、韶霭村等是河边腔苗歌的主要发源地。河口乡位于锦屏县西南部，是一个少数民族聚居地。河边腔以河口为中心，向清水江沿岸辐射。该地域节日婚丧礼仪都伴有河边腔的旋律。

清朝初期甲申年，由长江中下游迁徙来的一支苗族，居住在清水江沿岸，当时称"苗光"，即瑶光，由于长年累月与高山峡谷、大河、险滩的打交道，从大自然中领略并模仿澎湃的河水声逐渐创作出来高亢激昂的腔调，形成这一地区独特的苗歌"河边腔"。河边腔曲谱单一，内容多样，声音高亢激昂，尾音长，音波大，节奏慢。声调中以"过山"腔为最高亢，一般在山间独唱或远距离斗唱，被称为"唱在高山，引来凤凰；唱在水边，唤醒龙王"。河边腔根据节奏快慢不同，又分为"大河边"和"小河边"。"大河边"调较慢且长，"小河边"调快而短。根据内容不同，可分为情歌、赞美歌、劝世歌等。河边腔为即兴创作，多为见什么唱什么，也有即兴作答、互问互答。无指挥、无伴奏，有独唱、合唱、对唱等形式。由于与汉族有较多的交流和影响，河边腔具有汉语和苗语两种语言的演唱形式。

河边腔内容丰富，有情歌、赞美歌、劝事歌等，丰富而多样；旋律优美动听，每唱完一段乐器都有一个尾音，曲式结构有自己的民族特点；独唱、合唱、对唱均有，演唱时讲究较强的即兴性，尤其是在情歌对唱中的即兴创作，这些构成了河边腔苗歌的主要特点。河边腔苗歌是苗族人民在漫长的历史中，经过农耕文化、木商文化至农渔文化中的积淀，是研究苗族语言、苗族婚俗、苗族文化的活化石。通过唱歌搭桥，可增进苗族与侗汉等民族的了解，加强各民族间的团结。

四、侗 戏

侗戏是我国民族戏剧的一个独立剧种，是侗族文学、音乐、舞蹈的综合艺术，多流行于贵州省的黎平、从江、榕江，湖南省的通道，广西的三江、龙胜等县的侗族村寨。

侗戏大致分为两类：一是以侗族民间故事为题材，一是根据汉族小说、戏剧、电影改编的。侗族具有浓郁的民族风格，音乐别致，技艺纯朴。侗戏作为一种传统戏剧，舞台也是超时空的，故事叙事到哪里，时空就延伸、拓展、转换到哪里。人物的上下场由剧本的叙事决定，不受时空制约，时空的这种淡化，就使得侗戏一般不分场，连续演出。侗戏的主要曲调包括"平板"（又称"普通板""胡琴板"）和"哀调"（又称"哭调"）等，此外还有"仙腔"和"戏曲大歌"等；伴奏乐器包括二胡、牛腿琴、侗琵琶、月琴、低胡、扬琴、竹笛、芦笙等，开台和人物上下场时用鼓、锣、钹、镲伴奏。在表演上，侗戏虽然也强调唱、念、做、打、舞，但是主要以唱、念为主，把唱作为侗戏唱、念、做、打"四功"之首。侗戏的叙事主要是通过唱来实现和体现的，在表演时，演员也主要是踩绕"∞"字加唱。因此，侗家人把"演侗戏"称为"唱侗戏"。

侗戏的传统剧目大约有30多种，代表剧目有《丁郎龙女》《珠郎娘美》《芒隋列美》《李旦凤姣》《善郎娥美》等。侗戏中既能见到侗族音乐和侗族习俗的因素，也能见到汉族和其他少数民族的影响，是多元一体民族文化中的瑰宝。侗戏的萌生、发展和最终形成，经历了漫长的历史过程，与侗族的民族史、文化史息息相关。它生动地体现了这一民族、地区的文化传统。

五、阳　戏

天柱阳戏于清道光年间由湖南黔阳传入天柱瓮洞镇关上村，至今约160年历史。后来由瓮洞传入蓝田、渡马、邦洞、石洞街上，由湖南会同坪村传入白市、江东，由湖南会同阳溪传入远口园田。

天柱阳戏传统剧目有60多个，改编剧目有20余个，新编剧目近有 30 个，总计约 120 个。其传统剧目内容为颂扬自由爱恋，抨击封建礼教，宣扬善恶有报应；揭露假、丑、恶，披露人间苦情；也有少量内容不健康的剧目；新编的戏多为歌颂新人新事新风尚的内容。

天柱阳戏的唱腔总计 80 多个。调式有宫、商、角、徵、羽中国传统五声调式，少量的加"4"或"7"的七声调式。声腔曲式以上下两句为主，亦有四句、八句曲式。

天柱阳戏班大多一个村寨组织一个阳戏班。阳戏班一般由 18~20 人组成。其中坛师 1 人（总管业务执排、对外联系），内管班 1 人（分管内务），外管班 1 人（分管衣箱、道具），文书 1 人（职司缮写），其余为鼓师、琴师及各角色演员。

阳戏的表演有其独特的地方特色。生角表演要走"半边月"，起步时先抬脚，有节奏地配合舞蹈动作，一般走"丁字步""马弓步""龙穴虎步"等；花旦出场要耸肩走圆场"驾妖风"（又称圆台步），要把舞台四角都走到；小旦转身转弯先抬脚，以独特的小碎步运动；丑角的表演可以自由发挥，连台词也可以随兴改编。旦角演出手势有"开门""关门""双手齐下云"（即拉手云），"左手招风风即到"（左手翻腕向上指出），"右手招雨雨来临"（右手翻腕向前指出）等；生角演出手势有"左手值日""右手值月"（两指合并，分别向左、右指出）、"猪蹄叉"（拇指、食指、中指分开，向前推掌，此为武将一种手势造型动作）等。天柱阳戏演出形式活跃，十分有趣。表白用当地方言，演唱真假嗓音结合。旧时演出阳戏，旦角皆系男扮女装。新中国成立后，旦角始有女扮，但多数仍系男扮。旦角由男扮，演出时别有情趣。武场戏表演的武打套路有"姜公钓鱼""雪卜栽花""四门兜底""七合枪"（即"抖枯枪""耳门枪""三面枪""背武枪""托枪""败枪"）、"黄龙缠身""金龙抱柱""直拳""大小横拳"等。阳戏布景、道具简单，不用幕布吊档。"台上千条路，万种物"。演出小分场，不换景。演员在台上进门、开门，即作开门、进门动作表示；坐船、骑马，即作坐船、骑马动作表示；在舞台上说有座山，并非要布置座山，在台上说有条河，并非要布置一条河等。这与传统汉戏、京戏表演形式有相同之处。

天柱阳戏演出的场地一般在寨中家祠内，没有家祠的寨子，即在公地搭台或在空地演出。演出的时间多在农历正月。新中国成立后，在民间节日"七月二十"（农历）等歌节（一般持续三天），也在歌场搭台演出阳戏。演出不卖票，不收费，只要开台，人人可看。

天柱阳戏在开台演出前，在戏台中间摆设一张有帏的桌子，桌两旁各摆一根有椅帏的椅子（不论演哪曲阳戏，均如此摆设），这是为戏中角色摆设的道具，是为阳戏"祖师爷"摆设的恭贡桌椅，示意有"祖师爷"（灵魂）就座，百无禁忌，演出成功。

戏台左、右设一门，右为"上马门"，门上贴"出将"横联；左为"下马门"，门上贴"入相"横联（不论演哪曲戏，千篇一律）。戏台两边贴"千百年后，大家都是古人，趁此时，立定脚跟，做一个忠臣义士孝子贤孙，照样演来真好看；二十四史中，细事俱成铁案，到今朝，编入曲本，将许多霸权谋术奸朋恶党，和盘托出不留情"，或贴"教子劝夫，精忠报国；勤王骂贼，热血除奸"对联。抗日战争时期，有的阳戏班演出还贴过"除奸杀敌，抗日到底；保家爱国，民族气节"的对联。

戏台桌椅摆设就绪和对联贴毕，在闹台锣鼓声中，由一戏角头戴面具，手执杖尾，身穿长袍，从"上马门""出将"（上），舞蹈至桌椅前躬手合揖，再到台前躬手合揖，祈祷"天时地利，人丁安康；五谷丰收，六畜兴旺"。接着，在舞蹈中走戏台四角，向在场观众中的头面人物或家境宽裕者喊"加官"（被喊"加官"者，事先由戏班掌管人暗中通报，以便准备"红包"），即念"紫气东来大吉大利，某某（姓名）大人加官加官"。被喊"加官"

者自觉脸面有光，即将事先已准备好的"红包"送上（戏班掌管出台迎接"红包"）。加官——喊过，即舞蹈致谢，在入场锣鼓声中，由"下马门"入相（下）。

开台演出，重发开台锣鼓，不少被喊"加官"并送了"红包"者，为演出助乐助兴，还鸣放鞭炮。有的阳戏班（非所有的阳戏班），在演出前后，要分别作"开台"和"扫台"法事，法事分"内教"和"外教"两种。"内教"由巫师在台后作法事，用一只雄鸡作法，烧香烧纸，咒语（或唱）："昌吉时良，天地开张，十方人哑静，八字保安康。迎请圣王圣驾，迎下了马，信民恭前初上香。一二三四五，金木水火土，土王来了，擂动三捶鼓，迎请土王圣驾，迎下了马，信民恭前一上香。打扫堂前地，炉内烧宝香。药王来了，药王来了除祸免灾殃。迎请药王圣驾，迎下了马，信民恭前三上香。"还念咒语："天之有道，下的是鹅毛细雨；地之有道，出的是五谷丰收；国之有道，出的是忠臣良将；人之有道，出的是孝子贤孙。"之后，即开台打"加官"和演出。"外教"由戏师负责，即演出后的"扫台"，"扫台"时唱"扫除邪恶邪气，正道正气祯祥；天地阴阳分明，国泰民平安康"。

农历正月的天柱阳戏演出，一般先在本寨演出二至三天，然后带着龙灯（或蚌灯）、武术队到外寨、外乡演出。出寨出乡演出，须择日子，选择吉日良辰，设案启师，烧香烧纸。戏子、龙灯（或蚌灯）围绕香案转三圈，即浩浩荡荡出行。龙（或蚌）要到元宵节，戏要演到正月底，外乡村的同族或亲友下帖子接戏龙，其目的除了娱乐外，意为有龙、有戏进寨，当年的阳春（庄稼）才好。戏班到后，有的留演十天半月，演出人员，由寨中推荐的接待人（或寨老），分送到各家居住，分得戏子（即演员）来住的人家，感到的不是负担而是荣幸，款待客人格外热情。演出结束后，戏、龙要扫寨，即结队到寨中每家每户作美好的祝愿，以示吉祥。之后，全寨人集中在寨门口，用两张大四方桌，分别摆设香案、酒菜，封上"大红包"，敬酒鸣炮，欢送戏、龙出寨。

六、反排木鼓舞

木鼓舞，苗语称"Zuk niel"，是流传在西南苗族、彝族和佤族人民中以敲击木鼓起舞祭祀的民间舞蹈。其鼓型多以截取自然生长的树木躯干，凿空内部成型。一般木鼓舞为族群全体参与的大型祭祀活动中的一部分，木鼓被作为族群的象征，以敲木鼓、跳木鼓为核心的祭祀活动充满着强烈的祖先崇拜、自然崇拜的寓意，具有鲜明的原始文化的特征。

清水江畔的台江苗族木鼓舞，分布于全县各苗族村寨。但由于受历史的局限，有些村寨已基本失传，现存下来较突出的有反排木鼓舞和施洞、革东地区的木鼓舞。这两种舞蹈从木鼓的制作到鼓点敲击、舞蹈动作均有区别，各有千秋。反排木鼓的制作细而长，长度约一米。而施洞、革东地区的木鼓则圆而大，俗称"皮鼓"。反排木鼓舞敲出的鼓点急时如雷鸣，缓时如滴水；而施洞、革东地区敲出的鼓点自始至终急如炒豆，响如溪流。反排木鼓舞舞蹈时，动作特点是踏二四拍，其头、肩、腰、臀各部位的动律均稳定在一节拍时控中统一进行，和谐统一。全身运动以胯为动力点，甩同边手。头、手、脚开合度大，整个舞蹈动作约模仿虫、鸟、鱼、兽、禽的动作，变化时动作粗犷豪迈、矫健敏捷、灵巧活泼。真谓是"开有鲲鹏展翅之势，收有雄鹰护窝之威，跃如猿猴攀越之捷，旋似鹞子翻身之疾"的气势。

反排木鼓舞主要有高斗（斑鸠）舞、高斗大（斑鸠合翅）舞、扎夏（五祖宗）舞、扎夏（打猎）舞、厦地舞等五个章节。采用单击、合击、交错敲击等演奏手法，鼓点错落有致，节奏明快，与舞蹈有机地结合在一起。这五个章节分别表现苗族祖先从东方迁徙来时昼夜兼程，跋山涉水，披荆斩棘，打猎御敌，开垦田土，共祭祖先的情景，显示了族人相亲相爱、团结互助、不忘历史的精神风貌。木鼓舞由木鼓伴奏，鼓点也相应分成5个自然章节，由于所敲部位有效应、鼓壁和鼓棒自击，形成不同的音色。而施洞、革东地区跳木鼓时，由于大多是穿盛装、戴较重的银饰（五至十五公斤），因此舞蹈时手的摆动、脚的迈开、身子旋转动作都不大，只能用漫步、碎步轻微踩动，动作温柔。舞蹈时不分男女老少围着木鼓或一圈或多圈轮回转舞，并有部分人边歌边舞，以此助兴。跳时在场中央充当击鼓手的两女子一边击鼓一边唱道：快来跳舞吧/不跳鼓（节日）过去了/鼓（节日）一时才不回来/我们很难有舞跳。舞蹈有略梭方（四面八方舞）、略丢方（本地方舞）、晰地刁（抵抗外敌入侵舞）、略刚点南（虫、鱼旋转舞）、略将多（织布舞）、略恰刚（打渔捞虾舞）等六个章节。

每逢丑年，十二年一次的祭鼓节到来，反排木鼓舞便要大跳一次，与宰牛祭祀和盛大的节庆活动相配合。反排木鼓舞启、承、转、合结构完整，舞蹈动作简练，组合丰富，风格热烈豪迈，表现先民的生活场面和地理环境，叙述先民的由来。舞蹈发展采用递进方式，逐步把情节推向高潮，每个情节层次分明，过渡自然。演员歌舞并进，五体皆动，甩同边手，踏二四拍，舞姿粗犷奔放，洒脱优美，头、手、脚开合度大，摆动幅度宽。

第二节　民族节庆

节庆活动是清水江流域居民生活的一种常态，"大节三六九、小节天天有"就是这一常态的真实写照。

一、施洞"姊妹节"

苗族姊妹节又称"姊妹饭节",是贵州省台江县老屯、施洞一带苗族人民的一个古老的传统节日,每年农历三月十五日至十七日举行。届时苗族青年男女穿上节日的盛装,聚集于榕江、杨家、偏寨,欢度这个极富民族特色的传统佳节。台江县域内各支系的苗族过姊妹节的时间不尽相同,大都在正月至五月间。台江苗族姊妹节最具代表性和影响力的,要数施洞地区的姊妹节(见图5-2)。

图5-2 台江姊妹节的巡街表演

相传原来施洞有一张姓人家有7个闺女,她们都想嫁一个好后生。于是,7姊妹到山上采集树叶,每人煮上一锅糯米饭,邀四方后生来吃饭、唱歌、踩鼓。通过三天三夜的欢歌狂舞,七姊妹都找到了如意郎君。她们把彩色糯米饭送给情郎,嘱咐他们择日迎亲。此俗沿袭至今,已有数千年历史。

施洞地区吃姊妹饭活动十分热闹,每年农历三月,当节日临近的时候,远近的苗族村寨都忙碌起来,准备迎接和参加这一年一度的盛大节日活动。施洞地区每年农历三月十三日至十六日过姊妹节,程序俗成不变。

农历三月十三日，各村寨的姊妹们都上山去采撷南烛木叶、姊妹花等花草树叶，制作黑、红、黄、蓝、白五色糯米饭。十四日前响，姑娘们都下田里去捕鱼捞虾（不管是谁家的田）；后响，姑娘们每人拿来一大碗彩色糯米饭、两个鸭蛋（炒虾子用的）和一些钱（多少不拘）用来买鸭。为什么只要鸭和鸭蛋，而不用鸡和鸡蛋？因为鸭能过河，象征能过到彼岸与情人成双。这一切准备齐全了，年龄相近的姑娘们都分别集中到一户人家里（最好是没有男孩子或男孩子很小的人家，这才好接待外地来的男朋友），然后夜里就在那儿与外地来的男子们共吃姊妹饭。饭后，大家相约到村中的广场上或巷间去唱歌谈情，通宵达旦。

三月十五至十七日是节日的正式活动时间，也是热闹的高潮。白天，姑娘们都身穿漂亮的衣裙，佩戴着华丽的银饰，到郎西（地名，汉译杨家坪）去观看斗牛、斗雀；同与自己一道吃姊妹饭的男子们跳芦笙舞和跳木鼓舞；夜里，又像十四日夜那样，男女相聚在村中广场或巷间唱歌谈情。

这时，姑娘们（分作不同年龄的许多批）用竹篮盛着各人的彩色糯米饭团和鱼、肉、鸭蛋等礼物，赠送给两天来陪伴她们的男子们。到来年姊妹节时候，这些青年男子们，集体筹钱买了礼物（绣花丝线、绸缎等等）盛在姑娘们去年赠送礼物的竹篮里，带回赠送给姑娘们（叫还竹篮）。如此经过多次的你来我往，使相互间的了解加深，进而产生并倾诉爱慕之情。

节日期间晚上，男男女女相聚于游方场上对唱情歌，谈情说爱。男方向女方讨姊妹饭，姑娘们在姊妹饭里藏入信物以表达对男方的不同感情，打开黛帕，糯米饭倘若放着一对红筷，则表示姑娘愿与成双成对；如果只有一支，那绝不是遗忘，而是姑娘客气地暗示水伙子不要再徒然单相思；倘若糯米饭上摆有辣椒葱蒜，知趣的小伙子就该转移目标了。对待尚未成熟的爱情，姑娘们会摆上树叶或松针，暗示讨要绸缎或丝线，得到这样的物示，小伙子毫不沮丧，谁都明白，红丝线最终将牵连起的会是什么。

节日中，除了这些活动外，还要举行踩鼓、斗牛、斗鸟、赛马等活动。节日结束后，小伙子要回家了，姊妹们用竹篮盛装五色糯米饭，饭里藏匿松针、椿芽、辣椒等爱情标识，把自己的心思和爱情一起送给男子。一切尽在不言中，一切又在神秘中，一如《诗经》里描绘的那样："子仲之子，婆娑其下……视尔如荍，贻我握椒。"

二、平秋鞍瓦

侗家人传说人生于寅，禾生于卯，而禾能养人，故寅年和卯年为物阜民丰之年。每逢农历寅年或卯年重阳节，锦屏县平秋侗寨的侗家人都会举行重阳"鞍瓦"，一般活动三天，即九月初九、初十和十一日。"鞍瓦"，侗语意为放牛打架。作为民间群众性传统文化体育活动，还有摆古、民歌对唱、跳芦笙舞，但无疑斗牛是"鞍瓦"节上最隆重的项目。

届时，平秋六村十八寨以其中一寨为东道主，提前二至三月下帖邀请一寨或多寨为宾。作为东道主，每家每户或者每个房族都要喂养一头大水牯牛（即主牛），鞍瓦时与邀约村寨的牛（即客牛）打架。下帖后，家家户户烤米酒、打糍粑、酿甜酒，杀猪宰羊迎接客人的到来。

九九重阳这天，作为被邀约的村寨，男女老少，换上新装，牵上自家的壮牛如期而至。伴随三声炮响，"鞍瓦"开始。人们汇集到三面环山、四周古树参天的牛塘。"咣！咣！咣！……"一阵如雷贯耳的铜锣声后，一对头戴草墩，腰捆铜铃的"圣牛"（即从主客牛中挑选出来最善打的牛）出现在牛塘两端。这时，两个"良肖"（侗语，指负责牵斗牛进牛塘的壮年男子）手持黑旗把圣牛拉近，当距离约10米远时，迅速收取遮旗，拉出绳索往牛屁股一抽，两牛奋蹄腾空，猛然一碰。这时两旁鞭炮齐鸣，震天动地。伴随震耳欲聋的锣鼓和鞭炮声，两牛拼死冲杀，互不相让。四周观众群情激奋，助威呐喊。几十回合下来，败者落荒而逃，或不分胜负，"良肖"便拉腿停战。众亲百客拥入牛塘，为斗胜的牛披红挂彩，欢呼雀跃。

傍晚时分，主寨的男女老少堵住路口拦截客人，不论生熟亲疏，只要邀来回家就心花怒放，因为热情好客的侗家人认为谁家的客多是非常值得炫耀的事情。入夜，家家户户灯火通明，宾主推杯换盏，纵情高歌。寨中的踩歌堂芦笙阵阵，男女老少随着雄浑的芒筒声，绕着三根柱子顶着的大牛角尽情欢歌和舞蹈。寨外的山坡上，姑娘与小伙子在那儿说书摆古、对情歌、讲白话，或成群结伙或成双成对，遇到合意的对手，可唱通宵达旦；合心意的情人互表爱慕之情，交换信物以定终身。

千年筵席终有散，异日相逢待来年。热闹非常的三天三夜"鞍瓦"结束后，薄雾蒙蒙的清晨，"良肖"在村头鸣放三响铁炮，客人纷纷向主人告别，主人则打开牛圈，把牛完好无恙交给客人，家家户户燃放鞭炮送行。

据当地族谱和摆古白话手册记载，平秋"鞍瓦"习俗源于后汉三国时期。相传蜀相诸葛孔明统兵南征，当时的苗侗土王孟获欲保全地方，率兵抵御。孟获驯水牯壮牛，全身裹上铁甲，牛角套上尖刀，牛膝牛脚装上钢椎。交战时神牛冲锋陷阵，锐不可当，凯旋。为庆祝胜利，平秋人家家户户杀猪宰羊，邀约附近村寨男女老少牵上自家水牯斗牛三天。是年恰逢卯年，便以此为期定时"鞍瓦"，此俗一直延续至今。

三、瑶白摆古

"摆古"是流传于清水江畔锦屏县瑶白村的一种古老的习俗，在每年六月初六开始，一年一小摆，三年一大摆。它是一种反映九寨侗乡民族迁徙历史的口头文学，是九寨北侗多元文化交流的重要载体，它以姓氏、宗支文化交流为出发点，融歌、舞、戏、演说等表演艺术于一体，具有"载道"、议事、表演的功能，在我国少数民族文化中是绝无仅有的。据传，明末时期瑶白"摆古"已开始盛传。历经无数沧桑之后，而今已被瑶白人根植于自己的心中，成为当地人的一种生活方式和习惯。

瑶白是九寨侗族社区中一个富于传奇而又蕴含多元文化的古老侗寨，距锦屏县城 38 公里。瑶白古寨，坐落于山腰间，群山叠翠，山峦峡谷形态，溪流、村舍、田畴别有洞天，是锦屏县古树最多的传统民族村寨，近千株古树荫庇着勤劳的侗家人。村子周围有"采芹朝霞""引琼古屯""雄溪瀑涨""鲤鱼上滩""牛鼻含潭"等八景点缀，水光山色，美不胜收。

每年的农历六月初六，整个瑶白都沉浸在节日的气氛中，在用木竹扎成的寨门前，瑶白人穿着节日盛装组织隆重的"拦路迎宾"仪式。各房族队伍高举姓氏旗号，敲锣打鼓，从先祖入村居住之地出发，按各姓迁入瑶白的先后入场，汇聚于牛场戏楼前，只见旗幡招展，银花闪动，阵容庞大，气势恢宏。芦笙、芒筒、长号齐鸣，迎宾酒歌此起彼伏，场面热烈、欢庆，蔚为壮观。

随着三声震天动地的铁炮声，全寨铜锣齐鸣——"摆古"活动正式开始，首先由寨上一位德高望重的老农身披蓑衣、肩扛锄头缓缓走进"摆古"场，虔诚地焚香烧纸、跪拜天地祖宗，这一幕让人觉得，似乎回到远古时代。接着另一位老农扶着犁耙、牵着披红的水牛入堂踩堂三周，再现瑶白先民迁徙定居、开始农耕时代的原始情景。在歌堂的古树下，几位侗族妇女唱起了古歌，用歌"摆"着开寨历史和过去的苦情辛酸及艰苦创业的艰难，告诫人们勿忘过去、珍惜现在、展望未来。歌声一停，"摆古"场上大旗飘扬，一片欢腾。十大姓氏的"摆古"队伍从四周入场，以顺时针方向绕圈后男女老少齐踩歌堂。

下午 3 点钟，当几缕斜阳挂上牛塘四周的古树，长桌摆古正式开始。20 多米的长桌一头是寨老古师艺人，一头是重要宾客，两边分别是主人和客人。长桌上摆满酒菜、糖糕、水果、碗筷与牛角。阵势摆好，时辰一到，只见那摆古的古师捋捋长长的胡子，摇头晃脑，眼睑微启微闭，以洪钟般的声音用侗语说起开场白，将本地发生的重大历史事件、姓氏来历、婚嫁习俗，人文景观等一一说唱开来（见图 5-3）。

图 5-3　2015 年的瑶白摆古场景

晚上，所有的客人都到亲戚朋友或特意安排的农户家参加晚宴。席上，又是摆古、喝酒、唱歌。而在村外，青年男女则行歌坐月、互诉衷肠，以至交换信物，订下终身。

摆古结束的次日清晨，主客和宾朋都云集牛塘举行"闭幕式"。主人向客人赠送纪念品，宾客感谢主人的盛情款待。宾主互道珍重，依依惜别。这时炮声四起，笙芒齐奏，鼓角相闻。各路宾客踏上回归的路途，主人则扛着姓氏族旗，踏歌作别，直送至寨门之外，凉亭道旁……

"瑶白摆古"体现了古老的侗族人的信仰文化和社祭文化，承载着侗族许多重大历史文化信息和原始记忆；是侗族独有的娱神、娱人的民间狂欢节，集中展示了侗族音乐歌舞艺术；也是侗族人民情感自由交流的场所，即在活动期间保留一种古老群婚遗俗，为不能成为夫妻的有情人提供社会与家庭允许、不受道德谴责的公开相处的时间。"摆古"作为一个在时间上和空间上稳定的民间文化活动，是北侗文化传统得以保持和延续的重要因素，也已经成为瑶白民间歌舞艺人进行文化交流和传承的重要舞台。

四、四十八寨歌节

四十八寨歌节是以贵州省天柱县为主，贵州省锦屏县、湖南省靖州县为次的侗族、苗族人民群众集会、玩山、唱歌、交友、恋爱的大型民族节日。该节日因最初流传于贵州与湖南交界的四十八个侗族、苗族村寨（贵州天柱占70%）而得名。

四十八寨歌节地域广阔，中心区距天柱县城29公里，距湖南靖州县最近的村寨坳上距靖州县城20公里，距锦屏县最近的村寨茅坪村距锦屏县城5公里。其东临远口镇，南接靖州县，西邻锦屏县，北与天柱县社学乡相连，是贵州天柱、贵州锦屏、湖南靖州三县交界地。

四十八寨的清水江是联系两湖及江浙一带的唯一通道。自明清以来，这里运出大量木材，运进大批百货，富裕了四十八寨人民。清水江是四十八寨侗族、苗族的母亲河，是四十八寨歌节民俗民间文化生长和传承的发源地。

四十八寨歌节分布于贵州省天柱县竹林乡、坌处镇、远口镇、社学乡，锦屏县三江镇、茅坪镇，湖南省靖州县大堡子镇、三秋乡的大部分村寨。

其主要村寨有竹林、杨家、秀田、棉花、梅花、花里、新寨、龙塘、麻阳、平茫、偏坡、中寨、抱塘、九福堂、侗腊溪、三门塘、地冲、大冲、坌处、清浪、茅坪、大堡子、坳上、青山脚、鸡田、远口等。

从流传于民间的歌谣推断，四十八寨歌节历史悠久。清雍正时期达到顶峰，清乾隆至民国时期走向成熟期。关于流传四十八寨歌场的起源,《流离歌》唱道:"当初古人杨武王,武王手内开歌场。武王留下这条路,如今才得这团齐。"

《流离歌》还载有:"歌场聚会不是今朝才兴起,自古留礼代代相传到如今。前人留下花盘古,如今才得这般齐。青山绵绵前人修路后人走,河水悠悠前人架桥后人行。一年四季四大歌场有根古,歌场礼义不是今修是古留。"

关于四十八寨歌节的发生、发展,因为没有足够的文献依据,不能轻率地妄下断语。因此,对四十八寨歌节的历史渊源,就只能从流传在当地的古歌记载中判定其发生、发展的历史。"四十八寨"是一个地域名称,分布在清水江中下游,历史上称"四大歌场"。经过岁月的洗礼、更替,如今已衍生为今天的天华山、四方坡、两头坳、龙凤山、平芒、阿婆坳、岩湾、十八关、干田、石榴界、细草坪、麻阳、三门塘、溪口等歌场。每个歌场每年赶一次,时序依次为(农历):三月初一天华山,三月初三石榴界,五月初五细草坪,五月十五两头坳,六月土王赶平芒,六月十五龙凤山,七月十五赶麻阳,七月初七三门塘,七月十五阿婆坳,七月十五溪口场,七月二十赶岩湾,九月土皇十八关。歌场集会集中在五、六、七3个月。歌场集会时间,山坡上、公路旁人山人海,歌声此起彼伏,遥相呼应,真正是"一日风光胜百年"。

四十八歌节中最著名的是"四大歌场",即中寨四方坡、竹林龙凤山、茶亭四乡所、靖州四鼓楼四个歌场年代最久远,场面最隆重,因此被誉为"四大歌场"。

四十八寨歌节歌场众多,歌曲内容、唱腔及种类丰富。据统计,该歌节包括四大区域四大唱腔。四大区域是侗族聚居区、苗族聚居区、苗侗杂居区、清水江流域区,四大唱腔是河边调、高坡调、青山调、阿哩调。

四十八寨分布范围广,包括村寨多,各村寨都有比较有影响力的歌手、歌师。

由于所处地区不同，在传承上就有各种山歌调式，各种唱腔，但四十八寨的所有村民都能听懂，也会这些唱腔。部分村寨还有自己的村寨起源歌，因而在歌场对歌时只要唱出一两句，别人就会知道你来自哪个村哪个寨以及你的姓氏。

歌场唱歌一般以村寨或家族为单位组成"歌堂"，歌堂以侃古歌为主。这一类歌按有无完整故事情节分为叙事歌、抒情歌；按时间界限分为古歌、新歌。歌堂侃古除了唱侗族传统内容的歌外，还有大量的以汉族历史故事为内容题材的套歌，如"唱三国""唱说唐""穆桂英挂帅""唱毛红玉英""唱洛阳桥"等。歌堂侃歌主要是以歌交朋结友，以唱歌的方式比文才、肚才、口才。每一个阶段都有一套传统的歌词和白话。

古歌、叙事歌和新歌是歌场对歌的最大特色。叙事歌是侃古的内容之一，通过对人对事的叙述，激情满怀地歌唱一个故事。在叙述故事情节中，也洋溢着浓厚的抒情成分，把叙事与抒情高度结合，浑然一体。古歌，即唱古代的人和事的歌，以摆古、叙事为主。新歌，即唱新时代的歌，歌唱新时代的新人和新事。

更值得一提的是，许多新中国成立前出生的歌师、歌墩没有进过学堂，但其出口成歌，歌多如牛毛，尤其对侃三国、凤姣李旦、毛红玉英、梁山伯与祝英台等历史传说、故事歌谣、叙事诗歌倒背如流，无一漏句，令人惊叹。

五、天柱注溪侗族"社节"

位于湘黔交界的天柱县北部 30 公里的"注溪社节"历史悠久、独具一格，源于《幼学》岁月篇中"立春五戊为春社"的论定。社节前和社节当天，注溪侗族人民要做三件事：一是"忌戊"。就是每年立春后第一个"戊"日起到第五个"戊"日止。每逢"戊"日都要禁忌犁田、动土、挑水、挑粪、舂米、推磨等。这就是当地相传"一戊天地、二戊本身、三戊牛马、四戊阳春"的俗言。二是煮社饭。到了五"戊"社节当天，当地家家户户都以吃社饭来庆祝这一隆重节日。社饭用大米、糯米各半煮至半熟后，再拌腊肉丁（侗家用柴火烤出来的猪肉）、大菜、蒿菜、马葱（野葱）、大蒜、生姜、猪油、食盐等调匀用文火焖熟即食用。社饭香软可口，具有独具一格的风味，无不赞美。另还有特殊习俗，就是"挂社坟"。注溪侗族人民哪家有才死未满三年的亲人，这家一早就要煮饭、炒肉包在里面，另拿刀头（猪肉）、香纸、炮等去向亲人祭社祖、挂社坟，一家人（晚辈）都在坟前三拜，表示尊敬和哀念去世未满三年的亲人，求得保佑后人，百做百盛，老少安康。如此一年复一年，年年如此。自古以来，注溪人杰地灵，山清水秀，爱客好宾，忠厚朴实。所以，社节家家都迎来各方贵客宾友同庆一堂，在吃社饭中行令猜拳、唱歌等，热闹非凡。

"注溪社节"源于清同治年间。咸丰五年（1855年），姜应芳在织云宣布起义后，又与台江张秀眉会合，兵分三路意欲推翻清廷。第三路人马从邦洞进入兰田、注溪等地围攻晃州（今新晃）、沅州（今芷江）。起义兵声势浩大，震惊清朝政府，即令湖南巡抚毛鸿宾调湘军3万，和曾国藩配合攻入贵州境内，兵到之处，烧、杀、抢、劫，民不聊生。注溪是天柱通往晃州的要道，成了战场，群众无法生产，只有聚集在附近的大坡大坳搭棚栖身，靠摘野果、打野菜、削树皮来充饥，过着非人的生活。同治五年（1866年）疟疾染民，求医无药，死人无数，田无人耕，地无人种，无法生活，难民成群。田中树木长大如碗口，不但病灾殃民，而且各处土匪趁机劫财，草杀良民，使注溪人民无法生存。为此，在同治八年（1869年）有蒲溪庠生欧阳涛、注溪秦大宋以及湖南省晃州上公道杨秀力三人，为挽救难局，暗地私约周围20多个村寨寨主，于春社之日，集中在注溪街背"交棍坳"

召开治乱自卫会议，商议制定安居良策。议定出三大要点：①团结集中；②力量集中；③信号集中。无论何时何地有匪侵扰，就到高坡顶上连放铁炮五响。然后一寨接一寨地传放，以集中各处乡民，合力汇剿。从此，当地土匪不再扰乱，注溪及毗邻人民得以安居乐业，首次会议得到成功。次年（1870年），各寨民众携带酒肴到"交棍坳"庆贺，传说有300多人。大家开怀畅饮，男女老少高歌颂扬。大家倡议从此以后每年逢五"戊"社节日，男女老少集中该坳欢度"社节"，把"交棍坳"定为"注溪社节"的社场。后人对社节的庆祝越来越热闹，每年男女老少，盛装打扮，到社坳除了以歌颂扬国泰民安外，"注溪社节"也成为赛歌、斗鸟及年轻人谈情说爱的场所，流传至今。

自此以后，一百多年来，年年如此，社际之日，盛会非常。特别是在党的改革开放政策的感召下，一年胜过一年。现在，注溪社节的内容也越来越丰富，挂社坟，吃社饭、迎贵客，斗鸟赛鸟，赛歌作乐，青年人以歌谈情；夜间迎客饮酒，行令猜拳，欢歌作乐等都成为社节的常见内容。

第三节　生产习俗

生产技能是人们赖以生存的前提，清水江流域的居民在营林的同时，还创造了诸多生产的技能，且世代相传。

一、剑河苗绣

苗绣是指苗族民间传承的刺绣技艺，是苗族历史文化中特有的表现形式之一，是苗族妇女勤劳智慧的结晶，主要流传在贵州省黔东南地区苗族聚集区。雷山台江等地的苗族服饰至今仍保留着原汁原味的传统风格，精美绝伦的刺绣技艺和璀璨夺目的银饰让人赞叹不已。苗族服饰的刺绣工艺有其独特性，如双针锁绣、绉绣、辫绣、破纱绣、丝絮贴绣、锡绣等。刺绣的图案在形制和造型方面，大量运用各种变形和夸张手法，表现苗族创世神话和传说，从而形成苗绣独有的艺术风格和刺绣特色。苗家妇女擅长纺织和刺绣，清《开化府志》《广南府志》、民国《马关县志》《邱北县志》都记载有苗族妇女"能织苗锦"之句。

苗族刺绣具有独特的民族风格和技巧。针法很多，有平绣、辫绣、结绣、缠绣、绉绣、贴花、抽花、打子、堆花等十来种。图案有视为吉祥的麒麟、龙、凤和常见的虫、鱼、花卉、挑子、石榴等，颜色有大红、水红、紫红、深蓝、浅蓝、深绿、浅绿、橙黄、深黄等。一般以绸缎作底，绘上或贴上图案，因此剪纸又成了妇女们必须掌握的一种艺术。刺绣有平绣和凸绣之分。平绣流行面很广，湖南、贵州、云南、广西等地的苗族都用此法，其中以黔东的潕阳河、清水江流域及关岭、文山等地最为突出。凸绣是在底布上多铺几层纸花，使所绣花卉凸出，有立体感。黔东有的喜绣大花，绣成后，再用金线围着花瓣边缘缀上，花朵就格外醒目了。城步苗族的刺绣，多以青、蓝布作底，绣出五彩花纹。

剑河县苗族锡绣主要分布于贵州省剑河县境内的南寨、敏洞、观么等乡镇，已流传了五六百年。苗族锡绣以藏青色棉织布为载体，先用棉纺线在布上按传统图案穿线挑花，然后将金属锡丝条绣缀于图案中，再用黑、红、蓝、绿四色蚕丝线在图案空隙处绣成彩色的花朵。银白色的锡丝绣在藏青色布料上，对比鲜明，明亮耀眼，光泽度好，质感强烈，使布料看上去酷似银质，与银帽、银耳环、银项圈、银锁链、银手镯相配，极其华丽高贵。

锡绣工艺独特，手工精细，图案清晰，做工复杂，用料特殊，具有极高的鉴赏和收藏价值。苗族锡绣与其他民族刺绣的不同之处在于，它不是用蚕丝线而是用金属锡丝条在藏青棉布挑花图案上刺绣而成，其核心图案犹如一座迷宫，变化莫测，耐人寻味，寓意深刻，充满强烈的神秘意味。

二、稻鱼并作习俗

侗族是古代越人骆越支系的后裔，侗家人不但喜欢吃鱼，而且吃鱼的方式方法很多，也很讲究。收获鱼之后，或烧或烤，或炸或煎，或加工成"酸汤鱼"，妙手烹调，其味鲜美，佐食下酒，妙不可言。放水捉鱼季节，如果产量多，短时间内吃不完，往往剖开内脏，洗净晾干，加入食盐、炒米和辣椒粉，制成腌鱼加以贮存，以备节日喜庆之时，把腌鱼当作佳肴拿来款待宾朋和拿去走亲访友。聚居在天柱县的侗族，至今仍沿袭着古老的稻田养鱼传统，形成独具特色的"稻鱼并作"耕种制度。

天柱侗族稻田养鱼主要分布在高酿、凤城、邦洞、蓝田、坪地、注溪、社学、渡马、石洞、坌处以及白市、远口等10多个乡镇。

天柱自然地理条件优越。气候温暖湿润，无霜期长，境内山峦起伏，河溪纵横。耕地主要分布在山冲、河谷及低山丘陵地带，土壤肥沃，便于农作物生长。经过侗族人民世代开垦耕作，形成了数百个大大小小的"田坝"，如雷寨、岩寨、润松、蓝田、邦洞、三团、高酿等，都是久负盛名的产粮大坝，为贵州省的主要产粮区之一，主产水稻、小麦、玉米，是远近闻名的"鱼米之乡"。据统计，全县耕地总面积24.4万多亩，其中稻田17.9万多亩，能实施稻田养鱼的达6万亩，约占稻田总面积的33%。这些坝子田多数靠近寨子和河流，地理位置好，交通方便，便于耕作和田间管理。

历史上沿袭下来种植麻谷、早谷、红脚谷、白脚谷和糯谷等高杆水稻系列品种，对鲤鱼的生长极为有利。鲤鱼具有环境适应性强，繁殖率高，长得快，且肉质细嫩，营养丰富，味道鲜美等特点。一般栽秧后投放鱼苗，打谷之前放水取鱼，亩产稻谷约250~300公斤，收鱼9~15公斤，每条平均体重200克，大者可达450克。稻田养鱼既不影响收成，又能改善生活，而且还可以给家庭增加一定的经济收入，因此侗族群众的积极性很高，几乎普及到每家每户。

侗族稻田养鱼与原生态的优质大米——"天子米"的生产非常适应。阳春三月，家家户户练田育秧，待秧苗稍长，即把鱼苗舀出来，投放到秧田里，过一二十天，鱼苗可长成葵花籽或瓜子大。扯秧时，又把鱼苗捉起来放进已经插秧的稻田去养殖。按照稻田面积决定养鱼数量，一般是每亩投放50~60尾。放鱼进田后，要在排水口塞上杉木刺或旧撮箕，这样做有两种作用，一方面是预防山洪暴发便于泄洪；另一方面是防止鱼苗顺水逃跑，减小不必要的损失。平时要勤看勤管田水，保证水源，水不宜深，深了会淹没禾苗，影响禾苗生长和增收，保持适宜禾苗和鱼苗成长的水深和水温即可。根据鲤鱼的生活习性，在其经常觅食的地方适当投撒一点猪粪或牛粪。

另外，在栽秧之前，人们先上山割"秧青"（嫩绿的树叶）铺在田里，特别是三月底到四月初这个时候的麻栗树叶最柔嫩，泡在田里极易腐烂，三五天便浸出紫蓝色的叶汁，一方面可给稻田积肥，另一方面可给鱼苗提供丰富的饵料，鱼儿非常喜欢吃食。过一段时间，秧苗开始发苑，这时在稻田里施放人畜粪便，进一步给禾苗施肥，给鲤鱼增加养料。这样所产之鱼格外香嫩可口，市场走俏，颇受消费者欢迎。

稻禾抽穗扬花的季节，田中的鱼饵充足，鱼儿长得最快。通常鲤鱼一年可长到200~450克，"老口鱼"（即头一年的鱼苗）可达500~800克。农历七月中旬或八月中秋，稻谷黄熟，各家各户，放水取鱼祭祖，禳祈丰岁。青年男女则唱"桃园洞"，跳"七姊妹舞"，载歌载舞，歌舞活动从七月十一开始，直到七月十五日午夜方止。

打完谷子，挑走稻草，人们便关水进田，蓄水"酿冬"，淹死杂草、害虫，确保来年丰收。鱼苗专业户们便挑选那些个体较大的母鱼放到小水池里，或放养在冒水的"井边田"里，砍树枝为鱼做窝，因为井边田冬天水温高，好让鲤鱼安全过冬，第二年开春产卵繁殖。

第四节 婚俗：小广侗族娶亲习俗

剑河小广侗族娶亲节流传于剑河县磻溪乡小广地区的前锋、光芒、团结三个侗族村寨。小广，侗语称"saip wangp"，侗语转音，意为最大最大的寨子。现拥有600多户，共计2000多人。小广侗寨是一个有600多年历史的古老侗寨，侗族建筑风格的房屋保存完好，木质结构的房屋占95%以上，寨中现存风雨桥1座、戏楼1座、庵堂1座。村寨的房屋依山而建，布局典雅。石拱桥、石板桥及小石路把整个寨子连起来，寨边有参天的古树，寨中小溪两岸芭蕉密布。

据当地民间传说，在很早以前，小广尽管分为王、文、潘、杨、龚五姓，但男女是不准结亲，能开亲的地方有几十里甚至上百里之遥，来往极不方便。后来，两个德高望重的寨老，一个叫峦包，一个叫海恋岁，召集寨众在傅年隆（地名）仓脚杀猪议约，在芙隆芽（地名）门前宰牛定款，破除远嫁远娶的老规矩，只要不是同姓同宗，就可在本寨开亲，最后在简地辣（地名）立岩。当时因为十月天气暖和，第一个卯日又是适宜嫁娶的黄道吉日，当年全寨70多对适婚的青年男女都在这一天完婚，婚后家家有儿有女，大吉大利。从那以后，小广侗寨为求吉利，沿用当年立岩改规习俗，在农历十月头卯日，作为婚嫁良辰吉日。

小广侗家人的婚礼必须经过"迎亲""吃筛子饭"或"吃分

离饭""催亲""发亲""送亲"等过程,在这些过程中又有许多耐人寻味的环节。娶亲节的头一天,由男方家选派5~7人作关亲客,用枫香树作扁担挑彩礼,到女方家后唱"进寨歌",当关亲客被女方家房族接走后,出嫁的姑娘要准备一些酒菜和糯米饭,用筛子盛着,在两个女伴的陪同下,到楼下去招待以前的"老久伴"(姑娘订婚前结识的男友),男方也备办了一些礼物来祝贺。新娘被迎接到夫家后,晚上新郎家要安排一男一女送新娘回家,当地人称为"转脚"。新娘回到娘家的当天晚上,寨上的后生约伴前来新娘家讨茶吃,新娘家请来本族的歌师、歌手,同姑娘们一起与前来寨上讨茶吃的后生们对歌。歌的内容非常丰富,有盘问"茶"来历的,有赞美主人的,有时双方会追忆在一起"凉月"(谈情说爱)、唱歌的情景,接着唱起惜别和怀恋的情歌。

小广侗家人结亲嫁女的日子每年只有一个,即为每年农历十月的第一个卯日,有特定的时间。小广侗寨的婚礼,不办嫁妆,不备彩礼,不会花很多的钱财,很"勤俭节约",但整个婚礼过程却充满着隆重的节日气氛。结婚的当天晚上,新郎和新娘是见不到面的,更不能同房,要等到快过年的时候,男方打发人去接女方来洗糯米打粑粑,才来住上一夜;在来年农忙时,又接女方来帮忙,只有等到女方有身孕后,才到夫家长住。

第五节　宗祠文化:天柱县宗祠文化习俗

天柱县位于贵州省东部,东接湖南省会同县和芷江县,西与贵州省三穗县、剑河县接壤,南邻锦屏县和湖南省靖州县,北接湖南省新晃县。

据不完全统计,天柱现有宗祠160余座,保存较好的宗祠有33座,社学、高野、新舟、三门塘等村有宗祠两座以上。这些宗祠都在村头寨首、山环水绕、前景开阔、龙脉兴旺之处，其建筑面积多为五六百平方米，有的则宽至一千多平方米。天柱的宗祠大多建于清代，至今已逾 300 年历史，少部分建于民国时期。有的宗祠前后维修七次，少的也维修三次。宗祠是祭祀祖宗的神圣场所，是缅怀先祖、教育后代、晒谱议事和进行文化娱乐的地方。天柱宗祠文化习俗因其数量多，文化涵盖面广而凸显其独特的社会功能与历史、科学、艺术价值。

宗祠以同宗姓氏名义兴建，有的宗族一姓建一祠，有的一姓建多祠，称为总祠、分祠或先祠、分祠。天柱杨氏人口约 11 万，吴姓人口约 6 万，人口众多，其宗祠修建得较多。各姓氏的祖先于明末清初陆续建祠，其后一代一代地进行维修或扩建保护，宗祠文化习俗得以传承。天柱以宗祠为纽带，以修家谱标记同姓世系为脉络，相隔几代甚至几十代的同宗，都能够清楚地认祖归宗，知晓自己家族的来龙去脉。

一座宗祠的兴建与该族祖先中某一个人物有关。远口吴氏宗祠（见图 5-4）是为供奉南宋理宗嘉熙时期的吴盛而建的，吴盛曾任云南大理寺丞，因宦海险恶而于理宗淳祐年间携妻子儿女，潜入苗疆远口居住。其后，远口吴氏后裔数万众修宗祠纪念吴盛。白市杨氏先祠是纪念南宋平"蛮"有功，指挥使（正三品）杨洪的长子（袭父职任指挥使）杨万潮而建。三门塘刘氏宗祠是为纪念明初年随朱元璋御驾征战，军功卓著被诰封"昭勇将军"的刘旺而兴建。新舟宋氏先祠为纪念清代进士、翰林庶吉士宋仁薄而建，新舟吴氏先祠为其开基始祖，曾任江州知州的吴世富所建，北岭乐氏宗祠以纪念武骑慰忠义郎乐书溪始祖而建，竹林秀田村唐氏宗祠为供奉宋代嘉祐年间出任湖广辰州府守备唐敏而建。总之，宗祠或为纪念开基始祖，或为彰显祖宗功德而兴建。

图5-4　天柱县远口的吴氏总祠

天柱宗祠祭祀活动：一是用来祭宗拜祖，敬仰先人，每年开展一至三次祭祀活动，常在春夏秋之季进行。另有非固定性的祭祖，如某家儿孙中功名（秀才以上），晋升职级，或官宦告老还乡、荣归故里等亦开祠祭祖。清明节开祠祭祀，主要讨论族中扫墓及坟山等事项。六月初六晾晒家谱，要在祠里先祭祖宗，后翻晒家谱防止虫蛀霉变，同时让儿孙入祠拜读家谱，听长者讲述家世源流。冬至祭祖，由族中德高望重之人宣讲家规族训，化解纠纷，促进家族和睦。二是族中议事，如扫墓与坟山，族中纠纷或特别重要的事宜。三是在祠修缮晾晒谱牒。四是教化子孙，处罚不肖族人，严肃家训族规。五是宗祠显示家族的权势与地位。六是在宗祠中开展演出等文化娱乐活动。

祭祀前，先张布文榜。由祠长或族长主持祭祀。祭祀时，长房嫡子站在中厅最前首，然后依次分两旁而立。在正殿（即寝堂）神龛前设供桌，桌上摆香案烛台、香灯、供品，如修净的猪头、刀头、糖果等。祭祀仪式开始，主持人念诵："时维二月，节届仲春，和风飘拂，祠貌维新。敬举感时之祭祀，用申追远之情怀。凡我子孙，昭穆咸集，礼法森严，勿得错乱……"执事者各执其事，主祭司就位。鸣金、击鼓、奏乐之后，参祭者参神、鞠躬、跪拜完毕，至盥洗所盥洗（置几盆净水供象征性洗手用）。

然后再到历代祖宗神位香案前焚香、跪拜、酬酒、进馔，行初献礼。如此反复进行亚献礼，再反复行三献礼（亦称终献礼）。每次献礼由引唱生吟唱初献礼、亚献礼、三献礼的诗。其中还由主持者引唱生歌迎神诗，诵读祝文，歌送神曲。

每次祭仪完毕，再由主持人说明本次祭祖后需议的事，留下各房各支代表具体商量。至于冬祭的家规族训，其内容有一定意义。如族训八字是孝、悌、忠、信、礼、义、廉、耻。族规二十八条为：先国课、孝父母、友兄弟、和夫妇、信朋友、敬叔伯、肃闺门、睦宗族、守耕读、尊班辈、务待老、励士子、重祭祀、和乡里、训子弟、务勤俭、严奸盗、戒赌博、敦行谊、存廉耻、禁反葬、惩小忿、远奸佞、慎婚姻、正妻妾、请过继、严随母、守丧礼。有的族训八字直接写在宗祠正厅墙壁上，以示遵训。

祭拜活动结束，常在祠内开设宴席。固定的公祭由宗祠公用经费开支，非固定的祭祀由当事人承担费用。祠堂的公用经费来源于族中议定的祠田、祠山等收入。每年经费收支由祠长掌握，而祭祀经费往来及后勤服务等，由一年一届的值年负责。值年由三至四户同族户主担任。

下　篇

文化研究篇

以史为鉴，可以知兴替。

清水江流域数百年的木材经济发展历史，不仅给沿江居民留下了财富，留下了技艺，留下了美好的传说，也给今天的我们留下了无数的经验、教训和启迪。回顾和审视这历史长河中的朵朵浪花，兴许会让我们触发重振清水江流域经济发展的灵感，会让我们捕捉到民族地区特色经济发展的思路和轨迹。

"木材经济"对清水江
流域经济观念的影响

　　摘　要：明清时期，清水江流域的木材经济得以兴起，并持续了五百余年。木材经济对于属于"苗疆"地区的清水江流域"刀耕火种"式的原始经济来说是一次大的经济变革。经济基础决定上层建筑，经济发展方式的改变也必然带来经济观念的变化。随着木材经济的发展，市场观念、产权观念、反垄断观念及法治经济观念等新观念也在清水江流域萌生与确立。

　　关键词：木材　经济　观念

　　自古以来，清水江流域属于"生苗界"，地处苗疆腹地，崇山峻岭，经济落后。据康熙二十二年（1863 年）《天柱县志》载："余治凤城之明年，为木植之役，纷驰岩壑间，见夫火耕水溽，宛诺邻土之遗。"① 清后期文献也有"苗寨，或二三百家为一寨，或百数十家为一寨……火种刀耕"② 的记录。透视出清水江流域经济整体上处于"刀耕火种"的原始的农业生产阶段，商

---

　　① ［清］《天柱县志》，《贵州府县志辑》（第 22 辑），成都：巴蜀书社，2006 年。

　　② ［清］徐家干：《苗疆闻见录》，贵阳：贵州人民出版社，1997 年，第 162 页。

品经济与之相距甚远。例外的是，明永乐年间修建故宫，需要大量的巨木，清水江流域原始森林产出的巨型优质杉木成为采伐的对象，史称"皇木"。明清两代，清水江流域都是"皇木"的主要采伐地之一。正是由于"皇木"的采伐，使得清水江流域产出的"苗木"闻名遐迩，各地木商纷至沓来，推动了清水江流域木材种植和交易的繁荣，开创了清水江流域延续五百年的"木材经济"时代。"木材经济"有别于"刀耕火种"的原始经济，它对清水江流域的经济观念产生了深远的影响。

一、木材贸易促使了市场观念的形成与发展

"刀耕火种"时代的清水江流域没有大宗商品交易市场，只有极少量的日用品交换的集市，叫作"集""场""墟"等。集市不是每天都开放，而是确定日期定期开放，如清朝中后期，在丹江卫（今雷山县）鸡讲司设场时，墟场分为大场和小场，即逢午（马场）赶大场（隔六赶七），逢亥（猪场）赶小场（隔四赶五）。在交易时主要是以物易物，以牛、马、土特产品、杂粮等为主，通过集市易得农具、牛、马、猪、狗、盐及其他用具。其度量方法如"粮以四小碗为一升，布以两手一度为四尺，牛马以拳数[①]多寡定价值"[②]。集市的数量也非常有限。据《黔南识略》[③] 记载，清乾隆至道光年间，清水江流域镇远府的清江厅（今剑河县）有 4 个、天柱县有 11 个，其余州县不详；黎平府总数不详，

---

① 量拳方法，一般用竹篾箍住牛前肋定其宽侧，然后以拳量竹篾。水牛以十六拳为大，黄牛以十三拳为大。量马时，用木棍比至放鞍处，从地数地，木棍高十三拳者为大，并以齿少拳多价最高，反之价低。

② ［清］严如熤：《苗防备览》（卷八），道光二十三年（1843 年）刻本，第 9页。

③ ［清］爱必达：《黔南识略·黔南职方纪略》，贵阳：贵州人民出版社，1987年。

下江厅、开泰县、永从县没有记载。由此可见，清水江流域基本没有商品市场，当然也无所谓市场观念。

由"皇木"采办开始而逐渐兴起的木材贸易，在清水江流域形成了专营木材的专业市场，并长期拥有很大的交易量，年交易额达二三百万两白银，对流域经济产生了巨大的影响，促使流域进入"木材经济"时代。"木材经济"是以市场为导向的商品经济，明显有别于"小农经济"的以物易物为目的的"赶集"，新的经济形式推进了市场观念的萌生和发展。清水江木材经济时期萌发的市场观念主要体现在四个方面：一是以市场为出发点的观念。从皇木采办到市场需求，木材成了清水江流域生产与市场的契合点。清雍正年间，在王寨设立总木市，确定卦治、王寨、茅坪当江市易，是清水江木材专业市场建立的标志。为了获取经济利益，清水江流域木材的种植、销售、运输等环节都是围绕市场需求来展开。例如，木材砍伐后，迅速地补种树植，在生活贫困的环境下，其目的显然不是当今所说的环保公益，而是为了将来的收益；民谣"篙子下水，婆娘夸嘴；篙子上岸，婆娘饿饭"，更是说明了木材市场在居民心目中的重要地位。作为联系林农的"山客"则更是关注市场，否则就会导致亏损。二是以顾客为导向。在清水江，客商在木材贸易中处于极其重要的地位，各行户也以引进客商买木，为客商提供周到的服务为重要经营手段。行户的主要任务是代水客寻觅货源，选配木材等级品种，安排埠子，兑付价款，雇夫撬排运输，结算各种账目；代山客编单木材，上缆子，保存木植，垫付运费、贷款或预支木价，联系买主，围码量木，代交税款。也因为客商的重要，为避免恶意竞争，当江制度还对招引客商进行了限制，规定：三寨轮流当江，每年除轮值处外，其他两处"不得私引客商越买"①。天柱县的

---

① 光绪二年黎平府严禁越江套买木植的告示。

坌处为改变经营中的窘境，曾拉拢三帮木商孙贻盛等投歇，并盛情接待。民间手抄本《争江记》记述："接得客商到坌处，家家修得好楼房；众棍坐在杨公庙，朝的杀猪夜杀羊；大男小女都欢喜，着人快去接戏班；朝的唱戏唱到夜，夜的唱戏到天光。"在木材的供给上也多以顾客的要求为准，特别是"皇木"。如部分木植的标准，桅木：长六丈，头径四尺五寸，尾径一尺八寸；断木：长三丈二尺，头径三尺五寸，尾径一尺七寸；架木：长四丈八尺，围圆一尺六七寸；桐皮槁木：围圆八九寸一尺不等。三是以协调市场为手段。行户的首要作用就是协调市场，清水江的木行在协调市场上主要发挥着语言沟通职能、谈判议价职能、货币估价职能、客店职能、木材整修管理职能、协助政府征收木税职能[1]，协调着市场上供方、需方双方以及与政府间的关系，保证着市场的正常运行。四是以盈利为目的。清水江木材经济时代，赢利无疑成了木材贸易的主要目标，山客、水客、行户都在贸易中获益。从文献记载看，山客、水客的赢利难以具体体现，行户的赢利则体现较明显。清嘉庆六年（1801 年）的官府告示中表明，客商通过三寨的木行进行交易，需向行户缴纳一定的费用，标准是一两银的木价缴纳四分银。雍正九年（1731 年）的一则告示中有"三寨每年当江发卖，买木之客，亦照三寨当江年份，主于其家，盖一江厚利归此三寨"[2]，明确表示出了当江的赢利性质。坌处等地多次发起的"争江"也是利益驱动所致。

二、林地林木流转促使了产权观念的普及

清水江流域的林木生产有个显著的特点，就是生产周期长，

---

① 曾梦宇：《清水江林契中的产权形式与深化林权改革》，《原生态民族文化学刊》，2012 年第 4 期。

② 雍正九年五月初三日黎平府古州理苗同知滕文炯告示。

一般在 20 年以上。所有权人在树苗种下到成林砍伐这一漫长的过程中，经济状况极有可能发生变化。为了生产或家庭用度等方面的需要，林木在砍伐前的转让就会不时出现，也由于林木生产与林地密不可分，林地的转让也会出现。

清水江流域"木材经济"的繁荣促进了人工营林的普遍开展，随之也带来了大量的山林买卖、租佃。林木的买卖转让与"赶集"交易不同，它不能马上交割和使用，而是需要待林木再生长若干年后成林时才能砍伐。为了保护自身的权益，并能在漫长林木生产周期中不至于因记忆偏差而遗忘，能在出现纠纷时提供有利的证据，清水江居民往往用契约的形式将山林买卖、租佃情况记录下来。这也表明了清水江居民随着"木材经济"的发展，产权观念得以确立。清水江流域"木材经济"发展了 500 年，留下了大量与林业相关的契约文书。据保守估计，目前至少尚有十多万件遗存于民间，也有专家推测清水江流域各县遗存的这类契约文书可多达三十余万件，主要分布和保藏在清水江流域中下游的黎平、锦屏、天柱、三穗、剑河、施秉等县苗族侗族农户家中。如此庞大数量的林业契约文书在全国也是极其罕见的，这也反映出清水江流域居民的产权意识的强烈。

清水江林业契约反映出的产权形式有多种：一是所有权，有个人拥有、家庭拥有、按份共有、合伙共有等形式；二是使用权，有山主自营、包栽、租佃等形式；三是收益权，有由林地所有权衍生出的收益权、山主自营的劳动收益、租佃者的劳动收益等形式；四是处置权，有山主对山场、林木的出卖和租佃者（栽手）对"栽手股"的出卖两种形式；五是其他权益，如亲邻先买权、山主先买权和抵押权等。现代产权制度所应具备的形式在清水江林业契约中已基本得到体现。

在刚进入王化时期的清水江苗疆就出现如此多的要件完善的确立产权的契约，木材经济的发展功不可没。

三、利益分配促使了贸易保护及反垄断观念的萌生

在清水江"木材经济"发展中，"争江"活动一直伴随着。以锦屏县卦治、王寨和茅坪三个村寨组成的"内三江"与以天柱县坌处为首的下游村寨展开木材交易权的争夺，史称"争江"。"争江"的缘起主要是由于"当江制度"规定，雍正十二年（1734年），贵州巡抚张广泗在王寨设立总木市，并设立"弹压局"征收木税，同时准许在卦治、王寨、茅坪开设木行，经营清水江、小江、亮江运出的木材，实行轮流"当江"。将"内三江"垄断清水江木材交易的行为官方化。清水江的木材贸易只能在锦屏县的"内三江"轮流进行，其他地方不能进行交易。由此，茅坪以下的下游地区都不能从事木材贸易，丧失了木材经济中最大的获利点，而只能通过停牌、扎排、木排修整及为"三帮""五勷"以外的水客提供服务而获取微末的利益。

"内三江"获得的木材贸易权，是国家赋予的贸易许可权，表现在经济运行上就是一种垄断行为。我国自古称垄断为"榷"。古代我国的盐、铁、茶长期属于官营的垄断事业，因有暴利的缘故，国家一旦出现了财政危机，为贴补国用不足，必然实行禁榷制度。清水江的木材不属于盐、铁、茶等国家垄断资源，但"当江制度"只是在清水江流域实行，就给予了"内三江"获取巨额垄断利润的机会。资料显示，三寨当江之年可获利十万白银以上，巨大的利益也带来了三寨木行的兴盛。最繁荣时期，三寨木行达300多家，其中卦治70余家、王寨120余家、茅坪150余家。贸易权垄断导致的利益分配上的巨大落差，引起了坌处等地的强烈不满，在漫长的历史时期里一直采取着抗争的行为，以争取木材贸易权，进而获取木材经济带来的巨大红利。坌处等地的抗争行为是一种打破贸易限制的行为，实质上就是一种反垄断行为。有别于当今反垄断行为的是，反垄断行为的实施主体不是国

家，而是民间组织，而制定垄断政策的代表国家的政府成了被反的对象。

据资料显示，坌处等地的反垄断行为在康熙二十四年（1685年）已经发生，而到民国5年（1916年），锦屏、天柱两县知事对两县商会共拟的木植场规作了批复，明确了"内江"和"外江"在木材交易中各自的权利，才告结束。时间延续了230余年。在反垄断措施上，坌处等地先后采取了如下措施：①利用政府断案结论的余地作为争江的法令依据，具文请帖开行；②利用吏属之便，谋取官吏保护；③利用矛盾，聚合三帮木商，分裂三江；④与木商联合，假扮皇商，放木冲江；⑤暴力抗争。这些措施既有文理的，也有暴力的；既有集体行动，又有个别联合。虽然坌处等地的"争江"反垄断行为经历的时间比较长，但最终还是取得了成功，这也反映出在木材经济发展中，他们反垄断的理念与行为都在趋于成熟。

"内三江"三寨作为与坌处等地反垄断主体相对应的一方，是垄断政策的受益者，所以在坌处等地的反垄断行为中常常处于被动的地位。虽然处于被动的地位，"内三江"在这场反垄断的"争江"中并非碌碌无为，为了保证既得利益不受损失，也采取了相应的措施进行贸易保护。他们的贸易保护行为更多的是根据坌处等地的争江行动而采取相对应的办法，主要是在文理诉讼中利用官府的支持获胜，在暴力抗争中利用官府的力量强制平息，在"外三江"开展木材贸易无法阻挡的形势所迫的情况下进行适当的让步等。

从竞争性质看，清水江流域长期的"争江"就是一场围绕木材贸易权的垄断与反垄断而展开的贸易战争。

四、从白契到红契，促使了法治经济观念的不断增强

"清水江者，沅水上游也，下通湖广，上达黔、粤，而生据

居其上，曰九股河，曰大小丹江，沿岸数百里，皆其巢窟"①，明清时期，清水江流域还是"国家法不入之地"②。解决一系列的纠纷通常是通过民间调解和"议榔"的途径来解决。民间调解一般由寨老一类的人物来主持。寨老是村寨中通晓历史、公正善言、纠纷调解且品德高尚之人。明代文献就有"（苗人）争讼不入官府，即入亦不以律例科之，推其属之公正善言语者，号曰行头，以讲曲直"③的记载。"行头"就是寨老的一种称谓。"议榔"则是一种民间议事会组织，会议由榔头主持，榔头由各寨寨老、理老等推举产生。每次议榔首先由各寨寨老或理老们商议议榔内容，然后召集群众大会议定，由大会通过，然后宣读生效。议榔组织对内维护社会秩序，管理生产劳动，调解民间纠纷，对外抵御外侮外患，包括组织军事行为等。榔规一经制定，具有极强的约束力，任何人不得违背。据载："合数村设一公所，立会植竿，挂竹篮其上，设约数条，牌悬于下，有事齐集会所公议，勿庸控官，获贼则置之蓝中沉于水，亦不送官究治。"④记载的是议榔设置的情形和操作过程。

随着木材经济的到来，山林买卖、租佃的情况急剧增多，清水江流域人际间的经济关系趋于复杂，经济纠纷也随之增多。为保证自身利益，大量的林业契约文书产生了。从现有馆藏收集到的、公开出版的清水江林业契约以及部分农户家保存的家传林业契约看，绝大部分是"白契"。"白契"，即民间进行林业产权交易时，由交易双方协商拟订，有中人作保并签名盖章的契约。其

---

① ［清］魏源：《圣武记》（下），北京：中华书局，1984年，第288页。
② ［德国］马克斯·韦伯：《儒教和道教》，洪天富译，南京：江苏人民出版社，2008年，第98页。
③ ［明］田汝成：《炎徼纪闻》，台北：台北广文书局，1969年，第14页。
④ ［民国］《贵州通志·前事志》（三），贵阳：贵州人民出版社，1988年，第516～517页。

内容包括交易的性质、林权数量或股份、坐落地点、价格、交易条件等。"白契"已具有初步的法律性质，有着凭据或证据的作用，在民间纠纷调解中，与中人一道参与确权。但其没有得到官方认可，没有法律效力。清初，苗疆地区的"王化"程度加深，《大清律例》在清水江流域的影响逐渐扩展。有些立契人为了使所立契约得到国家法律的保护，在立契后，到官府办理过户过税手续，由官府在契尾加盖官府印章。这种盖有官府红色印章的契约俗称"红契"，相当于官府颁发的财产所有权证，是官府或法律认可的产权凭证。在目前已整理出版的清水江文书中，红契由远及近都有所增加（见下表①）。

已出版的清水江文书中乾嘉道三朝红契份数分布

书　　名	乾　隆	嘉　庆	道　光
《清水江文书》第一辑	26	50	69
《清水江文书》第二辑	8	16	8
《清水江文书》第三辑	3	8	9
《贵州苗族林业契约文书汇编》	2	3	9
《贵州文斗寨苗族契约法律文书汇编》	2	3	9

大量的"白契"还显示出，有更多的立契人希望所立契约得到比民间调解、议榔更具权威性的认可，但又碍于交通不便、时间限制、精力不够或节省税费等方面的原因，没有去官府订立"红契"。为了表达对国家机器维护的法治经济的依赖，立契人往往在契约中做出"执字鸣官，自甘祸罪"等约定。

这些"白契"与"红契"一样都反映出清水江流域居民希望

---

① 吴才茂：《清代清水江流域的"民治"与"法治"》，《原生态民族文化学刊》，2013 年第 2 期。

通过国家权力来保护自身的经济利益，法治经济观念在不断增强。

与"白契""红契"反映出的个人法治经济观念在增强一样，清水江流域的集体法治经济观念也随着木材经济的发展在增强。在漫长的"争江"中，内、外三江为保护自身的利益，采取的最多的斗争手段就是诉之于法律。如雍正九年（1731年），坌处王国良与卦治苗人争夺当江案；乾隆四十六年（1781年），坌处王美凤等禀请给帖开行案；嘉庆三年（1798年），坌处伍仕仁又请帖开行案等。

经济基础决定上层建筑，有什么样的经济基础，就会有与之相适应的上层建筑；上层建筑服务于经济基础，又反作用于经济基础，从而使经济基础得到巩固或削弱。清水江流域的木材经济发展必然带来思想观念等意识形态的变化，与木材经济相适应的经济观念与木材经济的发展相伴生，并促进着木材经济的良性发展。

清水江林契中的产权形式与深化林权改革

　　摘　要：清水江林契所体现的产权形式是数百年来林业发展的实践产物，是林业生产经营过程中具有规律性的经验总结，对于当前的林权改革来说，它在林业政策制定、林地所有者权益维护、林权交易管理、林木处置权落实等方面具有极大的启迪作用。

　　关键词：林业　契约　产权　改革

　　清水江林契，即"贵州苗族林业契约文书"，或称清水江文书、锦屏文书等，是明末以来直至新中国成立之初，贵州省黔东南苗族侗族自治州境内的清水江中下游流域少数民族地区大规模形成并传承至今的珍贵的林业契约，其内容以山林、田地买卖以及租佃契约为主，是珍贵的林业产权历史文献。由于清水江林契是该区域数百年来林业产权变化的历史记录，其所载内容与区域内的经济基础、交易习惯、民风民俗相吻合，其专业性、地方性的特点十分明显。目前，清水江中下游地区的林权制度改革正在进一步深化，其内容指向与清水江林契是一致的，都是"林业产权"。同一区域、相同内容，林权改革与清水江林契之间有着割舍不断的联系，借鉴历史经验，遵循林权变化的历史脉络，对制定出较为科学的林权管理制度大有裨益。

一、清水江林契中的产权形式

清水江林契记载的林业产权比较完备，包括了所有权、使用权、收益权和处置权等，既包含了林地产权，又包含了林木产权。

（一）清水江林契中的所有权形式

清水江林契中林业产权中的所有权制度是建立在封建土地私有制的基础之上，是以私有制为主体，属私人所有性质，林地的所有者俗称"山主"或"地主"。

林地所有权形式具体表现为以下几种：

（1）个人拥有：是指个人或已分家的小家庭独立拥有，在签立契约时以家主的名义签订。这种形式不多见。

（2）家庭共有：是指分家之后，父子、兄弟、叔侄等近亲属共有，在契约的卖方或买方体现得比较清楚。这种形式占有一定比例。

（3）按份共有：是指按照股份共同拥有林地所有权，这是清水江林契表现出的林地所有权的主要形式。按股共有中房族成员共有的占绝大多数，与房族外成员合股共有的比较少。

（4）合伙共有：是指通过"会"等形式共有林地所有权。"会"的产生可能与区域内民族的宗教信仰有关，如锦屏县魁胆寨保留下来的卖会契涉及的"会"名就有孔桥会、土地会、老头门会等，最初由少数条件较好的农户合伙出资修建"会"的场所，成为拥有"会脚"的公会人。周围的其他信众也会在祭祀的时候捐献少量金钱。这些捐献物，一般有拥有"会脚"的合伙人分配享有。"会"的产业有田产、地基、林地、林木等。一些村寨的还有公共的林地，如风水林等，属公共所有，也具有合伙共有性质。

林木的所有权与两方面的权利有关，一是林地所有权，二是林地使用权。清水江林契表明，只要拥有林地的所有权，就必然拥有一定的林木所有权。也就是说，林地所有权必然带来林木的所有权，只是权益的大小与林地的使用权有关，在契约中进行了不同的约定。林地使用权的不同方式也给不同使用者带来一定的林木所有权。详细内容在使用权和收益权中表述。

（二）清水江林契中的使用权形式

清水江林契反映的整个明清以来林地的使用权情况既有所有权与使用权一致的情况，也有使用权与使用权相分离的情况，其中相分离的情况为主，具体表现为三种形式，即山主自营、包栽、租佃。

（1）山主（包括个人和共有者）自营：这是人工营林出现之初的林地使用形式，其特点是山主拥有的林地面积有限，依靠自身的力量能够完成营造、管理甚至采伐等工作。实际营林过程中又分为两种情况：一种情况是山主自己完成营林的全部工序；另一种情况是雇工营林，即雇请林农进行造林和管理，雇工有长工和短工之分，山主负责雇工的生活，并适当付给一些钱粮，雇工按照山主的要求完成劳动量，树木成林后，收益全部归山主所有，雇工无份。由于人工营林是一项劳动密集型产业，山主自身的劳动力有限，故在清末时期，林地总面积大幅度增加，雇工营林的情况已比较常见。

（2）包栽：山主与林农（俗称栽手）签订契约，约定栽手的工价或所占分成，包栽杉木，种植入土三年或五年后，山主按成活率点收，付给栽手工资。相当于现在的包栽包活方式。一般是栽杉一千株至郁蔽给稻谷 1200 斤（老秤），分三次付清。整个栽培过程，山主均不过问，成材后的分成为一九或二八，林木成材砍伐出售后按比例分配收益。砍后残存的"脚木"归栽手所有。①

（3）租佃：即林农（栽手）租佃林地营林，主要指没有林地或林地很少的林农租佃其他山主的林地进行营林，也指林地股东租佃其他不参与经营的股东的林地。树木成林、砍伐之后，林地归还山主。主佃双方通过契约的形式约定成林期和分成比例。在营林生产过程中山主不过问，林木成材砍伐出售后主佃双方按比例分配收益。租佃形式中的主方，既有个人山主，也有由林地共有人全体组成的共有山主；佃方，既有个人佃户，也有多人组成的团体佃户（俗称伙佃）。

（三）清水江林契中的收益权形式

清水江林契中的收益权与林地的所有权以及林地的使用权紧密结合在一起。

（1）由林地所有权衍生出的收益权。在林业生产中，林地是最基本的生产要素，它的投入必然要带来收益——地租，这部分收益归山主所有。从上文所引契约 4 中可见，姜朝瑾、朝甲兄弟将林地租佃给蒋玉山兄弟，自己并不参加营林的任何过程，但在收益分配的约定中，"五股均分，地主占三股"，这 60% 的收益权就是林地所有权带来的。在清水江林契的租佃契约中都有类似的约定，这种收益权普遍存在。

（2）山主自营的劳动收益。山主在自己所有的林地上进行营林，林木成材后形成的收益中包括了山主的劳动收益。这部分收益大致等于总收益减去林地所有权收益。需说明的是，在雇工形式下，因山主在营林时已支付了长工或短工的工资，雇工的劳动收益也就转化成了山主的投资收益，或成本回收，在某种意义上

---

① 吴兴然：《明清时期锦屏苗木生产经营初探》，《贵州社会科学》，1990 年第 4期。

也可以理解为山主的劳动收益。

（3）租佃者的劳动收益。这是指林地租佃者在租佃期间内，通过在林木的种植、管护过程付出的劳动，从而形成的收益。收益的比例在租佃契约中事先约定，具体比例一般依据山场的远近、土质情况估算出劳动量来确定。在上文所引契约 4 中，"五股均分，地主占三股，栽手占二股"，就是主佃双方的约定。从大量的现存契约看，主佃双方的约定比例各式各样，有主四佃一、主三佃一，也有主佃均分，甚至主三佃七的。相当一部分契约对租佃者的劳动义务也有约定，常见的有二条，一条是限栽手在一定年限之内（一般为三年或五年）成林，否则栽手无份，分成合同也常在成林后签订；另一条是栽手逐年修理，不得荒芜。林木成材伐卖之后，佃方所得，即劳动收益。

以包栽方式种植的林木中，也包含有栽手的劳动收益，其与租佃者的劳动收益在本质上是相同的，区别在于，包栽的栽手在栽种林木期间，山主已支付了部分稻谷作为工资，所以在林木伐卖后的分成比例上比较低。

（四）清水江林契中的处置权形式

清水江林契中的处置权形式主要有以下几种：

（1）山主对山场、林木的出卖。具体的处置行为有：①卖山场，即山主将所拥有的林地出卖，属林地所有权的转让。上述契约 1 属此类。②"卖青山"，即山主将尚未成材的中幼林变卖。因中幼林无法当即伐卖，须借山养树，故引用农民卖青苗之意，称其为"卖青山"。③既卖山场，即在转让林地所有权的同时，将林地上生长的中幼林同时变卖。上述契约 2 即是一例。④卖林木，即将成熟林的木材砍伐售卖。由于成熟林的买卖关系在一买一卖之间完成，无须签订契约，所以，是山主单独售卖，还是山主与栽手共同售卖，无从查证，不过，从现存的林木售卖后的

"卖木分银文书"看，山主肯定参与了售卖。

（2）租佃者（栽手）对"栽手股"的出卖。即栽手将与山主签订的林木分成契约中所占的比例（又称栽手股）进行出卖。

（五）其他权益

清水江林契中的其他权益还有：

（1）亲邻先买权：即山主在转让山场、林木所有权时，须先征询亲属、近邻的意见，在亲属、近邻不承买的情况下，才能转卖给他人。

（2）山主先买权：即栽手在转让所有林木股份时，须先征询山主的意见，在山主不承买的情况下，才能转卖给他人。

（3）抵押权：在一些需要进行抵押的情况下，山场、林木可以充当抵押物。在上述契约4中，"玉山、景春自愿将先年佃栽姜光前乌救略之山栽手（股）作抵"，即是将栽手股用于抵押。

以上是清水江契约在产权方面的主要约定形式，应该说产权类型是比较全面的，产权界定非常清晰。

二、中华人民共和国成立后林权形式的变化及其存在的问题

中华人民共和国成立后，随着国家和地方林业政策的变化，清水江流域中下游流域的山林权属发生了多次变化，新的权属关系与清水江林契所表现的产生了比较大的差异。新的权属关系具有较强的时代性和规范性，但由于权利主体的复杂性，以及经济运行机制的变化、产业结构的调整、生态意识的加强等因素影响，现行的林权改革工作尚有亟待深化之处。

（一）中华人民共和国建立以来林权变化简况

（1）土地改革时期（1951—1952）：在划定阶级成分的基础

上，没收地主、富农的山林，重新分配。除少数山林属国有、集体外，其余属私有，农户拥有山林的所有权和使用权。

（2）互助合作时期（1953—1958）：通过农户林地入股合作社、农户私有的成片山林折价入社等形式，逐步实现山林私有向集体所有转变。

（3）人民公社时期（1958—1959）：土地改革时期分配给农户个体所有的山林全部无偿收归集体所有。

（4）林业"三定"时期（1981—1983）：开展稳定山林权、划定自留山、制定集体山林管理责任制的林业"三定"工作。"三定"后，农户对划分到户的集体林地有了部分使用权，对附着其上的林木有了部分所有权和经营权；对划分到户的自留山有使用权，对在自留山上所造的林木有所有权。

（5）分户经营时期（1985—1986）：在坚持林地所有权归集体的前提下，将由集体经营的山林按人头平分到户经营。许多地方"两山"（责任山、自留山）变"一山"（自留山），甚至"三山"（责任山、自留山和集体山）变"一山"（自留山）。

（6）林业体制改革时期（1990—2005）：连续进行了三轮深化集体林区体制改革，第一轮改革以巩固和发展乡村林场为主线，以"明晰产权、机制转换、组织创新、制度建设"为要求对部分乡村林场进行股份制改造；第二轮改革以深化乡村林场管理体制与运行机制改革为重点，以"产权明晰、职责明确、分配合理、管理科学"为目标，对乡村林场首先分类管理，开展以林业股份合作制为主的多种形式的经营管理体制改革；第三轮改革是在加强生态保护和建设的基础上，改革某些林业体制障碍和限制，实行林业分类经营，探索集体林区发展新路。

（7）集体林权制度改革（2006年至今）：在保证集体林地所有权不变的前提下，明确农民对山林使用权和经营权的法律地位，同时放活经营权，落实处置权，确保收益权，实实在在还权给农户。

（二）现行林权的主要形式

经过中华人民共和国成立以来的一系列林权政策变化、林业体制改革和集体林权制度改革，现行林权形式主要表现为以下几种类型：

（1）所有权：林地所有权全部归国有和集体所有，任何个人都没有林地的所有权。林木的所有权方面，一直执行"谁造谁有、合造共有"的政策，与下述的使用权人基本一致。

（2）使用权和经营权：拥有林地的使用权和经营权权益人主要有：①国有林场；②集体林场；③股份合作制组织，指由林地所有者、林地使用者、投资者、管理者联合组成的经济组织；④农户个体，指拥有划分到户的林地的使用权，自己投资、自己造林、自己经营的农户个体。农户自留山的使用权为长期使用，承包经营集体林的承包期使用权期限为70年。

（3）收益权：①土地收益权，承包经营集体林地的，每年需缴纳一定的承包费，也就是土地使用费；②劳动和经营收益权，由使用权人和经营权人通过造林劳动和管理获得收益。

（4）处置权：林地的所有权是不能处置的。林地的承包经营权和林木所有权，在依法、自愿、有偿的前提下可以进行流转，包括转包、出租、转让、入股、抵押或作为出资、合作条件等，流转之后，使用权、经营权、收益权也发生相应的变更。

树木成材后，砍伐售卖的处置权受到砍伐许可的制约，另外，国家实行的天然林资源保护工程以及森林分类区划界定的公益林实行禁伐、限伐。当然，禁伐、限伐也会影响到林木的所有权和使用权。

（三）林权改革中存在的不足

六十年来的林权变化与改革，总的趋势是朝着生态、经济、社会三方面效益共赢的方向发展，是与时俱进的，但从实际操作和效果看，仍存在着一些不足。

（1）林权制度变化频繁，政策稳定性较差。从上述林业政策变化的历史回顾中可以看出，林权制度几乎是几年一变，有时变化的力度还比较大，政策的稳定性比较差，农户难以适应。如农户拥有的权益的历史变化过程：拥有全部产权（土改时期）—山林折价入股（互助合作时期）—失去山林的所有权和处置权（人民公社时期）—对林地有部分使用权，对林木有部分所有权和经营权（"三定"时期）—对山林有更多使用权和经营权（分户经营时期）—兴办股份合作制林场，农户的林地、林木可以入股的形式加入林场经营（林业体制改革时期）。部分产权时有时无、时强时弱。林权制度的频繁变化，必然引起林地和林木所有权、使用权的频繁变化，这种变化不仅使得各地在适应政策调整上花费大量的人财物力，更严重的是导致广大农户对林地、林木权属稳定性的担心和不信任，进而影响农户对集体林地和林木的使用权、处置权及收益权的实现，增大政策实施的难度。

（2）集体无土地收益，村集体林地所有权的权益难以体现。土地是林业生产的要素，投入了土地，就应该理所当然地获得收益。但目前的情况是，农户自留山不需缴纳土地使用费，并且是长期使用。换言之，就是农户对自留山拥有永久的、无偿的使用权。再者，农户可以将自留山以土地使用权的形式进行流转获得收益，而村集体林地所有权的权益没有任何体现。也就是说，林地的所有者没有获得所有者收益，而林地的使用者反而获得了所有者收益。自留山的林地所有权已变相地成为农户个人所有。承包集体山的虽需缴纳一定的承包费，可以算作是土地使用费，是土地收益，但由于数额太低，林地所有权的权益也显得无足轻重。

(3) 林权流转复杂，权属处理难度大。由于国家林地、林木流转制度的建设，林地、林木的各种权能可以多种形式进行流转，流转的方式和途径越来越复杂，加之林木的生长周期长，一般在 25 年左右，又进一步加大了流转的复杂性。目前，林权证书在初始颁发时就已经遇到发放对象难确定的问题，如锦屏县绍洞村同心林场，林场共由 80 余农户将林地入股，而参与经营的仅 24 户，未参与经营的享有林场林木伐卖后的 20% 收益。在这种情况下，林权证如何体现全体股东各自的权益，如何使每一个权利人都拥有体现权益的林权证就成为难题。如果林权多次流转后，权利人的权益构成就更加复杂，林权的处理难度更大。

(4) 林木所有权受侵害，政策配套亟待解决。在林木所有权方面，我国一直推行"谁造谁有、合造共有"政策，林木权属林木的使用者。但随着天保工程的实施和公益林区划的界定，相当一部分由村集体、农户个体或与其他投资者合作投资、投劳营造的杉木商品用材林被区划为公益林，实行严格的禁伐和限伐，农户拥有的林木所有权受到了侵害。它也明显地与"谁造谁有、合造共有"政策相冲突，亟须出台相关配套政策解决。

(5) 处置权难落实，营林积极性受压抑。处置权和收益权是林权中两项重要的内容，直接关系到农户经济效益的最终实现。一方面，现行林业政策和法规确定的采伐限额、采伐指标和采伐许可证审批制度，以及林业部门独家经营木材的经济模式，使得林木的处置权掌握在代表政府的林业部门手中，林农的处置权受到极大限制且很被动。另一方面，天保工程和公益林实行的禁伐、限伐政策，农户和有关集体林场的处置权和收益权已无法落实。对农户来说，处置权不落实，收益权也就难以实现，营林的积极性因经济效益无法预期实现而受压抑。

三、深化林权制度改革的途径

林权制度改革是推进现代林业发展的强大动力，是林业生产长期实现生态、经济、社会三重效益共赢的重要举措。针对改革中遇到的问题，结合清水江林契积累的历史经验，及时调整和修正改革方略，将进一步促进林权制度改革的深化。

（1）建立完善而稳定的林业政策体系。林业生产周期长的规律决定了林业政策的长期稳定性要求，林业经营涉及利益群体较广决定了林业政策的配套性要求，林业政策的频繁变化和相互冲突必然引起林地和林木所有权、使用权的变化，从而引发部分农户对国家林业政策和林地、林木权属稳定性的担心和不信任，甚至引发森林乱砍滥伐、抛荒等系列不良反应。清水江中下游自明清以来数百年林业的繁荣，应该说与长期实行"无为而治"的政策，给农户以稳定的生产环境紧密相连。要促进林权制度改革的深化，就应该建立完善而稳定的林业政策体系。一是增强政策制定的前瞻性、预见性和可行性，使出台的政策能够在比较长的时期内行之有效，切忌出现政策时效短、政策执行周期短于林木生产周期的情况。二是完善相应的配套政策，避免政策执行中产生波动。林业生产涉及的利益群体比较广泛，为保持政策平稳执行或过渡，在主体政策出台时，应及时出台相应的配套政策，避免出现因长时期的政策执行难或无所适从而导致林业生产波动的情况。三是林业政策的制定要兼顾各方利益，特别是农村和农民的利益。生态效益、国家利益、林业部门利益要考虑，社会效益、农村集体利益、农户的经济利益也要考虑，合理、公平地兼顾了各方利益，政策才有长期的生命力。

（2）建立集体林地所有权权益保障机制。从经济学资源配置理论看，生产资料的无偿使用不利于资源的优化配置，不利于发挥资源的使用效率，甚至会导致资源浪费；从清水江林契反映的数百年的实践看，林地从没有被无偿使用过；从林区村集体公益事业的发展看，村集体需要有收益，所以，建立集体林地所有权权益保障机制是适合林业发展客观规律的。《中共中央国务院关于加快林业发展的决定》中有关山林权属的规定"已经划定的自留山，由农户长期无偿使用，不得强行收回"只对自留山的林地使用权作了长期无偿使用的规定，而对股份合作制林场、联户林场、农户承包的责任山等林地使用权人是否收取没有规定，也就是说对他们可以进行使用费的收取，以保障集体林地所有权的权益落实。根据农村经济形势的发展，即使是农户的自留山，在农民收入增加，城镇化步伐加快，农村人口逐步向城镇集聚的情况下，如果条件成熟，在与时俱进观念的指导下，也可适当出台相应的收费政策。

（3）建立健全完善的产权交易平台。清水江林契之所以能够保存数百年，其根本原因就是缺乏有效的产权登记制度，产权人不得不保存契约以作凭证，以免后顾之忧。现代林权流转的方式、规模、范围越来越广泛，为保证产权流转的公开公平，保证农户的利益，为使农户明晰自身的产权状况，建立健全完善的产权交易平台已势在必行。一是要建立健全林业生产要素市场化流转过程中的产权登记管理办法，按照统一、规范、科学、公开的要求，认真做好林权登记、变更、权证发放、流转交易、评估监管、抵押登记等工作，使权益各方对林权情况有清晰的了解，并及时拥有变更后的权属证书。二是建立和完善产权评估师和评估制度，扎实做好林业生产要素市场化流转过程中的资产评估工作，从制度上保障流转的公平公正，维护包括普通农户在内的各方利益。条件成熟的县域，可以逐步组建规范的林业资产评估机构，提高评估效率，减少评估成本。三是建立林业生产要素市场化流转的交易服务机构，配备必要的工作人员，切实承担产权登记、流转受理、信息发布、组织流转等服务管理工作。在有条件的林业重点乡镇可根据需要设立林权交易管理分中心。

　　（4）落实林木的处置权。可以说，林业经营能否搞活，林权改革能否向更广泛领域和深度发展，处置权的落实是关键。清水江林契中所展示的处置权无不都是完全归属于所有权人和使用权人。处置权落实了，收益权才能落实，生产经营的经济学才能调动起来。第一，改革现行的采伐限额管理制度，取消商品林年度采伐计划管理，实行五年限额总控制，生产者年度生产计划的安排由林业主管部门按照市场规律和自然规律予以指导，力争最大限度满足权利人的林木采伐权，充分发挥商品林的林产品供给功能。同时，在坚持限额的前提下，不再区分商品林采伐和农村自用材，都可进入流通。第二，对天然商品林和人工商品林仍需分别对待。天然商品林应依据所处区位、树种组成、郁闭度等因素确定生产计划，重要区位的天然商品林以封育为主，严格控制采伐量、采伐方式和采伐年龄；人工商品林要适度放宽抚育采伐强度、间隔期限、主伐年龄、皆伐面积等限制条件。第三，四旁树和享受退耕还林补助以外的非林业用地营造的林木的采伐，不纳入采伐限额管理。第四，在森林分类区划重新调整时，确定公益林和商品林区的适当比例，考虑将人工林尽可能划入商品林区或限伐区。对于划分为公益林，实行禁伐、限伐的人工林，在经济上，应该进行足额补偿。第五，在保证生态功能的前提下，允许合理开发公益林林地资源，公益林经批准后可进行抚育和更新性质的采伐。

"当江"制度与民族地区
经济发展的保护研究

摘　要：从雍正九年（1731 年）起实施的"当江"制度在清水江下游延续了近 200 年，有效地保证了清水江木材贸易的顺利进行，同时也保证了"内三江"及上游地区木材经济的发展。以史为鉴，采取适当的政策措施，缓解和协调民族经济发展中可能存在的矛盾，将在民族经济的发展中发挥保护和促进作用。

关键词：当江　民族经济　保护

明清时期，贵州锦屏、天柱及黔东南所产的杉木既是"皇木"的主要来源之一，也是远销省外的主要商品。由于黔东南地区陆路交通的艰难，木材交易全部依靠清水江的水运来实现，为保证木材交易的顺利进行，清水江流域形成了一套名为"当江"的交易制度。"当江"制度产生的时间目前尚难以考证，最早提及"当江"制度的可考文献是雍正九年（1731 年）五月黎平府古州理苗同知滕文炯颁发的一则告示。从雍正九年（1731 年）到清水江木行基本停业的民国 27 年（1938 年），期间近 200 年，"当江"制度一直是清水江流域的木材贸易规范。在这近 200 年里，三寨木材的年交易额基本都在白银二三百万两以上。如此巨额的商品输出，对三寨附近及其清水江中上游民族地区的经济发展影响巨大。"当江"制度虽存在于清水江流域，但对于我们研究如何保护民族经济发展具有一定的借鉴作用。本文试对该制度进行粗浅探讨。

一、"当江"制度的含义

"当江"制度，是明清时期在清水江流域木材交易活动中，形成的一套"由卦治、王寨、茅坪三个村寨轮流之年'当江'、开店歇客、执掌市易"的制度。

卦治、王寨、茅坪三个村寨（统称"内三江"）顺清水江而下，位于现锦屏县城及附近，由上至下各相距 15 里水路，由于此处有清水江支流小江、亮江汇入，河面宽阔、水流平缓，便于停靠、编扎、储存、运输木排，从而使得三寨成为清水江流域最佳的木材集散地。"当江"制度就是由此三寨"岁以一寨人掌其市易，三岁而周"[①] 的制度。该制度的核心内容有三项：

（1）三寨轮流开市交易，一寨交易一年，三年轮换一次。交易之年，称为"当江"。每逢子、午、卯、酉年茅坪当江，辰、戌、丑、未年王寨当江，寅、申、巳、亥年卦治当江，未当江的村寨不得私引客商交易。

（2）下游来的客商最远只能上溯至三寨，并在此进行交易，不能再往上游采购木材。在卦治的江边巨石上刻有一块"奕世永遵"碑，碑文是"徽、临、西三帮协同主家公议，此处界碑以上，永为山贩湾泊木植，下河买客不得停排。谨为永遵，毋得紊占"，立碑时间为嘉庆二年（1797 年）春。客商到三寨后就需住店，然后寻求交易。

（3）木材交易需通过"木行"进行。"木行"，即进行木材交

---

① ［清］余渭：《黎平府志》卷三上《食货志》，光绪版。

易的"牙行",三寨"木行"在鼎盛时期达 340 余户,"木行"在木材交易中发挥着中介作用,并且是不可逾越的。

二、"当江"制度存续的缘由

"当江"制度在清水江木材运输及贸易中具有核心意义,它通过"垄断"性质的专卖贸易行为给三个村寨带来"一江厚利归此三寨"的巨大收益。这种"垄断"贸易制度对于沿江其他村寨(村镇)明显不公平,但为什么不被清王朝所否定和取缔,反而以"奕世永遵"的形式成为清王朝认可的"定规",延续执行了200 余年,必然有其存续的充分理由。

(1)商品之优、地利之便。由于清水江流域是苗侗等少数民族聚居地,所以史上也称"苗江",所产木材称为"苗木"。"苗木"的产地主要集中于三寨附近区域,在明洪武三十年(1397年)楚王朱桢发现时,这一区域方圆数百里还是原始森林。"苗木"以质优闻名,《古韵洪江》中称:杉木产地分苗木、州木、广木、溪木四大类,其中"苗木"质量最优,行内及民间谈及木材品质,历来有"一苗、二州、三广"的俗称,"苗木"是明清时期"皇木"的主要采办对象,三寨也是"皇木"的主要采办地之一。三寨之中,卦治处最上游,当清水江的干流,可以接纳巴拉河、南哨河、南孟河、乌下江等支流的木材;王寨居中,小江在此与清水江交汇,小江流域的木材在此汇入清水江;茅坪处于最下游,亮江在此与清水江交汇,清水江干流及亮江的木材汇集此处。清水江流经三寨时江宽水阔,十分利于市场交易。可以说,三寨占尽了清水江商品之优、舟楫之宜和交易之便,是清水江流域最佳的市场所在地。

(2)民族之治、王化方略。明代至清初,王朝统治力量所影响的地区,基本上在三寨一带的清水江下游边缘地区,所以,直到雍正年间,张广泗在苗区开辟"新疆",设置八寨、丹江、都江、古州、清江、台拱等"新疆六厅"前后，在清王朝的视野中，三寨都是"生苗"与"熟苗"聚居地的过渡地带。三寨本系苗、侗民族的聚居地，但自元末明初后，开发较早，江淮、荆楚文化渗入，子孙后代中懂汉族语言的人数较多，在"向者生苗未归王化"的民族统一忧虑中，能够通过木材交易活动，成为担负起"生苗"与汉族地区来的木商相互沟通的桥梁作用。从清水江多年"争江"的判词中可见，三寨以下的沿江村寨都被称为"汉族村寨"，其实下游的天柱等县原本也是苗、侗聚居地，不知何时成了"汉族村寨"，究其缘由，应该是王朝潜移默化地推行"生苗变熟苗，熟苗变汉"的"化苗"政策的结果。"当江"制度的存续也是"化苗"政策实施的内容之一。

（3）水路要冲、军政重地。在清王朝开辟"苗区""新疆"的军事、政治政策实施中，三寨具有重要的战略地位。一是三寨一带位于黎平、镇远两府之间南北往来的陆路与连接东西交通的清水江相交的水陆要冲；二是三寨通过支流小江（在镇远县境称邛水）与镇远相连接，建立起潕水与清水江的水运"联网"；三是三寨通过支流亮江上溯至黎平再经陆路与都柳江上溯到郎洞（今榕江）的水道相连，从而将清水江与都柳江两大水系连接起来。开辟"新疆"时，官府在三寨设立塘汛，大量的军事物资在这里转运，军政重地的地位凸显。同时，三寨"当江"制度的实施，促进了当地的木材贸易的繁荣，人财物力的大量聚集、木材经济的兴盛，也为朝廷征收赋税、筹集军饷、征集夫役提供了就近供给地。

（4）休养生息、剿抚结合。明清时期，朝廷对清水江流域的"王化"多次使用武力，特别是雍正年间张广泗开辟"新疆"，从"先创八寨"开始，对苗疆多次讨伐。雍正六年（1728年）至七年（1729年），"官兵已将诸葛营、清江、丹江、八寨、九股等次第清里"；之后还有雍乾苗乱、乾嘉苗乱、咸同苗乱，每次朝廷都派兵征剿，使苗疆地区元气大伤。如雍乾苗乱是发生在雍正末年的包利、红银苗民起义，这次大起义朝廷调用了七省重兵征剿，到乾隆元年（1739 年）才镇压下去，清水江腹地的苗疆遭到清军的残酷杀戮，人口损失过半。为使苗疆在征剿过程中或征剿之后得以休养生息，朝廷采用了诸多"剿抚结合""先剿后抚"的方式，恢复苗疆的人口、经济及社会发展，"当江"制度的存续也是朝廷通过经济手段安抚苗疆、缓解苗疆地区民族矛盾的重要方式之一。

（5）当江送夫、权责统一。在清王朝开辟"新疆"的过程中，由于三寨处于水陆要冲，也就成了地方政府和官军就近征发夫役的对象。征发的夫役主要承担水旱两路的物质运输。由于夫役繁重，征夫难，"当江送夫"制度，已与"当江"制度配套，形成权责统一的政策体系。"当江送夫"役的开支用度也很大。为保证夫役征发的顺利进行，朝廷与地方政府设置了"当江送夫制度"，也就是三寨轮流"当江"进行木材交易，获取"一江厚利"的同时，也需轮流派送"夫役"，当江交易之年也就是送夫之年，将权利与义务高度地进行统一。朝廷通过维持三寨"垄断"贸易的局面，获得长期的夫役供给，以保证治理"苗疆"政策的顺利施行，也是"当江"制度得以延续二三百年的主要原因。

三、"当江"制度对民族地区经济发展的保护作用

虽然"当江"制度能够长期存续有军事、政治、经济等多方面的原因，但总体上都归因于经济这一最基本的因素。因为卦治、王寨、茅坪所处的"内三江"区域是汉、苗民族的接边地区，经济发展不稳定，就会导致区域社会的不稳定；进一步则会导致清王朝失去开辟"苗疆"的桥头堡，从而影响到开辟"苗疆"的顺利进行。以"当江"制度稳定"内三江"及其周边区域

的经济发展，既保证了"生苗"区域人们的生产生活，体现了"王化"的益处，保持了社会的稳定；又保证了"当江送夫"等军事行动的开展及对军事枢纽的控制。以经济手段实现军事、政治、社会、经济等诸多方面的共赢，是清王朝坚定实施"当江"制度的根本原因所在。回顾"当江"制度的实施历程，其对"内三江"及其周边民族地区经济发展的保护作用主要体现在以下几方面：

（1）保障了"内三江"及上游民族地区林业生产的稳定进行。"当江"制度以"内三江"为界，阻隔了下游客商与上游林农及"山客"的直接联系，实际上是为"内三江"及上游民族地区的经济法中设置了一道防火墙，二者的联系必须通过"木行"这一中介来实现。这样就避免了外来因素对弱势的民族经济的直接冲击，保障了"内三江"及其周边民族地区经济的稳定发展。"内三江"及上游地区有着悠久的人工营林历史和良好的营林技术，著名的"十八杉"就产于该区域。由于林木的生产周期比较长，一般都在 20 年以上，所以，需要有一个长期稳定的生产环境作为保障。雍正年间，张广泗以武力开辟了包括"内三江"及周边地区的"新疆六厅"，苗汉民族间的矛盾比较大，需要安抚。这时，实施以保障稳定生产的"当江"制度，使得汉族的经济发展因素未能直接冲击民族地区的经济发展，避免了民族矛盾的加剧，避免了经济发展的起伏，使得民族地区林业生产的环境得到稳定。在"当江"制度实施的近 200 年里，处于"内三江"下游不远的天柱县"外三江"（即天柱县的清浪、坌处、三门塘）多次发起"争江"，力图"请帖开行"交易木植，但都被政府衙门以"遵循旧章"所压制，一直维护着"当江"制度的实施。也正是由于"当江"制度的稳定作用，保证了"内三江"及上游地区林木的稳定生产。历史数据显示，近 200 年里，"内三江"的木材交易量除因"争江"导致个别年份波动较大外，基本保证稳定，"当江"制度功不可没。

（2）弥补了信息不对称的缺陷，保护了林农及"山客"的利益。"内三江"及上游地区属"生苗"地区，虽属"苗木"产区，但在木植销售上，仍存在着不足，主要表现在市场信息掌握的不对称。从购买木植的木商方面看，以"三帮""五勷"为代表的木商来自木材的销售市场，市场对木材的需求情况他们了如指掌；从木植生产者方面看，广大林农分布在千家万户，他们拥有的只有自己生产的优质木材"苗木"，远离销售市场，对市场行情一无所知，加之语言不同，获取市场信息的渠道更是狭窄，即便是在苗区收购木材的"山客"也因语言不通以及常年奔波于崇山峻岭间，获取的市场信息十分有限。由于购销双方分属汉、苗民族，直接交易不仅面临言语不通的障碍，而且还会因为信息不对称难以产生信任感。"内三江"及上游地区的木材之所以能够在"内三江"进行交易，重要的原因之一就是苗汉言语不通，唯茅坪等砦俱系同类苗人，是以各处木植俱运至三寨售卖。苗民的信任是重要的基础。"当江"制度明确了"内三江"的木材交易必须通过行户来完成，其实也就通过"行户"弥补了产销双方在市场信息上的不对称。"内三江"是木材双方的交易地，各种市场信息在这里得以集中，而行户作为木商停歇、交易的场所，获取的市场信息远较林农和"山客"丰富得多。客观地分析行户所掌握的信息量，也许也不及木商所掌握的，但由于林农和"山客"的信任，行户也会尽力去弥补之间的不足。也正因为行户弥补了信息不对称的缺陷，保证了交易的公平性，也才保证了"当江"制度的延续。

（3）弥补了交易主体实力不对称的缺陷，减低了外来资本对林业生产的冲击。在"内三江"木材贸易中，购销双方之间还存在着实力的不对等。下游木商中，不论是能够进入"内三江"交易的"三帮""五勷"，还是以下游洪江为据点、四处收购木材的

"五湖十八帮"都有着雄厚的资金实力。其中的"徽、临、西""三帮"更是有采购"钦工例木"即"皇木"的特权，有"皇商"之称；清末时的"花帮"，最盛时在"内三江"及天柱收购的木材每年可达十万两码子。而林农和"山客"相对要弱很多，千家万户的林农自不用说，能够养家糊口就不错了，难有资金积累；"山客"较林农要好许多，但除了乾嘉时期的姚玉魁、姜志远等极少数实力雄厚的外，其余的资本都比较小。"三帮""五勷"等木商每年来"内三江"采购木材的约有千人，而"山客"的人数至少要较之多一两倍。在经济实力极不对称的情况下，如果放任木商资金进入"内三江"及上游地区购买木材，势必会导致"山客"群体的崩溃，进而引起经济与社会的动荡，极大地冲击林业的正常生产。"当江"制度的确立，对这种可能产生的冲击进行了阻隔。它利用"木行"这一具有官方认可的中介将木商和"山客"隔离开来，同时又将双方资金集中起来进行交易，实现了供求双方的基本平衡，使得在交易中处于弱势的林农及"山客"基本能与实力雄厚的木商处于平等地位。

四、"当江"制度对保护民族地区经济发展的启示

"当江"制度的实施使得清水江木材经济繁荣了 200 余年，也使得清水江流域的少数民族安居乐业了 200 余年。虽然由于交通条件的改善、强势资本的介入以及抗日战争的影响等诸多因素的变化而未能延续，但它能够持续而稳定地运行，对清水江流域的少数民族经济发展是功不可没的。以史为鉴，"当江"制度的实施对于我们今天如何保护民族地区经济发展也有着重要的借鉴作用。

（1）民族地区的经济发展事关重大，发展对策应以大局为重，不能仅局限在经济领域。

我国是一个多民族的国家，民族地区也非常广泛。相对于汉

族地区来说，民族地区的经济发展相对处于落后的状态，也正因为如此，政府也力求通过努力改变民族地区的经济状况。但由于民族之间往往存在着许多方面的差异，这些差异不仅仅体现在经济上，还会体现在思想观念、道德价值、宗教信仰等等方面，即便是主流社会认可的东西在少数民族中不一定都能得到认可。所以，在制定民族地区的经济发展方针或策略的同时，应兼顾到与经济发展的方方面面。"当江"制度的制定和实施，不仅考虑了木材交易的本身，而且还考虑了民族交往的畅通、民族地区的经济和心理承受能力、民族地区的休养生息以及民族劳务的补偿等等。从长远看，发展民族地区经济肯定是有益的，但在具体制定方略时，要考虑政策的配套和循序渐进。

（2）对弱势的民族经济应采取适当的保护政策，逐渐放开市场。

我们通常所说的民族经济往往具有区域性和落后性，面对主流经济，它们显得比较弱小。如果放任主流经济的冲击，在产业升级上可能会有帮助，但也会大幅度地改变民族地区的产业结构，改变民族地区的就业状况，造成生态环境的破坏，打破民族地区原来的生活习惯和规律，从而引发民族地区社会的动荡。如果没有"当江"制度，放任木商的资本进入苗疆，"内三江"及上游地区的林业生产也许会获得更多的生产资金，但也可能加快林木的砍伐速度，改变林木的生产方式，进而影响"内三江"及上游地区林农及"山客"的就业格局。那么，至少有两种负面的情况就会出现，一是因砍伐速度加快而林木生产周期较长而导致优质的"苗木"砍伐殆尽、供不应求；二是因为苗疆教育水平低下、生产方式单一而导致苗民失去生存的依靠。如此，后果不堪设想。其实，"当江"制度也不是一成不变的，随着经济的发展，在清光绪十五年（1889年）后，逐渐允许天柱的"外三江"进行"当江"，保护的力度逐渐放松；至民国5年（1916年），"外三江"的"当江"已成明文规定；至民国末期，各种木业公司成立，"当江"制度自然而然地消失了。"当江"制度的消失并不意味着"内三江"及上游地区的"苗木"生产消失，而是其生产已与国内经济发展完成了对接。新中国成立后，"内三江"所在的锦屏县一带一直是我国南方的主要林区之一，即便是到今天，这一带仍是我国南方重要人工林区之一，也是我国杉木供应的中心林区之一。所以说，适当的保护是必需的，保护也不是一成不变的，它仍可与时俱进。

（3）设置适当的中介组织，能够更好地协调民族地区经济发展。

在"当江"制度中，"木行"是一个中介组织，但又是有别于我们今天所说的中介组织。现代农村中介组织，其主要职能是连接农户与市场，为农民和农村经济发展提供服务，发挥沟通千家万户小生产与社会化大生产之间的桥梁和纽带作用。而清水江"木行"除面对"内三江"及上游地区的广大林农和"山客"时发挥了与现代农村中介组织相类似的功能外，还发挥了一个更重要的职能，即民族经济交往间的缓冲和协调功能。不同民族经济间的交往与融合往往会遇到诸多障碍，这也使得民族间经济交往变得困难。经济发展水平上处于弱势的民族，在经济交往中常常容易产生抵触与防范心理。在不同民族间直接的经济交往中，一旦产生矛盾，那些抵触与防范的情绪往往容易扩散而蔓延到其他方面，难以在经济领域得到解决。目前，我国西部大开发等战略的实施，主要是促进民族地区经济发展，不可否认的是，在发展民族地区经济的同时，也势必会对民族地区的产业结构、生态环境、就业形势等方面产生影响，也势必会在发展中产生一些矛盾。为了避免这些冲突的产生和矛盾的升级，适当设置一些能够缓解和协调这些矛盾的中介组织可能更有利于民族地区的经济发展。

"争江案"：经济垄断与开放的研究

摘　要：清代清水江流域的"争江案"延续了数百年，究其实质是内三江的垄断经营与外三江的反垄断抗争。从中可以看出，垄断在很大程度上是对民族地区经济发展的保护，反垄断则是促进市场的融合。两者关系的正确处理对民族地区经济发展产生着深远的影响，它对当今如何发展民族地区特色经济也有着重要的借鉴作用。

关键词：清水江　市场　开放

清代清水江"当江制度"的实施确立了有"内三江"之称的卦治、王寨、茅坪在清水江木材贸易中的垄断地位，"内三江"凭借垄断优势在长期的木材贸易中获得了巨额的垄断利润。但这一垄断贸易方式也引起了茅坪以下各下游村寨的强烈不满，下游的"四十八苗寨"在濒临清水江的村寨——天柱县坌处的带领下，为打破"内三江"的垄断地位，从康熙二十四年（1685年）至民国5年（1916年）前后长达230多年时间里，采取具控上诉、哄诱客商、拦木阻江等种种方式进行抗争。这一事件，也即史称的"争江案"，实质上是一场旷日持久的"垄断"与"反垄断"斗争，其斗争的过程也就是"内三江"等民族地区市场逐渐开放的过程。虽然"争江案"已成为历史，但以史为鉴，它对于市场经济体制下民族地区市场开放的研究仍有着积极的意义。

一、"争江"历程及阶段

始于清康熙年间的清水江"当江"之争，先后经历了 200 余年，直至民国年间方才结束，其间风起云涌、潮起潮落，过程纷繁复杂，令人眼花缭乱，以历史事件为线索，"争江"历程大致可分为三个阶段。

（一）萌芽及形成阶段［康熙二十四年（1685 年）至雍正九年（1737 年）］

（1）以坌处为代表的下游村寨与"内三江"的"争江"大致萌芽于康熙二十四年（1685 年）。

之后，坌处以下沿江地方，曾自发地出现不成群体的"争江"活动，如趁洪水暴涨，抢捞流下来的木材高价待赎；或削印匿为己有；或现捞现卖等，以对付控制交易的茅坪以上三寨。

（2）有记载的群体性"争江"发生在康熙四十二年（1703年）。当时，坌处王国瑞、王繁芝等因不满茅坪等三寨独享当江之利，于这年春串联了坌处以下至湖南黔阳托口 200 多里沿江18 个村寨，设了 18 个关卡，号称"水上十八关"。凡木排过关，每排抽银 9 两，过十八关得抽银 162 两。这一割据局面，不利于木材流通，客商难以忍耐。后来大龙木商田金展、绥宁木商伍定祥等联合赴长沙湖南省巡抚部衙门控告，湖南赵巡抚令原地关府县将"十八关"强行拆除，禁革了抽税名目。

（3）雍正七年（1729 年），贵州巡抚张广泗武力开辟"清江六厅"。为筹集军饷，曾任黎平府知府、谙知三寨木材贸易情况的张广泗遂将卦治、王寨、茅坪法定为"江铺"。通过清查登记后，在"三江"各设木市，对行户进行统一管理。在王寨设总木市，总理"三江"木政，稽征"江费"（即木税）。为保证"江费"征收,还在王寨设立弹压局。为协调"三江"之间的关系,规定"三江"轮流值年当江。

(4)雍正九年(1731年),天柱县已归贵州省管辖。坌处人王国良,与卦治的苗人相互争夺当江权利,控诉到巡抚和贵东道,后委托黎平知府滕文炯审断,审理结果是"革去当江名色,听从客便"①。由此,"内三江"的"当江"权利得以真正确立,同时,也酝酿了一场场风起云涌的"争江"斗争。

(二)三寨当江,争江迭起的阶段 [雍正至光绪十五年(1889年)]

这一阶段,围绕当江权利的归属,内、外三江各施手段,争江活动迭起。主要事件有:

(1)乾隆四十六年(1771年),坌处王美凤等禀请给帖开行,经巡抚图思德审批,认为该处并非新开场市,历来都没有牙行,不准开设。

(2)嘉庆三年(1798年),伍仕仁又请帖开行,布政使常明将此请求移较贵东道周纬审理。

(3)嘉庆六年(1801年),伍仕仁又伙同王志勋、王绍美等,指使木商孙怡盛等说服其他木商弃"内三江"而投奔坌处,但因在坌处做不成生意,客商愤愤而去。伍仕仁等又雇人冒充"皇商",冒名采伐"皇木",偷运到坌处,但被查获。恼羞成怒后,伍仕仁等组织人员在坌处拦江阻排,与木商的矛盾激化。木商们在"内三江"的支持下,由湖南德山木商作代表具禀至湖南布政司。之后,案卷又转到贵州,责成镇远、黎平两府共同审理,伍仕仁被判充军浙江,案卷报备工、户两部。

(4)嘉庆十一年(1806年),坌处王朝富、刘秀刚、刘林山

---

① [清]余渭:《黎平府志》卷三上《食货志》,光绪版,第32页。

等图谋当江，先后拦阻木商李瑞丰、瞿从文缆船，及王大有木排，毒打客商、焚烧缆船，并打伤天柱县官差。后王朝富、刘林山被擒拿到案，经两司审断，王朝富、刘林山被判充军，其余各犯各有处治。并判定，以后木商，仍照旧在三寨分年投歇交易，垄处不得滋事。刘秀刚潜逃到京城，被擒后，审理认为：刘秀刚一犯应照凶恶棍徒扰害地方加一等，发配黑龙江，给披甲人为奴。经过这次大诉讼，"争江"活动由高峰跌落低谷。

之后，道光年间（1821—1850年）相安无事；咸丰、同治年间（1851—1876年），由于清水江流域爆发了以张秀眉为首的苗民起义和以姜映芳为首的侗民起义，烽烟四起，木业处于停顿，"争江"也自然停歇。直至光绪初年。

（三）曲线"争江"，内、外三江确立阶段［光绪十五年（1889年）至民国5年（1916年）］

在张秀眉、姜映芳的起义被平息后，清水江木材贸易逐渐恢复。经过了十余年的平静，光绪十二年（1886年），天柱举人吴鹤书在向天柱知县廖镜伊的书禀中提出文斗寨地处锦屏（隶属黎平府）境内，因不和，一部分寨民自愿输粮入籍天柱（隶属镇远府），应划归黎平府管辖。而"黎属黄寨（即王寨）、茅坪、小江，附柱城六十五里，距黎城一百八十里，虽属华离，中为大江所隔，与瓯脱无异，应拨归天柱就近管辖，云云"①。借文斗部分寨民输粮入籍天柱之事，欲将"黄寨、茅坪、小江"划归天柱，釜底抽薪，曲线"争江"之计隐含其中。虽然吴鹤书上禀中隐藏的意图当即被卦治、王寨、茅坪"三江"绅耆所识破，并遭

---

① ［清］余渭：《黎平府志》卷二上《地理志》，光绪版，第115页。

到"三江"绅耆列举的拨归天柱的"五不可"①的理由还击，最终被黎平知府郭怀礼否决，但其中的理由不可避免地为"争江"斗争的重新燃起埋下了伏笔。

三年后，当江享利被重新提出来，"争江"战火重燃。光绪十五年（1889 年），天柱知县余骏年以吴鹤书的上禀符合"养练"、保护沿江商民的利益为由，将禀帖转呈各种巡抚院；而吴鹤书也再次出马，被称为这次请帖开行的头面人物，"争江"再起。

两地经过纷繁复杂的禀复查验之后，在黎平知府余谓的支持下，三寨"当江"的旧例得以维持。遗憾的是旧例的维持情况以及垒处等寨的反应由于资料的缺省难以明晰。

但是，之后的一些资料已初步显示出内外"三江"并存的现象。一是一通光绪二十四年（1898 年）刊刻的石碑②上已使用"内帮""外江"等特殊字眼；另一是民国 4 年 8 月（1915 年 8 月）刊刻的《天柱县高等小学校记》③中记载的"规复垒处募捐"，内外"三江"共同当江的局面已经出现。

辛亥革命之后的民国 5 年（1916 年），正是鼎革之后，百事待举之时，锦屏、天柱两县知事对两县商会共拟的木植场规作了批复，并将布告及所附八条"归复旧章条件"同刊石碑，以示共同遵守④。其中的第二至第五条，明确了"内江"和"外江"在木材交易中各自的权利。由此，利益均沾、皆大欢喜，绵延 200

---

① ［清］余渭：《黎平府志》卷二上《地理志》，《三江总理禀》，光绪版，第116 页。

② 光绪二十四年八月二十二日《永远遵守》石碑，现存于锦屏县城飞山庙。

③ 黔东南州文化局：民国四年八月《天柱县高等小学校记》碑，《黔东南文物志》（第五集），1997 年，第 195 页。

④ 《中国少数民族社会历史调查资料丛书》修订编辑委员会贵州省编组组：《侗族社会调查》，贵阳：贵州人民出版社，1988 年，第 54 页。

余年的"争江"斗争落下帷幕。

（四）共同"当江"及制度的消亡［民国 5 年（1916 年）至民国 20 年（1931 年）］

随着时代的发展，政治、军事、经济等形势的不断变化，"当江"制度受到的冲击也在不断增大，光绪五年（1879 年）起允许天柱县的清浪、坌处、三门塘（史称"外三江"）开店歇客，住宿三帮、五勷以外的客商，并代理客商进入内三江购买木材，形成内外江共存的局面。后来各地商会成立，以及以各级地方政府资本投资的木业公司成立，如"泰丰木号""华中木号"等。从民国 20 年（1931 年）起，国民政府明令撤销厘金，"当江"制度的载体——"木行"因失去政府的税费收缴职能而相继被淘汰，"当江"制度在延续了二三百年之后，最终在民国时期消亡。

二、"争江案"体现出的市场垄断性质分析

从"争江案"的斗争焦点看，是一场利益之争，是清水江木材贸易权归属之争，是清水江木材贸易所获利益的分配之争。但又为什么总是坌处及下游村寨屡败屡战呢？究其根源，这是一场垄断与反垄断的市场竞争，"内三江"所拥有的贸易垄断权使其处于竞争优势地位，并将这一优势长期保持，从而使得坌处等地的一系列反垄断行为付之东流。

"垄断"一词源于《孟子》"必求垄断而登之，以左右望而网市利"。原指站在市集的高地上操纵贸易，后来泛指把持和独占。中国自古称垄断为"榷"。古代中国的盐、铁、茶长期属于官营之垄断事业，因有暴利之故，国家一旦出现了财政危机，为贴补国用不足，必然实行禁榷制度。清水江的木材贸易，虽然在形式上不属于盐、铁、茶等一类的官营垄断，但其实质上已形成了垄断，形成了政权保护下的区域特种贸易的交易权垄断。这里所指

的区域就是"内三江"苗族地区,特种贸易是指木材贸易,区域特种贸易可以理解为民族地区的特色商品贸易。

一方面,从垄处及下游村寨的抗争行为来确定其垄断与反垄断性质。

垄处及下游村寨的抗争主要采用了五种手段和措施:

一是利用政府断案结论的余地作为"争江"的法令依据,具文请帖开行。如:垄处王国泰借早年审断旧案内有"任客投宿"一语,于嘉庆三年(1798年)上疏请帖开行。

二是利用吏属之便,谋取官吏保护。嘉庆三年(1798年),垄处争当总江时,想利用当时黎平吴知府,先年曾任天柱知县,欲取得吴知府的支持。但"争江案"未结,黎平新任知府富刚上任,此计失败。《争江记》有云:"署印黎平吴知府,先年做过天柱堂,告他三江私抽税,要把垄处当总江。吴府准了天柱纸,来了新官名富刚,富爷上了黎平任,吴府卸事下了场。拘提三江同到案,审输国泰在当堂。每人重责四十板,一起押解转回乡。"①

三是利用矛盾,聚合三帮木商。嘉庆六年(1801年),垄处伍仕仁等借徽、临、西三帮木商孙贻盛等因茅坪苗首龙承仁等不允卖地建会馆之嫌,邀得三帮木商到垄处投宿,利用孙贻盛等到各关控告。

四是与木商联合,假扮皇商,放木冲江。《争江记》记述有:"这是嘉庆六年事,茅坪的江垄处当。接得客商到垄处,家家修得好楼房。……朝的唱戏无木买,接得客商乱忙忙。左想无计思无路,攀人买木来冲江。黄平有个林春茂,会同有个孙中行,两个打扮皇商样,平金买木来冲江。四月初七放排过,惊动茅坪一

---

① 《中国少数民族社会历史调查资料丛书》修订编辑委员会贵州省编辑组:《侗族社会历史调查》,贵阳:贵州人民出版社,1988年,第42页。

乡郎，王法在远蛮在近，拿到两人尽遭殃。"①

五是暴力抗争。坌处及下游村寨试图通过文理诉讼获取木材贸易权的努力在屡次失败后，为实现自身的利益诉求，暴力抗争手段也付诸行动。温和一些的手段是利用居于内江下游的优势，趁洪水冲流木材之机，驾舟抢捞，后或抬高赎价或匿为己有，暗中施压，以惊动上司或朝廷；激烈行为就是付诸暴力，阻木拦江，扣船留商，焚烧篾缆，几乎是不计后果。

坌处及下游村寨历时之久、手段之多的争斗，为的就是获得清水江的木材贸易权。他们所诉求的清水江木材贸易权并不是独占的，而是与"内三江"共享的，他们所要打破的就是"内三江"独享的木材贸易权。而为什么一直没有获得，为什么文理诉讼、暴力抗争的手段最终都归于失败？究其原因，是国家权力的介入。也许在最初时期，"内三江"享有的木材贸易权是通过市场竞争优势获得的，但随着时间的流逝，坌处等下游村寨也具备了木材贸易的条件，按照市场公平竞争的法则，他们应该拥有木材的贸易权。在坌处等每次争取贸易权的抗争中，朝廷利用国家权力始终维护着"内三江"的木材贸易权，使之独享木材贸易权并获取巨大利益，也使得内、外三江处于极不平等的市场地位。

"内三江"长期拥有清水江木材贸易权，其垄断性质已表现无疑，并且是借助国家权力形成的垄断。这种垄断实质上是一种国内贸易管理的行政保护措施，类似于当今的许可证制度，是根据国家的法律、政策、市场需求等实施的。坌处等的抗争行为则显然是一种反垄断行为，通过一系列经济的或非经济的手段试图打破"内三江"的垄断从而分享市场。

另一方面，从朝廷维护"内三江"的木材贸易垄断权的行为

---

① 《中国少数民族社会历史调查资料丛书》修订编辑委员会贵州省编辑组：《侗族社会历史调查》，贵阳：贵州人民出版社，1988年，第42~43页。

来分析朝廷对民族地区经济发展的保护。

在"争江"二百余年中，朝廷始终打压㑩处等的权利诉求，维护"内三江"的"当江"权利，其理由是非常简单的。在"当江"制度确立之初，"内三江"清水江木材贸易权的获得与延续的理由，有自然的、政治的、经济的、军事的等，笔者在前文《"当江"制度与民族地区经济发展的保护研究》中阐述了五个方面的理由，这些理由在长期的"争江"中都或明或暗地起着维护垄断的作用。事实上，随着历史的发展，最初的一些理由已时过境迁了，但为什么王朝一直在致力于"内三江"贸易垄断权的保护？其中的核心就是民族经济发展的保护。

雍正年间，设立清水江总木市是时局发展的需要，其理由应该是综合性的，此时对民族地区经济发展的保护作用还没有十分显现。

在后来的"争江"中，这种保护作用逐渐表现得明显起来，特别是在"争江"最激烈的嘉庆年间。

乾隆四十六年（1781年），不允㑩处王美凤等请帖开行的理由该处并非新开场市，历无牙行，不准开市①。是从行政许可的角度进行否决的。

在否决嘉庆三年（1798年）至嘉庆十一年（1806年）伍仕仁请帖开行、孙贻盛捏控、王朝富阻江拦木的理由中将"当江"视为"内三江"苗人的"恒业"，且予以政府保护。

嘉庆六年（1801年）贵东兵备道吴在批复伍仕仁请帖开行的文告十分明确地指出了清水江木材贸易权，也即"当江"权力是苗民维持生计的基础，且为了生计，苗民谨小慎微；而将㑩处等地视为汉民村寨，与"当江"绝不相干。对苗疆地区的经济保护已成为公开的理由。

① ［清］余渭：《黎平府志》卷三上《食货志》，光绪版，第32~33页。

在诸多与"争江案"相关的文献中，常常将两地以苗、汉来区分，长期维护着苗地所拥有的木材贸易权，保护着苗地的利益。垄处等下游的抗争已经变成了"谋夺苗人恒业""希图苗人生计"等不良之举。朝廷通过行政手段长期维护"内三江"的垄断贸易权，保护着苗疆经济的有序发展。也就是说，朝廷维护"内三江"的木材贸易垄断权的行为实质上就是朝廷对民族地区经济发展的保护行为。

三、"争江"的消弭及对民族地区市场有序开放的启示

清水江内外三江围绕木材贸易权的分享与否跌宕起伏地争斗了二百余年，这场垄断与反垄断斗争延续的时间之长有些出人意料；但其消弭的之快也更有些出人意料，从光绪十五年（1889年）内外三江并存，垄断被打破，到民国20年（1931年）"当江"制度的消亡，期间仅42年的时光。随着"当江"制度的消亡，对于卦治、王寨、茅坪等苗疆地区经济发展的保护措施也消失了，清水江木材贸易进入了完全竞争的阶段。

"当江"制度的消亡有着其必然的因素。

首先，利益的驱动是打破垄断的原动力。内三江长期"当江"，独享一江厚利，引起外三江的不满是不可避免的。外三江在逐利的驱动下，必然会采取各种手段打破这种垄断，从而在木材交易中获利。外三江年复一年的"争江"，从多个方面影响着"当江"制度的延续。如，不断的诉讼给朝廷施加了沉重的压力，促使朝廷去思索"当江"制度与经济发展的适应程度；不断的暴力抗争给内三江施加了威胁，使内三江不得不调整策略，以至于让步，从而换取木材贸易的平稳等等。这些利益驱动下的对垄断贸易的冲击是当江制度消亡的根本原因。

其次，民族政策的调整是"当江"制度消亡的重要因素。清代，解决西南"三省苗"问题始终是朝廷大政之一。雍正新辟苗

疆之后，雍正、乾隆、嘉庆年间大小叛乱时有发生，咸丰、同治年间更是兵燹，朝廷疲于用兵，耗费巨大。三江地区，又处于古州八万"生苗"区的边缘前哨，堪称军事要害。因此，维持三寨"当江"秩序，慢慢把上游的"生苗"木植生产砍伐活动，融入王朝的经济体系之中，不断增强"国家认同"，始终是一个政治大局。苗疆稳定大局，具有至上性，不可争。从这个意义上讲，"当江"是不可争的，政治稳定是不能争的，牺牲掉坌处等地的局部经济利益是国家大局的需要。而随着苗疆地区"改土归流"等王化措施的实施，清王朝已能够掌控苗疆的局势，将苗疆纳入全国的一体化管理的形势逐渐成熟，经济上的一体化也随着政治、行政管理的一体化在逐步推进。到民国时期，真正的改朝换代，当局的民族政策与清王朝时比较，变化更大。政治特色较浓的"当江"制度在其政治背景逐渐弱化的过程中，随着经济一体化而退出历史舞台成为必然。

最后，产业发展形势是"当江"制度消亡的经济因素。一是产业分工协作的发展促进了内外三江的融合。在数百年的"当江"制度运行中，内三江形成了三寨轮流"当江"的交易制度，它们垄断了原材料的供应，获取垄断利润，但内三江的经营范围局限在内三江，局限在交易，局限在"三帮""五勷"；外三江则逐渐形成了以木材修整、运输为主的木材服务业。它们可以在外三江及其以下清水江流域、沅水流域、长江流域开展业务，它们既能与"三帮""五勷"，又能与"十八帮"等更多的商帮进行合作，它们在外三江及以下直至长江等多地建有排坞、码头。内外三江都看到了自身的优势，也发现了自身的不足，都希望将产业链进行延伸。产业链延伸的构想付诸实施就是内外三江融合的必然。二是木业公司的介入动摇了当江制度的根基。由于资本的集聚及官僚资本进入清水江林业产业，华中木业有限公司、贵州木业公司、森大木号、泰丰木号等林业公司介入林业产业，经营范围覆盖了生产、交易、加工、运输等各个领域。由于它们资本的强大，无论是山客还是水客都无法与其抗争。在它们的冲击下，当江制度的运营机制最终全部被摧毁。

从"争江案"的表象看，似乎只是内外三江围绕木材交易权展开的利益之争，但从长期存在的内在原因去分析，可以看到民族地区经济融入市场体系的曲折过程。虽然这一过程经历的时间是漫长的，是不多见的，但其结果不可避免的是顺应经济规律，垄断只是暂时的，经济开放和经济融合才是永恒的，民族地区经济最终必与国家整体市场完全融合。时至今日，"争江案"对我国民族地区经济的发展仍具有现实的借鉴意义。

一是适时调整对民族地区经济发展的保护政策，促进市场融合。制定相应的政策，扶持、保护民族地区弱小经济、幼稚经济、特色经济是必要的，也能够在一定时期内促进民族地区经济壮大以适应市场发展的需要。需要考量的是，这些保护政策实施的目的究竟是保护民族经济不受冲击，还是促进民族经济繁荣实现与市场的对接以获取更大的发展空间。无疑，后者是政策实施的目的。内三江被保护数百年，"争江案"延续数百年，虽然在一定程度上保护了内三江的利益，但也限制了内三江经济的发展，使内三江的经济始终局限在木材生产和销售上。另外，多次"争江"带来的经济损失也难以估量，对内外三江民族地区的经济发展也有所制约。制定和实施政策既要因地制宜，也要因时制宜，形势变化了，政策就应该适时进行调整，促进民族地区的局部市场与全国以及国际市场的融合。

二是把握时机，推进民族地区市场的有序开放。民族地区经济发展的保护与发展是相辅相成的，保护是为了发展，发展是最好的保护。在发展中要根据周边经济以致更大区域经济发展的情况，有序地实行开放政策。内外三江市场的长期割裂，局限了经济的发展。大量的木商无法进入内三江发展，导致了资本的闲置；木材修整等配套服务业无法进入内三江，导致内三江市场功能的单一；外三江无权经营木材，上游资源遭到控制，受制于人；下游排坞为外三江控制，内三江产业无法延伸；即便是内三江的轮流当江，致使王寨的木材三年有一次、茅坪的木材三年有两次溯流到上游交易，不仅成本高，而且影响溯流年份的交易量。这些其实就是市场不开放带来的弊端。把握时机，有序地开放市场，使保护地区逐渐与周边市场进行对接，对于实现经济共赢有极大的益处。

三是以民族特色经济为突破口，拓宽经济发展领域，全面参与市场竞争。民族地区经济往往有着自身的区域特色、资源特色、民族特色等，容易形成特色经济，但这些特色经济覆盖的经济领域有限，对民族地区经济发展的促进作用的全面性也有限。要全方位地促进民族地区经济发展，不能仅仅依赖于特色经济，而应该以特色经济为突破口，延伸产业链，以及拓宽相关经济领域。清水江领域的木材经济是其特色，遗憾的是这一特色经济繁荣了数百年，依然局限在木材的买卖上，没能带动其他相关产业的发展，以至于当木材经济地位下降后，就失去了经济支柱，导致经济的萧条。在全球经济一体化的形势下，任何特色经济都是暂时的，其具有的相对优势也是有时限的，及时抓住特色经济具有市场效应的黄金时期，拓宽经济发展领域，才能为民族地区经济发展奠定良好的发展基础。

论清代清水江流域的"木行"管理

　　摘　要：清代清水江木材贸易持续繁荣，其木行管理制度功不可没。清廷官府通过对清水江木行实施的一系列管理政策对木行的市场准入、经营范围确定、市场协调等行为进行规范，促使木材经济的运行基本保持在良性循环的轨道上。以史为鉴，其管理方式和理念对于目前我国的市场中介组织的管理及规范有着一定的启示作用。

　　关键词：木行制度　中介组织　管理效能

　　清代清水江流域木材经济繁荣，作为木材贸易中介机构的"木行"在其中发挥着重要的作用。为了保证木材贸易的正常进行，清王朝对清水江木行因地制宜地采取了一系列管理措施，加之木行为了自身的利益也采取了一些内部管理措施。两者的共同作用，在维护木材贸易秩序上发挥了积极的作用，促使了数百年来清水江木材经济的持续繁荣。

一、清代清水江的木行

（一）清水江木行的产生

　　木行是封建社会时期官府批准设立的一种专为木材买卖双方

说合交易，抽取佣金，监督商人纳税，并向官府缴纳牙税的一种专门组织。主要通过代客买卖、包管包交等服务从中捞取佣金。清水江的木材贸易就是通过木行来实现的。

清水江木行产生于明永乐以后，到清初已有明确的记载，可以认为清初时已经成型。清水江木行产生的详细原因已无法考证，但有两方面是公认存在的。一方面，木材的需求十分旺盛。据文献记载，明永乐年间，因修建故宫的需要，朝廷在全国征集所需的木材，史称"皇木"。当时清水江流域原始森林密布，巨木繁多，成了"皇木"采集地之一，清水江也因此成了"皇木"运输的通道。后来江南地区进入资本主义萌芽时期，商业、手工业日趋繁荣，城市和大小集镇发展迅速，急需木材建材。同时，历史悠久的贩运性商业资本以雄厚的资财、广阔的贩运、频繁的流动在国内大肆运作。因此，在"各省产木日少"而需求日益迫切的情况下，地处长江水系沅江上游的水道畅通、盛产木材的清水江流域，不仅是朝廷采办皇木之所在，而且也成为各地富商巨贾竞相采买木材的目的地。乾隆年间的《黔南识略》记载："郡内自清江以下，至茅坪二百里，两岸翼云承日，无隙土，无漏阴，栋梁楽桷之材，靡不备具。坎坎之声，铿訇空谷，商贾络绎于道，编巨筏放之大江，转运于江淮间者，产于此也。"另一方面，清水江流域所产木材优质，成为市场的畅销品。位于武汉的鹦鹉洲木材市场是清代长江流域最大的木材集散地，《武汉文史资料文库工商经济卷第三卷》记载，市场上最畅销的木材属西湖木，以木材径级大、丰满通直、质地坚硬享誉市场。西湖木又分苗木（主要产自托口以上的清水江流域的锦屏、剑河、天柱、黎平等县）、州木（产自靖州、通道及毗邻的黔湘边陲，由渠水进入沅江）、广木（产自会同县与天柱县接壤的广坪，通过渠水进入沅江）和溪木（产自湖南的城步、绥宁等地，由巫水进入沅江），而其中最优质的就是来自贵州清水江流域天柱、锦屏等地的"苗木",有"一苗、二州、三广、四溪"之俗称。两者的共同作用促进了清水江木材贸易的发展,也促进了木行的形成和发展。

由于卦治、王寨、茅坪(俗称三江)三个村寨分别位于清水江、小江、亮江的汇流处,木材在这三处集中,为交易带来了便利,由此,这三处自发地形成了市场的雏形。最初时,前来购买木材的客商只能借宿在当地人家中,付给主家一些银子。随着木材销量的扩大,前来购木的客商逐渐增多,三寨就有人家开设专门供应客商食宿的店铺,也就是"火店",这就是清水江木行的前身。至康熙年间,三寨的有钱人都争相开设火店。[①] 雍正七年(1729 年)后,官府批准在清水江流域设立从事木材交易的中介机构——木行,三寨的火店经申请,由政府批准并颁发"牒",从此以木行的名义从事木材经营活动。

(二)清水江木行的经营性质

我国古代牙行的经营性质是中介服务,是为买卖双方介绍交易,评定商品质量、价格,同时抽取佣金作为服务费。清水江的木行从一开始,经营范围就有所拓展。据《黎平府志》载:"苗汉言语不通,惟茅坪等砦俱系同类苗人,是以各处木植俱运至三寨售卖,该三寨首人分年开设歇店,凡与木商交易,俱系伊等代为议价,收木,评估银色,彼此相信有素,向议每木价一两取银四分给店家,以为客商饭食及守木、扎排工费,三寨藉以资生。"[②] 反映出的经营范围既包括"代为议价,评估银色,收木、守木、扎排"等属于牙行的经营内容,也包括提供客商住宿、饮

① 贵州省锦屏县志编纂委员会:《锦屏县志》,贵阳:贵州人民出版社,1995年,第 520 页。
② [清]余渭:《黎平府志》卷三上《食货志》,光绪版。

食、翻译、雇工搬运等属于"歇家"的服务内容。由此可见，清水江木行在经营性质上，属于"歇家"与"牙行"的结合体，即集客店、经纪人、仓储、贸易甚至运输、借贷于一体的商业运营性质。

（三）清水江木行的特征

经官府批准设立的清水江木行集中在卦治、王寨、茅坪三个村寨，俗称三江行户，一经成立，就呈现出显著的特征——垄断性。最早记载清水江木行的文献是雍正九年（1731 年）的古州布告。其中表明在雍正年间就已经是三寨开行，轮流值年，分享一江厚利，专利独归，他处不得共沾利益。此后，三寨木行一直垄断着清水江的木材贸易，直至光绪十五年（1889 年）方有所松动，到民国 5 年（1916 年）允许天柱的清浪、坌处、三门塘开行，垄断才被打破。这一长期垄断直接导致了绵延近 200 年的天柱与锦屏之间的争夺开行权利的清水江"争江"斗争。

二、清廷官府对清水江木行的管理

从雍正初期到民国初年，清水江木行制度运转了近 200 年。虽然期间有争江引起的波折，但总体上说是安然的。清水江木行制度的正常运转与朝廷对清水江木行的管理是分不开的。为保证清水江木材贸易的有序进行，清廷官府根据当时的形势，结合当地的实际情况，对清水江木行采取了一系列因地制宜的管理措施。

（一）当江送夫——确定开行的条件

卦治、王寨、茅坪的清水江木行在获得当江权利、分享当江收益的同时，必须完成夫役的供给任务，当江权利的获得是附条件的。雍正年间，张广泗开辟贵州的生苗地区，即所谓"新疆"，军事行动所需要的大量物质要通过西南通黎平、西北通天柱至镇远等地的要道——黄哨山古驿道来运输，这条驿道在清王朝王化苗疆、平定苗侗起义中发挥着交通干线的作用。驿道最难的通行地段是黄哨山，黄哨山最高海拔1029米，最低海拔406米，整条驿道盘旋于黄哨山之上，高削陡峭，险峻难行，运送物质全靠人力。而茅坪等三寨恰恰位于黄哨山脚及附近，军需物质通过黄哨山时所需的大量夫役就由三寨派遣。为弥补调遣夫役所造成的三江的经济损失，所以采取了送夫当江的方式以达到平衡的效果，从而保证夫役的长期供给。三江木行当江贸易与派送夫役是密不可分的，可以说，这是一个权利与义务对等的管理制度，送夫是当江的前提，当江所获收益是对派遣夫役的补贴。

（二）轮流当江——维护市场平衡

清水江木行分布于卦治、王寨、茅坪三个村寨，上下游相距仅15公里，分别把守着清水江、小江、亮江的木材出口，有着各自的贸易优势和特点。按常理，三处可以独立成立市场，同时进行经营。事实上，清廷官府采取的是统一市场，轮流当江贸易的管理制度，即"岁以一寨人掌其市，三岁而周"的制度；轮流当江成为管理清水江木行的重要方式。每年只在三寨的一处开市贸易，所有的木材都在这一处进行贸易；一个村寨贸易一年，停歇两年。木材贸易市场每年都要搬迁，从一个村寨转到另一个村寨，俗称"搬江"。即便是三寨中最上游的卦治当江，小江、亮江等下游支流来的需要交易的木材，也须拖到上游来，才能进行交易。从成本-效应的角度来分析，这种市场管理制度所付出的经济成本非常昂贵。即使如此，轮流当江的制度还是正常运行了近200年，且三江内部因当江而产生的矛盾纠葛非常少。追溯制定这一管理制度的初始原因，由于资料的缺省，目前尚已难以考证，但笔者认为主要原因是因为黄哨山驿道所需的夫役十分繁重，三寨中任何一个村寨都无法长期负担，而要三个村寨心理平衡地轮流派送夫役，就必须使他们得到的利益补偿基本平等，至少是获得平等补偿的机会均等。轮流当江、当江送夫制度的确定，抹平了三处因木材供给量不等可能造成的收益不均等，也在一定程度上抹平了夫役繁重带来的心理积怨。

（三）一帖多用——鼓励开行市易

资料显示，清水江三寨木行采用一帖多用的方式进行开行。据《锦屏县志》记载，宣统元年（1909 年）时三寨已有行户 84 户，其中王寨 33 户，茅坪 30 户，卦治 21 户。三寨都各只有一部行帖，开行户数却许多。《大清律例》规定，牙商必须为殷实良民，有联保甘结，一个牙行只许一人经营。官厅发给牙行盖有关防的文簿，以登记客商住所姓名，逐月送报官厅。规定的是一帖一户。但，清雍正十一年（1733 年），鉴于牙行太多，影响商品流通，改行额定牙帖①制度，经各省确定全国牙帖总数约 18 万张，并规定以后只能"退帖顶补"（《清朝文献通考》卷三十一）。但未能杜绝州、县滥发，反而使有帖之家视牙帖为奇货，父子相传，或一人领帖，多人经营，俗称"朋比"。清代，一帖多用的情况并不鲜见，但与法律相违背，为官府所不容。清水江木行显得有些特殊，朝廷官府在王寨设有总木市、弹压局，监控力量不言自明，同时，三寨的人口数量并不多，每寨居民不过一二百户，如果擅自一帖多用是瞒不过官府的监督的。而三寨能够在官府眼皮下一帖多用，显然得到了官府的允许。不论这种允许是公开的，还是默许的，都表现出了官府对三寨开行市易的大力支持。

---

① "牙帖"是牙行经营时用的营业执照。明清时期，牙商要呈官府批准才能领取，领了"牙帖"才能营业。"牙帖"大致分为上、中、下三等，按时换领。

（四）禁止跨界经营——保护产业发展

清水江木行作为清水江木材贸易的中间商，既可利用语言相通的便利掌握木材的来源，又可利用与下河客商的交往掌握销售渠道，在贸易中，可以直接进山采购木材进行销售。如果这样，木行的收益将得到大幅度提升，但山客的利益将受损，并还会带来其他的负面效应。为避免这种情况的出现，官府在对木行的管理上明确规定了只能坐地交易，不能跨界经营的制度。木行只能在三江内从事贸易中介和服务，不能将业务延伸到产业的上下游。为保证整个清水江木材贸易的正常秩序，以及对木材贸易实施有效的监控，严禁木行跨界经营。事实证明，这一制度在保证清水江木材贸易长期稳定地运行中发挥着至关重要的作用。民国时期，"中华木业股份有限公司湘黔桂边区第二采办处""贵州木业公司""华中木号""森大木号""泰丰木号"等资本雄厚、管理先进的木业公司相继成立，它们在产业上游端大量购买青山、平水木材，在产业下游端直接销售到武汉、镇江、上海等地，实现了上下游产业的联合，实现了跨界经营。但对于运行了200年的清水江当江制度来说则是毁灭性的打击，"木行"迅速消失，"山客""水客"不复存在，当江制度完全崩溃。

（五）建立木材公所——协调市场秩序

清水江木材贸易的兴盛，吸引了大批的木商来到三江进行贸易，人数不下千人，尤以"三帮""五勷"的客商数量居多。随着贸易规模的扩大及对利益的进一步追求，有些商帮在三江设立了"会馆"，以"公会"的名义参与木材贸易和地方社会事务。在三寨方面，各寨木行都在数十家以上，有时甚至上百家。由于人口数量的增加和成分的复杂，三寨的贸易及社会秩序仅靠村寨社会内部的自我管理和辖制难以有效的维持。为了协调行户之间、行户与商帮之间的有关事务，官府在轮值当江的村寨设立了公所，掌理各行户的经营，协调行户间的关系。公所由总理、纲首主持，总理先经地方推举，再经官府批准。出任总理之职者又称"师爷"，总管全寨的公务。[1] 公所履行的职责是半官方的，既体现了地方社会秩序需要获得王朝政府的认可和强权力量的保障，又体现出地方官府也需要通过总理等地方绅士对村寨生活、市场交易施以影响加以控制。公所，这一半官方的机构就充当着各利益方的协调机构，通过协调保障着木材贸易秩序的正常运转。

（六）因循旧例——保障制度稳定

在漫长的清水江木材贸易中，不免会发生一些事件对原有管理制度进行冲击，如一直与当江制度相伴随的"争江"案、夫役案等。官府在处理这些事件中，所依据的并不都是大清律法，大多数情况是陈数原有秩序的益处，对冲击原有秩序的行为进行惩处，始终坚持原有秩序，保障着制度的稳定。

三、清代清水江木行管理的启示

清水江木行的管理制度能够延续近 200 年，足以说明它的有效性。木行属于经济中介机构，在市场中发挥着融通的作用，对盘活市场至关重要。清廷官府在清水江木行管理上采取的一系列措施促使木行很好地发挥出了中介作用。虽然时代变了、经济形势变了，我们不可能直接套用这些制度，但它对于我们目前大力倡导发挥中介组织作用，活跃市场的工作仍有着一定的启示。至少可以体现在三个方面。

---

[1] 刘毓荣：《锦屏县林业志》，贵阳：贵州人民出版社，2002 年，第 209 页。

　　（一）大力培植农村市场中介组织，为活跃市场奠定基础

　　在农村经济体制改革之后，长期与市场分隔的农民逐渐与市场联系了起来，而农户经营的个体化、私有化和分散化与大市场之间衔接不畅的问题也凸显了出来。要解决这一问题，大力培植农村市场中介组织是可行的路径之一。与清水江木行的功能类似，农村市场中介组织是联结农业与其产前、产后部门，联结农民与其他市场主体，联结政府与农民，充当农民进入市场的桥梁和纽带，并为农村市场经济发展提供各种服务。清代清水江木材经济的发展需要大量的木行来推动，清廷官府也采取了一系列措施促使木行发展，从而推动了清水江木材经济的繁荣。与清代发展清水江木材经济情况相仿，今天的农村经济的发展也需要大量的中介组织，不过，相比清代清水江单纯的木材经济，今天的农村经济发展更加全面，需要的农村市场中介组织类型更广，数量更多，服务的面也更宽。所以，建立中介组织培育机制，培植更多的农村市场中介组织，发挥它们的市场经济纽带作用，将农村经济中的种、养、加、产、供、销有效地沟通起来，促进农村生产资源的优化配置，已成为发展农村市场、活跃农村经济的重要任务。

　　（二）规范中介组织的市场行为，促进其良性发展

　　我国市场经济条件下的中介行业自产生至今，经过近三十年的发展，已初步成长为能为各类市场交易主体提供多层次服务的行业，成为市场经济运行机制的重要组成部分。但是，由于各种配套制度不够完善，体制因素的制约和市场发育水平的限制，目前市场中介组织存在大量不规范行为，一方面严重扰乱了市场经济秩序，侵害了市场主体的利益；另一方面导致政府权力的不规

范运行，引发了商业贿赂等腐败行为。一些市场中介组织与政府部门未脱钩或脱钩不彻底，与政府部门形成利益共同体。从清廷官府对清水江木行的管理来看，规范木行行为的措施是保障木材贸易正常运行的重要内容之一。当江送夫、轮流当江、禁止跨界经营等都对清水江开行市易行为做出了一定的限制。目前，我国正处于中介组织快速发展的时期，对于如何对中介组织进行有效管理还处在探索时期。为保证中介组织能够沿着正确的轨道前行，应尽早地对中介组织的行为进行规范。该放开的放开，该限制的限制，该禁止的禁止。当然，我们不可能生搬硬套清水江流域木行的管理经验，它的意义更多在于给我们以启示。我们可以采取更多的适应市场经济条件的管理理念、技术手段和管理方式对中介组织的行为进行规范，使其在经济发展中发挥更大的正效应。

（三）保持政策的连续性和稳定性，提高政策的针对性和灵活性，保障市场长期稳定

清水江木行管理能够坚持近 200 年不变是维护清水江木材贸易长期繁荣的关键因素之一。当前，我国国民经济要保持健康、快速、稳定的发展，经济政策的稳定也是至关重要的。要营造良好的、稳定的经济发展环境，使经济发展不产生较大的波折，政策就需保持连续性和稳定性，只有政策稳定了，经济才能平稳快速发展。我们在经济发展中，常常力求的是稳中求进，其中的"稳"就是要保持宏观经济政策基本稳定，保持经济平稳较快发展，保持物价总水平基本稳定，保持社会大局稳定。稳是进的基础，为进创造基本条件和环境。同时，我们也要看到清水江木行管理制度长期不变的负面效应，长期不变的制度，导致了"争江"斗争的几起几落，有时甚至导致了较长时段的暴力冲突，各方损失惨重，给清水江流域的发展制造了阻碍。所以，在保持政

策的连续性和稳定性的前提下，也要根据经济形势的变化，与时俱进、因时制宜，适时调整相关政策，提高政策的针对性和灵活性，使政策常用常新，始终成为经济发展的推动力。

清水江木行与民族地区
农村中介组织功能定位

　　摘　要：清水江木行存续了数百年，中介组织作用受到了历史的检验并获得了肯定。以史为鉴，新时期民族地区农村中介组织的发展可以在吸取历史经验的基础上结合目前的实际，在了解民族特点、交流民族习惯，建立产销渠道、沟通市场信息，推动产业化、提升竞争力功能，改变生产模式、帮助农民增收，完善服务体系、建设新型农村等方面进行准确的功能定位。

　　关键词：民族地区　中介组织　功能

　　民族地区农村中介组织在农村经济走向市场化的进程中发挥着越来越重要的作用。由于民族地区的民族特性与经济落后状况，使得中介组织在服务功能上与东中部地区相比存在一定的差异。如何准确定位民族地区农村中介组织的功能，成为民族地区农村经济发展不可回避的课题。在以苗侗为主的清水江流域，木行作为中介组织的一种形式在数百年林业生产和木材交易中发挥了极为重要的作用。其历史作用将对目前的中介组织发展起到重要的借鉴作用。

一、清水江流域木行概览

明清以来，清水江流域的木材市场呈沿江分布，上至贵州锦屏的"三江"①，下至湖南的洪江②。由于清水江流域盛产优质木材"苗杉"，是明朝"皇木"的主要采办地之一，在木材市场中享有极高的声誉，所以其市场繁荣长达数百年。清水江流域的木材市场交易是通过"木行"③这一中介组织来完成，木行在交易中发挥着至关重要的作用，可以说，没有木行就没有木材市场的繁荣。

（1）"内三江"木行。"内三江"指锦屏的卦治、王寨、茅坪三个苗侗人口居住的村寨，是清水江木材市场的源头。清康熙前后，由于木业交易的需要，三寨有一定实力的住户为卖木的山民和购木的商人提供食宿的场所，并收取少许银两作为开销。木材交易由买卖双方洽谈商定，住户不参与其中。其性质与"歇家"基本一致。到清雍正年间，开店歇客已经发展成为三寨的重要行业。随后张广泗把清水江木业市场列入政府管理序列，将具备条件的歇客店铺升格为行户，即木行，办理营业执照——牙帖，并赋予木业市场中介机构等职能。三寨木行分别审批有总的贴名和行号。卦治帖名为"三才公"，行号为"同仁治"；王寨帖名为"五甲公"，行号为"同仁德"；茅坪帖名为"五美公"，行号为

---

① "三江"，即清水江文书中的内三江（卦治、王寨、茅坪），今贵州省锦屏县城三江镇及上游的卦治村、下游的茅坪镇。

② 洪江，即现湖南省怀化市洪江区，位于沅水与巫水的交汇处。虽然洪江属沅水流域，但由于洪江距清水江入沅水的汇入口近，且为明清时期清水江木材至下游的主要集散地，是实质意义上的清水江流域木材市场的终点站。

③ 木行，即经营木材的牙行，其应取得官方的营业执照——牙帖。但由于清水江木行有个历史发展过程，名称与形式多样，且是否领有牙帖也尚有争议，本文难以赘述。为行文方便，且不影响所表达的内涵，本文将从事清水江木材贸易的中介组织统称为"木行"。

"同仁美"①。从此，一改过去任意开店，任客投宿的做法，使木行成为专门的木材交易中介组织。三寨轮流"当江"，年交易额达白银二三百万两。三寨木行在鼎盛时期达 340 余户，其中卦治 70 余户，王寨 120 余户，茅坪 150 余户。

（2）"外三江"木行。"外三江"指位于茅坪下游 15 公里后依次排开的清浪、坌处、三门塘三个侗家村寨，属天柱县管辖，与锦屏"内三江"相对应，史称"外三江"。清光绪以前，"外三江"虽无"当江"权利，但由于其距"内三江"较近，成为"三帮五勷"以外木商的停歇所在，并由外三江的主家引入"内三江"购木，同时，还是木商购木放出"内三江"后，储存木材、修整木料、扎垛子排的地方，是"内三江"木材交易市场不可或缺的补充。虽然清光绪前没有"当江"开行的权利，但其"主家"具有部分"行户"的职能，光绪年间享有部分"当江"权利后，"行户"得到迅速发展。

三门塘是位于坌处下游的一个村寨，是"外三江"的最后一站，有"总三江九溪之门户，扼内江外埠之咽喉"之称。清水江在寨内流长 3.5 公里。由于三门塘地理优势明显，且依山傍水、岸高塘深，是屯放木材、撬排停排的好处所，由此成为历史上"外三江"的主要木材商埠，是清水江流域的木材集散之地。为接待各路木商，三门塘建有 20 多家"木行"。有数据表明，它的木材经营量约占"外三江"的 80%。

坌处、清浪也有木行，但其数量和规模较三门塘有一定差距。

（3）托口木行。

清水江从分石溪进入湖南后，在湘黔第一口岸——托口与渠

---

① 单洪根：《木材时代——清水江林业史话》，北京：中国林业出版社，2008年，第 39 页。

水会流而进入沅水，可以说托口是清水江的终点。伴随着两水会流，来自清水江的"苗木"、会同的"广木"、通道靖州的"州木"汇合，托口也成了木材的聚集地。清乾隆、嘉庆年间，沅水流域木材交易鼎盛时期，贵州 70% 的木材经托口外运。在清水江上游沿江村寨为争夺木材市场的利益而多次发生的"争江"事件过程中，"上江之木不敢放，下江之客托口藏"的局面便必然形成了。在官府的介入下，沿江各帮派终于约定除上游各地方势力分段"当江"以外，内地"山客"和外地"水客"一般只能在托口进行交易，唯有"三帮""五勷"仍然享有进入"内三江"采购木材的特权。托口设有由驻军把守的"厘金局"，与之相应的中介机构"木牙行"也应运而生了。鼎盛时有木行 48 家，时至今日，历经沧桑的"祥荣栈""有发栈""永福昌"等木行旧址的老屋依然存世。

（4）洪江木行。

明清时期，湘、黔边区与外地货运交通，以沅江为唯一运输线。而洪江居沅水上游，位于黔城下游不远处，是沅、巫两水汇合处，沅江到洪江后开始江宽水阔。沅、巫两水分别自西、南入境，汹涌澎湃，戛然而止，环绕群山，辗转蜿蜒，绵亘十余里的缓冲地带，形成避风防洪的回龙寺、青山脚、萝卜湾等天然良坞，可供排筏编扎停泊，使洪江成为木材的主要集散地。由于江面的变化及节约放排成本考虑，从清水江、渠水、巫水放下来的挂子排在洪江要重新改扎成大排，俗称"洪排"，再下放至常德、武汉甚至上海。木材贸易是洪江的三大贸易之一，上游放下的木排相当一部分在洪江进行交易。洪江的木材买卖，也必须经过木行交易，不得私相授受。木行大都设立在山客排筏聚集停泊附近，备有宽敞的房屋，接纳山客、水客寄寓膳宿。洪江的木行，经常保持在 15 家左右。洪江木材贸易比较兴盛。

以上四处，可以说是清水江流域木行的主要聚集地。另外，远口、白市、翁洞等地也应有木行存在过，因资料的缺省，难以认定，但从翁洞曾设立"厘金局"来看，能够确定翁洞曾经有木行的存在。

可以看出，清水江木业的兴盛与木行的发展是紧密相连的，木行在木材贸易中发挥着极其重要的中介作用。

二、清水江流域木行的主要职能

清水江木行的主要职能涉及了木材贸易的方方面面，在数百年的木材贸易中充分发挥了积极的中介作用。据《黎平府志》记载："木商多在卦治、王寨、茅坪三寨买木，运至湖南靖州、常德一带，或直下江南北，或运至粤省各处码头出售，境内向不设关。府属及清江、台拱等处俱产杉木，周围约计千余里，均系苗地。苗汉言语不通，惟茅坪等砦俱系同类苗人，是以各处木植俱运至三寨售卖。该三寨首人分年开设歇店，凡与木商交易，俱系伊等代为议价收木、评估银色，彼此相信有素。向议每木价一两取银四分给店家，以为客商饭食及守木、扎排工费。三寨藉以资生。"① 在《嘉庆十一年贵州布政使贵州等处提刑按察使处理坌处与三江争江案的告示》中也有内容基本相同的记载。结合上述两处的记载和清水江流域木行操作的流程，其具备以下主要职能：

（1）语言沟通职能。从清代对民族居住区的认定来看，天柱属汉族居住区，锦屏属少数民族居住区。清水江自茅坪以上为苗侗等"苗人"居住区。苗、汉在语言上不能相通，就给"山客"和"水客"的贸易洽谈造成了障碍。卦治、王寨、茅坪恰好位于苗、汉居住区的过渡地带，这里的居民对上下游不同的民族语言

---

① ［清］余渭：《黎平府志》卷三上《食货志》，光绪版，第32页。

都知晓，居间组织贸易双方谈判就成为其最基本的职能。

（2）谈判议价职能。在"内三江"，木行具有其他地区没有或少有的一项职能——谈判议价职能。即代表"苗人""山客"与木商进行贸易谈判并形成谈判协议，这是特定条件下的一项特定职能。这种状况是两方面的原因促成的。一方面，由于"内三江"上游的"苗人""山客"对木材经济的依赖性大，"篙子下水，婆娘夸嘴；篙子上岸，婆娘饿饭"正是这种依赖性的体现，出售木材的心理较强，在谈判中容易处于劣势；"苗人""山客"居住分散，难以形成统一意见，在与木商的谈判中力量不对等；苗、汉文化的巨大差异，需要一个沟通的代言人。另一方面，由于"内三江"木行是"苗人"，与上游的"苗人""山客"同为一体，加之有"行户"的身份和具备贸易谈判的专业知识。两方面的契合，使得木行获得"苗人""山客"的信任，成为其谈判的代表，并享有最终的定价权。"一口喊断千金价"，反映的就是木行的这种特殊职能。

（3）货币估价职能。由于明清时期的流通货币以银子为主，银色的估价在贸易中有着重要的作用。对银色的估价需要一定的专业技能，这项技能也难以为普通"苗人"所掌握，为了保护"苗人"的利益、贸易的公平进行以及防止欺诈，见多识广且具备银色评价技能的木行承担了这一职能。这一职能的履行除具备专业技能外，也需要有良好的职业道德水准；否则，就会形成木商与行户联手对"苗人"进行欺诈的行为，变相抢劫"苗人"财富，使"苗人"的利益受损。清道光年间的"白银案"反映出银色评价职能的重要性。

（4）客店职能。木行主要是木材贸易双方洽谈买卖的场所，同时也是贸易双方住宿餐饮的场所，具有客店的职能。在相关文献中，木行也常常被称为"歇店"，从字面可以理解为"歇息""住宿"的地方，前引《黎平府志》的相关记载中"向议每木价一两取银四分给店家，以为客商饭食及守木、扎排工费"也表明从木价中抽取相关费用供给客商的饭食。托口的木行为了使木行的接待水平与下江来的财大气粗的"水客"对等，他们把木行装修一新，配上了做工考究的八仙桌、太师椅，板壁上装挂着书画丹青，名贵的茶具和每天擦得锃亮的水烟筒。接待、住宿都竭力仿效汉、沪豪门大户的排场。木行的客店功能非常鲜明。

（5）木材整修、管理功能。"水客""山客"木材贸易达成办理交割后的事宜，木商没有时间和精力来处理繁杂的后续事务，都交由木行来进行打理，由木行对木材进行后期的整修、编扎、运输工作，最后到目的地交付给木商。由此，木行具备了原应由木商来履行的木材整修、管理功能。木行经营木业，旷日持久，事务繁杂，为了处理好这些事务，木行都会聘请熟谙业务的人员。在三门塘，内江运来的木材，都是未经处理过的原木柱子。在搬运过程中难免有破头、断尾、弯头、空心等缺陷，属不合江规的等外材，只按50%或更低标准计价。三门塘人木行就组织专业人员对这些等外材进行商品美化或加工处理，通过截头、打眼、刨头、削腰、补空、续尾、锯头、解板等方式，提高它的价值。运用整修和管理使木材增值。一般木商雇用文职人员称"文管事"，职司财会结算，交际应酬等总揽营运大权；武职人员称"武管事"，职司验收，质检，筹划编扎、航运、保安等工作。"武管事"必须具备业务、编扎、航运、保安等有关全面知识，得失安危系于一身。

（6）协助政府征收木税职能。雍正年间，张广泗奉命开辟苗疆，需要筹措大量军费，在锦屏设立弹压局征收木税，又在三寨设立木市，卦治、王寨、茅坪取得法定当江的垄断资格，可以征收木植税。木行每年上交的营业税的标准是白银两千两。① 乾隆年间，天柱翁洞设立的厘金局，也按木植成交额的 1% 的厘金率征收木植税。政府这些木植税的征收都是通过木行的协助来实现的。

由于清水江木行受到利益驱动、行业特点、政府管理的影响，也受到流域内民族、文化的影响，其职能呈现出复合型的特点，已经超出了一般意义上的"牙行"职能。目前，民族地区农村经济发展中，中介组织的作用逐渐得到认可，中介组织也在不断涌现，但民族地区农村中介组织如何进行功能定位，经过数百年检验的清水江木行这一中介组织所具备的职能能够给我们以启示。

三、民族地区农村中介组织的功能定位

民族地区农村中介组织有着其他地区农村中介组织的一般功能，同时，也有着自己的特性。结合清水江流域木行的中介经验及目前我国农村经济发展的实践，民族地区农村中介组织的功能定位应考虑以下几方面。

（1）了解民族特点，交流民族习惯功能。目前，民族地区与汉族地区、与其他民族地区之间仍存在着语言、风俗、生活习惯、生产方式、交易形式等方面的不同，这些民族特点上的差异会带来交易成本的上升或阻碍交易的进行。在市场交易和市场融合中，要使不同民族的经济主体间达成共识，需要中介组织发挥沟通作用。清水江木行在"木材"这一单一的商品交易中就充当了语言翻译的角色，而目前我国民族间贸易的广度和深度已远远超出了当时的情形，需要沟通的方面更加广泛。语言沟通仍是最

---

① 《中国少数民族社会历史调查资料丛书》修订编辑委员会贵州省编辑组：《侗族社会历史调查》，贵阳：贵州人民出版社，1988 年，第 35~38 页。

基本的，至今民族地区的一部分人群仍不懂汉语（主要是中老年人群），还有的在语言的理解上与其他民族有差异，需要进行沟通；生产生活习惯的沟通也很重要，民族地区的一些日常习惯将对生产带来影响，二者的协调需要沟通，如黔东南地区苗侗民族的民族节日非常多，有"百节之乡"的美誉，人们习惯于节日参加活动，这必然对生产周期产生影响；另外在交易习惯、产品包装等方面也有需要沟通协调的地方。

（2）建立产销渠道，沟通市场信息功能。民族地区农村生产力水平普遍偏低，生产经营绝大多数以家庭为主，小而散的特点十分明显，这种小农户经营模式，必然导致生产者信息不灵通，不能及时掌握市场动态，对市场需求难以准确了解，生产往往存在自发性和盲目性，容易造成被动局面而蒙受损失。农村中介组织不仅植根于乡土，而且多数中介组织的成员或员工就来自于本乡本土，与广大农户有着千丝万缕的联系，市场信息可以通过正常或非正常的渠道迅速地传播到农户，促使他们调整生产计划。清水江木行在"水客"歇店带来需求信息后，就是通过"山客"在售卖木材的来来去去流动中将需求信息传播出去。目前，分散生产的农户和千变万化的大市场之间的矛盾日益突出，农民"卖难"已经成为制约农村经济发展的一大难题。在这种情况下，利用农村中介组织，搭起农产品走向市场的桥梁，把千家万户的农民带入千变万化的市场，向农户提供市场信息、签约、运输、贮藏、加工、信贷、保险及业务代理等多种新型服务，解决农民"卖难"问题已成当务之急。

（3）推动产业化，提升竞争力功能。民族地区农村小而散的农户经营模式，必然导致小生产与大市场之间的矛盾，而且造成市场交易费用高昂。许多民族地区，特别是我国西南部的民族地区受地理条件的制约，地块分散、交通不便，千家万户的生产模式造成了商品率低、规模经济难以形成和规模效益低的局面。民族地区农村迫切需要农户经营组织化，由分散进入市场模式转变为有组织地进入市场模式。清水江木行由于经营范围的单一和当时生产条件的制约，这一功能发挥不明显。目前，主要以生产方为依托的民族地区农村的中介组织应该成为降低交易成本的组织载体，通过自身所掌握的信息、订单、渠道等，在农业生产中按照市场需求推广统一的产品品种，采取统一的生产技术规程，实施统一的产品质量标准，进行统一的培训和管理，提高农产品质量，加快农业标准化进程，同时组织农产品的规模生产，实现小生产与大市场的较好连接，不断提升自身的市场竞争力。

（4）改变生产模式，帮助农民增收功能。长期以来，民族地区农业生产经营中，农户势单力薄，在面对市场经营时处于弱势地位，要改变这种状况，最好的办法就是在农户与市场之间，增加一个环节，这个环节就是由农户参与组成的农村中介组织，变成了"农户＋中介组织＋市场"。清水江木行体现的就是这种模式，木行成为"水客"和"山客"之间的中间环节，虽然木行不一定有"山客"参与，但他们的经营者与"山客""俱系同类苗人"，与农户联系非常紧密。这种模式改变了农户家庭与市场直接对接的状况，既保持了家庭经营的独立性，又通过生产、分配、交换、消费各个环节的链接，降低中间交易成本，提高农户经营的效益，为农民增收创造了前提条件。

（5）完善服务体系，建设新型农村功能。清水江木行的职能是多元的，一切围绕市场来展开，甚至包括住宿饮食。新形势下，民族地区农村中介组织也应该实现职能的多元化，建立完善的服务体系。一是成为政府与农民之间的重要沟通渠道。在落实党和政府关于农业的法律、法规和政策，反映农民的呼声、保持农村的稳定等方面发挥作用。二是成为中央和地方政府的惠农渠道。中央和地方政府可以通过农村中介组织较容易地实行销售信息、国际谈判、科技推广、加工贮藏、农业信贷、农业保险等诸多方面支助服务和税收、价格等方面的补贴，加快农村经济社会发展。三是把服务渗透到从生产到流通的各个环节，向农户提供市场信息、签约、运输、贮藏、加工、信贷、保险及业务代理等服务。四是发挥促进农村"生产发展"，实现农民"生活宽裕"的作用，通过对农民个体自觉性的培养，对农村生产经营环境的改善，实现农村"乡风文明、村容整洁、管理民主"，进而为社会主义新农村建设奠定坚实的基础。

论清代清水江木材产业分业经营

摘　要：清代清水江流域的木材产业发展主要采取分业经营的方式，它在保护产业内各部门利益、促进专业化生产、加强行业管理等方面起到了积极的推进作用。但如果未能根据产业发展的趋势，适时进行整合，形成产业链，分业经营极可能会成为产业发展的桎梏。

关键词：林业　经营　产业链

清代清水江流域木材贸易繁荣，推进了清水江木材产业的发展。清水江木材产业基本形成了林木种植、木材放运、木材交易、交易中介、木材加工等一系列生产经营业态。从产业发展的规律来说，这些业态都是围绕木材贸易来展开，存在着内部联系，极易形成整合的格局。事实上，清水江木材产业一直没有整合成为完整的产业链，而是采取分业经营的方式各业态独自经营。在长期的木材产业发展中，分业经营形成了自身的特征，也对木材产业的发展产生了深远的影响。

一、清代清水江木材产业业态

（1）林木种植业。林木种植是清水江木材贸易能够持续进行的基础，也是广大林农赖以生存的出路。历史上，清水江流域为苗疆深处，原始森林密布。后来由于"皇木"采办及江南地区城镇建设需要，大量砍伐，原始林木几乎砍伐殆尽。在木材商品化程度日益加深需求的情形之下，清水江流域的林木种植逐渐兴起。国家民委《侗族社会历史调查》编写组在锦屏县文斗村收集到了大量的林权买卖契约，其中最早的是乾隆二十八年（1763年）的，陈金全收集的文斗姜元泽家藏林业契约最早的是乾隆二十三年（1748年）的。目前，仅清水江下游各县档案馆收集到的清代以来的林契近10万份，据估计，加之散存在村民家中的，总数在30万份以上。经过了数百年来的洗礼，仅残存的林契就有如此庞大的数量，我们可以想象当时林木种植业是如何的繁荣。清水江流域的林木种植主要在台江、剑河、锦屏、天柱、黎平等县。清水江干流自台江施洞、巴拉河口以下，支流南哨河、乌下江、小江、亮江、鉴江沿岸都开展了大量的人工林种植，也涌现出了文斗、瑶光、加池、韶霭、中仰、平鳌等一大批著名的林木种植村寨。也正是因为清水江林木种植业的繁荣，支撑了清水江木材贸易的数百年兴旺。

（2）林木放运业（俗称"放排"）。清水江流域山高谷深、道路崎岖，木材无法通过陆路运输，只有通过水路放运。木材砍伐搬运到江边后，就由放排工（俗称"水夫"）通过山涧、支流、干流运输到一个又一个木材集散点。清水江的排工放排的最终目的地通常是清水江终点附近的湖南洪江。清水江木材贸易繁荣了数百年，与之密不可分的木材放运业也兴盛了数百年。木材放运业的发展与清水江人们的生活紧紧地联系在一起。俗语"篙子下水，婆娘夸嘴；篙子上岸，婆娘饿饭"反映的就是清水江放排业与民生的关系。虽然经过多次疏浚，清水江河道状况尚可，但支流、干流上都有不少险滩，如三转滩、大官滩等。三板溪附近有个著名的险滩"三转滩"，清水江在此处拐了三个弯，造了个∽形，落差大，水流急，礁石多，有谣："三转滩，十船下去九船翻。"河道的险峻使放排业充满了危险，沿江的穷苦百姓为了生计也只能选择。由于没有统计资料，清代清水江放排人数及比例无法考证。但在调查中，我们了解到，沿江各寨大部分人家都有人放过排。乌下江边的瑶光寨，包括河边、中寨、上寨和里寨4个小寨，大多数人家都参加过放排（当地叫"扒排"），其中以河边寨最普遍，凡青壮年均参加扒排；里寨次之；中寨最少。即便是中寨，据调查，在新中国成立前夕，该寨共有103户农民（包括富农，不包括地主），靠放排谋生的就达67家，占64.9%。①林木放运业成为清水江沿岸居民的主要就业渠道之一。

（3）木材贸易业。木材贸易业是清水江木材经济繁荣的核心，清水江木材通过山客和水客间的贸易实现了从山间杉木到江南建材的转化。贸易中，山客和水客以木材买卖为业从中获利，并都形成了较为庞大的群体。清水江木材贸易主要由两方面构成：一方面是以山客为主的木材供给方。山客，是指以侗族苗族为主的经营木业的各族商人，他们购买山林，然后组织砍伐、山间搬运、水路运输，最后到有"内三江"之称的王寨、茅坪、卦治进行交易。山客中曾出现像姚百万、姜志远、姜仕朝等这样的大木商。水客（也称"下江客""下河客"），是指来自长江流域各省经营木业的商人，如以安徽徽州、江西临江、陕西西安大木商组成的"三帮"，湘西黔东小木商组成的"五勷"以及其他各地的木商。"水客"中只有"三帮""五勷"的木商才有到"内三江"进行交易的权利，其他木商只能歇住在茅坪下游的天柱县的清浪、坌处、三门塘等地，由歇住的"主家"带往"内三江"采购木材。贸易繁盛时期，仅王寨一地就有上千木商。商帮还在三江设立了"会馆"，以"公会"的名义参与木材贸易和地方社会事务，促进着木材贸易业的发展。

（4）交易中介业。清水江木材的交易必须通过木行的中介才能进行，这也促进了清水江木材交易中介业的发展。雍正年间，官府批准在清水江流域设立从事木材交易的中介机构——木行，并在王寨设立总木市，清水江木行得以快速发展。据《黎平府志》载："苗汉言语不通，惟茅坪等砦俱系同类苗人，是以各处木植俱运至三寨售卖，该三寨首人分年开设歇店，凡与木商交易，俱系伊等代为议价收木、评估银色，彼此相信有素。向议每木价一两取银四分给店家，以为客商饭食及守木、扎排工费，三寨藉以资生。"[①] 木行在木材交易中充当中介，并收取佣金作为服务费用。据《侗族社会历史调查》称，锦屏木行的内部组织，一般设经理 1 人，或开行者自任或外聘，下设文、武管事各 1 人，文管事主管内部事务，职司财会结算，交际应酬等总揽营运大权，武管事专司外事，职司验收、质检、筹划编、运、保安工作。"武管事"必须具备业务、编扎、航运、保安等有关全面知识，得失安危系于一身。另有一般人员，有围量手、杂役、厨司，多则十余人，少则六七人。一般还招用学徒。由于"木行"接待的下江来的"水客"大都财大气粗，"内三江"木行经纪人也都是寨中大户，为了规格对等，木行经纪人大都把自己的住宅装修一新，配上了做工考究的八仙桌、太师椅，板壁上装挂着书画丹青，名贵的茶具和每天擦得锃亮的水烟筒，接待、住宿都竭力仿效汉、沪豪门大户的排场。据调查（注：民国时）锦屏（注：即王寨，民国时是锦屏县治所在）已达 120 余户，卦治 70 余户、茅坪 150 余户，一共约 300 余户。[②] 由此可见，以木行为

---

① ［清］余渭：《黎平府志》卷三上《食货志》，光绪版。

② 贵州省档案馆：《贵州近代经济史资料选辑》（上）第一辑，成都：四川省社会科学院出版社，1987 年，第 338 页。

载体的清水江木材中介业已具一定规模。

（5）木材加工业。清代清水江的木材与现在的木材加工业区别甚大，它不是将木材加工成各种实用器物，而是对木材本身进行修整。清水江的木材加工业主要集中在天柱坌处附近的水坞。按照江规，"内三江"只进行木材交易，交易后就需放出。天柱清浪、坌处、三门塘等地临近"内三江"，江宽水阔、水流缓慢，便于储木，由此成了木材就近加工的场所。"内三江"交易的木材都是自山林砍伐后直接运来的未经处理过的原木柱子，有的木材本身有弯头、空心等缺陷，有的在搬运过程中难免有破头、断尾等损坏，这些瑕疵木材属于不合江规的等外材，只按50%或更低标准计价。清水江的木材加工就是将这些等外材进行商品美化或加工处理，通过截头、打眼、刨头、削腰、补空、续尾、锯头、解板等方式，提高它的价值。另一项称得上加工的是重新扎排，由于天柱以下的清水江河道放运条件较好，为节约成本、提高效率，将上游放下来的挂子重新扎成垛子排，然后放运至洪江及更远处。木材加工都在水坞进行，坌处附近形成了一些较大的水坞，如挂子棚水坞、高卡水坞、红树脚水坞、坌处水坞、三门溪水坞、三门塘水坞、大冲水坞等。

二、清代清水江木材产业分业经营特征

清代清水江木材产业已涵盖了当时条件下的上下游产业，如果能够进行产业的整合，形成产业链，将进一步降低成本，扩大规模，提高效益。与众不同的是，清水江木材产业采取了分业经营的方式，形成了自己的特色。清水江木材产业的分业经营表现出了以下特征。

（1）木材放运分段化。清水江的木材放运须由各支流运到清水江的"内三江"，再由"内三江"放运到洪江甚至洞庭湖。其放运的分段化体现在分段运输，各有界限，互不逾越。如乌下江

的木材放运：林木砍伐后先由小溪一根一根地放运（俗称"赶羊"）到落里、孟彦；再扎成一、二两码子的挂子排，放运到与清水江汇流的河口码头；在河口码头将十挂左右的挂子排相并撬成联排，放运至"内三江"；在"内三江"进行交易后，或在当地，或在"外三江"加工后，扎成更大的联排或几层木材叠在一起的"垛子排"放运至托口、洪江等地。各段有各自的排夫，一般不连续使用。嘉庆十六年（1811年）刊刻的《永定江规》石碑记载了锦屏县高柳寨与鬼鹅寨合力开修15里河道后，划分放排权利的事件。保存在锦屏县培亮村的咸丰元年（1851年）四月二十日的《拟定江规款示》①碑是由乌下江中游和上游的26个村寨"众寨头人同心刊立"的，其中对分江放木规定得很清晰。可见，木材放运业与沿江村寨的利益紧密相连，其他人要想染指几乎不可能，是一种因利益分配由沿江村民自发形成的分业经营。这种分业也导致了沿江排夫的放排技能上的差距，有的会扒小河的排，不会扒大河的排；有的会扒大河的，不会扒小河的；有的则兼扒大、小河的排。

（2）木行中介不能跨业经营。木行是清水江木材贸易的中介，它们凭借占据着"内三江"的区位优势，上，与"山客"一样都是"苗人"，熟悉产区，便于收购木材；下，接纳"水客"歇店，利于交往，便于销售。只要资金充裕，完全具备往上下游产业发展的条件。实际上，木行的经营优势受到了限制，清水江的木材贸易制度规定了木行只能在"内三江"从事中介服务，不能将经营范围扩大到上下游产业。受经营范围的限制，"内三江"在天柱及以下地区也都贸易排坞及其他分支机构，未能向下游产业发展。木行的经营范围被牢牢地固定在中介上。

（3）下游木商止步"内三江"买木。下游客商以商帮的形式

---

① 姚炽昌：《锦屏碑文选辑》，内部刊行，1997年，第56~57页。

参与清水江的木材产业，他们财大气粗，其中的"三帮"更是"兼代办江南例木"、采办"钦工例木"等，有着与众不同的身份。他们完全可以凭借雄厚的资金和特权拓展经营范围，至少可以直接进山到林农手中购买木材。清水江木材产业的分业经营将他们的经营活动作了两个方面的限制：一是活动范围以"内三江"为极限，不能再作深入；二是经营范围局限在购买木材。在现锦屏县三江镇卦治村的清水江边，至今仍矗立的一块巨石石刻，题名为"奕世永遵"。

碑刻内容已清晰表明卦治以上区域为山贩活动范围，下河木商禁足。卦治以上的清水江流域是木材的主要产地，包括锦屏的主要木材产区及干流上的剑河、台江等，支流上的黎平等产区。有名的木材种植村寨文斗、加池、党加、瑶光等都在该区域。锦屏县卦治以下的木材主要产地只有支流小江、亮江沿岸，与卦治以上无法比拟。对下游客商活动范围的限制，也就隔断了木商与林农的直接接触，阻隔了木商对林木种植的染指。

另有史料表明下河客商乃至湘南委员采办皇木都须止步于"内三江"，不能逾越至上游地区，同时也表明下河客商分作三帮、五勷"买木"，而没有其他的经营活动。

三、清代清水江木材产业分业经营状态分析

（一）分业经营对清水江木材产业的正面影响

（1）保护产业参与各方的利益。清水江木材产业的参与者主要有林农、山客、排夫、木行经纪人与从业者以及木商，他们有着各自不同的利益诉求。由于参与各方在市场信息、经济实力、社会及人脉关系等方面具有不同等的市场竞争力，弱小的参与者在竞争中会处于明显的弱势地位，利益难以保障。其中最弱的就是包括山客在内的林农以及排夫，出售木材、放运木排是他们赖

以谋生的手段。如果放开市场，他们的生活就失去了最低的保障。清水江在木材产业发展中将相互衔接的产业分割成几部分相对独立地经营，也即分业经营，其目的，就是将各利益集团分割开来，划定各自的获利空间，使得各利益集团获得最起码的利益保障。同时，避免恃强凌弱的情况发生，其中更主要的是保护广大属于"黑苗"的林农的生计。当然，这并不是搞平均主义，或杜绝市场竞争，各利益集团所获的利益空间并不一样，各利益集团内部也存在较为激烈的竞争。

（2）促进专业化生产。清水江木材产业的分业经营促使了各业态相对独立，联系较少，各业态在各自的生产领域发展成长。为在市场中获取更多的利益，各业态须依靠内生的发展来提升实力，这种提升实力的需求也就促使了各业态的专业化生产。专业化生产主要体现在两方面：一是生产人员的专业化。林农种植、排夫放运、木行中介服务、山客和山客进行交易等，每个参与到清水江木材产业中的人员都有自己的专业定位，甚至会定位到更细化的专业层次，如排夫中放小河排的、放大河排的；木行中的文管事、武管事等等。二是生产技艺的专业化。由于专业分工，促进了专业人员对生产技艺的追求。如对那些不合规格的等外木材进行加工的技艺，如截头、打眼、刨头、削腰、补空、续尾、锯头、解板等。在林木种植上创造出的"实生苗""再生苗""十八杉"等生产技艺。清水江流域的杉木种植技艺一直是我国人工营林的先进技术之一，也是保证数百年木材供给的坚实基础。

（3）有利于行业管理。分业经营阻隔了各业态之间的联系，将各业态分隔开来，在管理上，也就将各业态划分为相对独立的管理单元。管理单元的相对独立，缩小了清水江木材产业的管理架构，简化了整体管理上的难度，从而使产业管理细化为各业态的行业管理。分业经营减少了其他行业对本行业的直接冲击，管理的关键点集中在了行业的内部管理上。清水江木材产业的各行业都形成了具有自身特点的行业管理办法，保证了各行业生产秩序的正常进行。如前所述的乌下江中上游 26 个村寨共同制定的乌下江分段放排规则，三寨设立公所管理木行，木商设立会馆管理交易行为等等，都属于行业内部的管理行为。数百年间，这些管理制度能够安然地规范着各行业的行为，维护着各行业的生产秩序，保障着清水江木材经济的顺利发展，与分业经营所营造的管理环境密不可分。

（二）分业经营对清水江木材产业的负面影响

清水江木材产业的分业经营对清水江木材经济的发展起到了极大的促进作用；否则，清水江的当江制度无法维持近 200 年。但它也存在着一定的弊端，主要体现在限制了产业整合，限制了投入，导致了产业发展缓慢。分业经营在很大程度上割裂了各行业之间的联系，减少了各行业之间的交往，使得行业间难以形成优势互补，导致产业发展缓慢。林木种植是整个产业中投资周期最长的环节，林农又是产业从业人群中最贫困的群体之一，他们在林木种植中常常连生计都难以维持，清水江林契中有大量的是因为生活所迫"家下缺少用度"而签订的，他们只能维持简单的再生产。由于其他行业的资金难以进入林木种植环节，林木的规模化种植、林木种植技术的正规化培训、先进种植工具的引进、林道水道的改善等促进产业发展的工作都无法进行。木行的发展也有类似的情况，前述三寨木行繁荣时总数达 300 余家，一个人口只有二三百户的村寨，木行就有百家左右，看似兴隆，但换个角度去思考，分散经营、没有龙头、成本偏高的问题也就呈现出来。下游木商有着雄厚的资金，可以从江南地区引进先进的生产设备，可以改善林区的生产条件，甚至可以对木材进行更多的加工。遗憾的是，分业经营限制了他们作用的发挥。清水江木材产业的整体弱、小、无竞争力也是分业经营带来的弊端，以至于民国时，各木业公司参与营运，当江制度短时间内就分崩离析。

（三）对整合产业链的启示

建立与分业经营相对应的产业链是给我们最大的启示。

产业链是对产业部门间基于技术经济联系，而表现出的环环相扣的关联关系的形象描述。它分为接通产业链，即将一定地域空间范围内的断续的产业部门（通常是产业链的断环和孤环形式）借助某种产业合作形式串联起来和延伸产业链，即将一条既已存在的产业链尽可能地向上下游拓展延伸。产业链最大的遗产就是可以有效整合资源、降低成本、增强企业的竞争力。清代清水江木材产业在发展中，是具备了一定的整合产业链的条件的，遗憾的是，既没有很好地串联各产业部门，也没有很好地向上下游延伸。虽然分业经营制度难能可贵地延续了近 200 年，却一直未能将清水江木材产业做成强势产业，以至于在区域内陆路交通条件改善后，随着水运重要性的降低，产业发展速度急遽下降。分业经营与产业链发展都是重要的经营手段，至于在经营中如何选择，应该审时度势。清水江木材产业的发展如能适时转变经营方式，形成强力而完整的产业链，其繁荣应该能持续更长的时间。

论清水江木材村镇的发展
及对民族地区城镇化的启示

摘　要：明清时期，清水江流域的木材经济带动了沿江村镇的发展。经过时间的洗礼，这些村镇现在的境况各不相同。它们的历史发展历程对于当今置身于加快城镇化建设大环境下的民族地区来说，具有一定的启迪作用。

关键词：木材　民族地区　城镇化

明清时期，清水江流域木材经济的发展，带动了沿江村寨、集镇的兴起，涌现出了王寨、茅坪、三门塘、托口等声名远播的村镇。历史上，这些村镇随着木材经济的起伏而或兴或衰，时至今日，都已不是原来的面貌。回溯清水江木材村镇发展的历史，对于今日全面推进的民族地区城镇化建设有着深刻的启迪。

一、清水江流域形成的重要的木材村镇

清水江发源于贵州省都匀市谷江乡西北，在都匀称剑江，都匀以下称马尾河，至岔河口重安江汇入后始称清水江，至湖南黔城汇潕阳河后称沅江，干流全长 459 公里，流域面积 17145 平方公里。清水江上游（自台江施洞口以上）河床狭窄、滩多水急、地势险要，不利于放运木排，水量大时也仅放运一些小挂子（10

几根）。施洞口以下，水况稍好，正常水位下，可放运 30~40 根杉木，即 10~20 立方米的木排。至锦屏县的卦治、王寨、茅坪以下，即清水江下游，河床渐趋平缓、宽畅，在正常水位下，可以放运 30~60 立方米的大中型木排。清水江下游濒江村镇繁多，仅天柱一县 77 公里水路就达 50 余个。明清以来，清水江流域重要的木材村镇也集中在下游。

黄金水码头——河口。河口位于乌下江与清水江的交汇处，在卦治的上游。河口北向清水江，西濒乌下江，两江交汇，三岸对峙，有名的杉乡文斗、瑶光、韶霭、中仰、加池等都位于此。这个水码头，是地处清水江流域河口南岸一带的山区走出山寨的唯一路径，也是清水江河口以上地区及与之交汇的乌下江流域黎平一带排筏流运、木业经营的黄金通道。河口码头曾是清水江历史上繁华一时的黄金水码头。

木头城——王寨。王寨，即锦屏县县城三江镇，清水江、小江与亮江在此处汇合，故名三江镇。王寨的地理位置十分优越，沿江而上 7.5 公里是卦治，沿江而下 7.5 公里是茅坪，王寨承上启下，在内三江中处于中枢地位。陆路上有一条古驿道从天柱经过黄哨山下茅坪，通过这里，并由此连接西北的镇远府和南面的黎平府。另外，小江、亮江作为重要的支流，与清水江交汇于此。王寨背靠重重青山，雄踞于江岸之上，其势若武汉三镇，总揽山川之秀色，包涵江河之地利。从明万历四十四年（1616年），湖南省第一批木商进入卦治、王寨、茅坪算起，到 1986 年黔东南州清水江木材水运局撤销，历时整整 370 年，王寨一直是清水江流域木材贸易的中心市场之一，有"木头城"之称。清雍正年间张广泗在王寨设立弹压局，进一步促进了王寨木材市场的繁荣。数百年里，附近的苗侗居民逐渐集聚于此，外省因做生意、谋生等在此安家落户的人不计其数，促使王寨成了清水江流域最大的商埠。

"内三江"最后的江埠——茅坪。卦治、王寨、茅坪顺清水江而下，依次排开，茅坪位于最下游，既是"内三江"最后的江埠，也是清水江在锦屏县境内最后一个江埠。茅坪位于王寨的下游 7.5 公里，由茅坪顺江而下，进入天柱县境内。由于茅坪山清水秀，木楼林立，物产丰富，又东靠湖南，北临天柱，西南连后来的县城王寨，因而随着木材生意的兴隆，山主云集，木商辐辏。

小上海——三门塘。三门塘是位于坌处下游的一个村寨，是"外三江"的最后一站，有"总三江九溪之门户，扼内江外埠之咽喉"之称。清水江在寨内流长 3.5 公里。由于三门塘地理优势明显，且依山傍水、岸高塘深，是屯放木材、撬排停排的好处所，由此成为历史上"外三江"的主要木材商埠，是清水江流域的木材集散之地。有数据表明，它的木材经营量约占"外三江"的 80％。按《江规》规定，外省木商不能直接进入内江采购木材，只能由"外三江"的木行进入内江代行收购。三门塘得天独厚的地理位置，使它很快成为清水江流域的木材集散地。内江运来的木材，都是未经处理过的原木柱子。在搬运过程中难免有破头、断尾、弯头、空心等缺陷，属不合《江规》的等外材，只按50％或更低标准计价。三门塘人便把这些等外材进行商品美化或加工处理，通过截头、打眼、刨头、削腰、补空、续尾、锯头、解板等方式，提高它的价值。鼎盛时期，三门塘共有三门溪码头、刘家码头、王家码头、吴家码头、谢家码头五座水码头，云集了镇江帮、临江帮、黄州帮、徽州帮、花老帮、五湘帮等商帮，有 20 余家"木行"，"同兴""德大""顺德""大有"等斧记残存至今。

入湘门户——瓮洞。瓮洞是清水江流出贵州省境的最后一个小镇，属天柱县，与湖南省会同县、芷江县、新晃县、洪江市（原黔阳县）犬牙交错，是贵州入湘的门户。明万历二十五年（1597 年），天柱建县。第一任知县朱梓在瓮洞修建码头。自古以来，两湖、两广、江浙等省的木商、油商、盐商、布商、土特产商皆云集于此，利用清水江水道运出和运入货物。鼎盛时期，沿河随处可见装有从瓮洞起运的烟叶、蓝靛、生漆、五倍子、牛皮、药材、木制品、桐油、菜油和从外省运往瓮洞的工业品的木船、木排，有"小洪江"之称。光绪年间，清政府设贵州省瓮洞厘金局，局的头口为总办，下设市洞、白市、远口、城关、邦洞、大段六卡，建有炮台、碉堡，配有号船、炮船，每天早晚各鸣炮三响示警。镇上人口逾万，旅馆、饭店、日杂百货店等营业通宵达旦，街道两旁殿堂庙宇、民居楼房星罗棋布、鳞次栉比。每日过往木排、木船成百上千，入夜船排灯火通明、山歌嘹亮。

收官码头——托口。清水江奔流而下到洪江市（原黔阳县）境内，与发源于贵州黎平县的渠水汇合，汇合处因两水互为顶托，故名托口。托口以下叫沅水，由此，托口就成了清水江的收官码头和沅水的第一口岸。因处湘黔两省四县市（洪江市、会同县、芷江县、天柱县）交接地，扼控湖南、贵州衔接之要冲，又是水路交通的重要口岸，在唐代初年，托口已经是周边数十公里内商品交易的集市码头了。就木材贸易而言，因两水汇流，两水放运的木材也在此汇集，来自清水江的"苗木"与来自渠水的"州木""广木"汇集于托口，形成了巨大的木材市场。由于清水江木材贸易实行"当江"制度，"内三江"卦治、王寨、茅坪三地垄断木材交易，同时，又只有"三帮""五勷"享有进入"内三江"采购木材的特权，所以，内地"山客"和外地"水客"一般只能在托口进行交易，木材市场兴盛不衰。即便是在"争江"最激烈的时期，"上江之木不敢放，下江之客托口藏"，托口也不失其繁华。资料显示，清乾隆、嘉庆年间，沅水流域木材交易鼎盛时期，贵州70%的木材经托口外运。到20世纪30年代，木材交易每年还保持在90多万立方米。从明清延续到民国时期，托口一直都设有由驻军把守的"厘金局"，征收以木税为主的厘金税。与厘金局相适应的中介机构"木牙行"在托口也一片兴盛，最多时号称有 72 家。桐油业是托口的另一大产业，繁盛时，托口镇上仅榨坊就有 48 座，是"洪油"的生产基地。木材、桐油业的发达，吸引了各行各业的商家闻风而至，争相到托口来抢占黄金码头，建作坊，开商铺，修宅院，一时百业俱兴，民国 15 年（1926 年）时，竟奇迹般地形成了九街十八巷的繁华局面。至 21 世纪初，托口古镇上，保存完好的商号、店铺、作坊、豪宅、会馆、祠堂等古建筑有 300 多栋，总面积达 4 万平方米，历经千年风雨，依旧保持原来的韵味。

清水江木排的终点——洪江。洪江，即现今的"洪江古商城"，位于托口下游 50 公里水路处。虽已属沅水流域，却与清水江木材经济有着千丝万缕的联系。

明清时期，清水江、潕阳河、渠水、巫水放排下来的木材全部要到洪江进行集中交易，然后扎成更大规模的"洪排"直放洞庭湖，一般情况下，清水江流域"放排"的终点就是洪江。而清水江流域居民所需要的大量日用品，如布匹、瓷器等则需从洪江运来。洪江对于清水江流域居民来说就是赚钱的胜地，就是花钱的花花世界，就是"大都市"，是一代又一代居民的魂牵梦绕之地。

木材贸易的兴盛，带动了清水江流域木材经济的发展，由此也促进了清水江沿岸木材村镇的发展，对当时贫困而落后的苗侗地区的经济发展产生着深远的影响。

二、影响清水江木材村镇发展的重大事件（重要时期）

清水江流域木材村镇的发展与影响流域木材经济发展的重大历史事件紧密相连，有繁荣，有平稳，有停滞，有衰退，五百年里波澜起伏。

（一）明代皇木采办带动了木材村镇的兴起

明朝在北京建宫殿，向各地征调"大木"，当时贵州地区多原始森林，楠、柏、杉、松木资源丰富，成为木材供应的基地，清水江由此承担了流域内皇木的运输。

正德九年（1514年）武宗朱厚熙修建乾清宫和坤宁宫，派工部侍郎刘丙到贵州、湖广等处采办皇木。任务艰巨而紧急，要求集中人力物力尽快将皇木运送到京，清水江的皇木运输繁重。嘉靖二十六年（1547年）奉天殿灾，又派工部侍郎刘伯跃到贵州、四川、湖广采集皇木。明万历二十五年（1597年）到三十七年（1609年），为北京兴建"三殿"，又到湖广、四川、贵州采集楠、杉等巨木。

明代几度采集皇木，清水江流域都在范围内，少者经历十几年，多者三五十年，清水江流域的木材种植、木材运输逐渐兴起。万历四十二年（1616年），湖南等外省木商，已进入到锦屏县的茅坪、王寨、卦治收购木材，沿江部分村镇也由此开始兴起。

（二）康熙年间，"串立十八关"对木材贸易产生负面影响

根据清水江流域的民间唱本《争江记》记载，清初，清水江木材贸易日趋繁荣，茅坪、王寨、卦治开行歇客主持买卖，获利丰厚。天柱坌处以下村镇为获得与"内三江"同等的发展权利，康熙年间，在清水江天柱至湖南托口沿江百里之间，设立了坌处、三门塘、大龙关、托口等18个水上关卡，阻拦木排。木排过关，每排抽银9两，十八关过完，每排共计抽银162两。沉重而又不合法的抽江行为，造成了市场割据，阻碍了木材流通，加重了客商负担，致使木材贸易难以顺利进行，影响了沿江村镇的

正常发展。

(三) 雍正初期的清水江疏浚及设立总木市加速了木材村镇的发展

清雍正以前清水江虽系通航河流，但因河床多明礁暗石，运输通道狭窄、险滩连连，常常险象环生，船翻、排散现象屡屡发生，无数生命丧生水底。为此，雍正七年（1729 年）贵州巡抚张广泗首倡募夫疏浚清水江河道。为摸清航道情况，张广泗曾组织清水江试航。清水江工程由都匀府、镇远府及黎平府分段负责，至乾隆三四年（1738—1739 年）间，干流疏浚基本完成。航道的顺畅整体加速了清水江的航运，加速了清水江流域与外界的交往，也加速了朝廷对苗疆的王化进程，同时也带来了清水江流域军事、经济、人口等的繁荣。沿江村镇的木排交易与放运随之增速，这些村镇与外界的交流也随之提速，外来的文官武士、石匠木工、经商者等人员数量增多，促进了沿江木材村镇的发展。

雍正十二年（1734 年），贵州巡抚张广泗在王寨设立总木市，并设立"弹压局"征收木税。准许在卦治、王寨、茅坪开设木行，分别经营清水江、小江、亮江运出的木材。同时，实行轮流"当江"。三寨木行统一编号，卦治行号"同仁治"，王寨行号"同仁德"，茅坪行号"同仁美"。三寨轮流当江，按十二地支序号轮转。木行为客商提供食宿寓所，保管围量木材，评估木价，充当媒介，同时收取 3%～5% 的佣金。三寨交易市场的固定，促使本地先民及湖南、江西等外省商人、农民大量涌入，促进了三寨的发展，特别是王寨，由此成了清水江流域最大的商埠，成了贵州省内开发较早的"移民城镇"。

由于"当江"制度规定，只有"三帮""五勷"的木商才能进入"内三江"（卦治、王寨、茅坪）进行交易，其余木商为了交易的便捷，只能投宿在与"内三江"临近的下游天柱县境内的"外三江"（清浪、坌处、三门塘）一带，委托这里的主家进入"内三江"收购木材。由此，也带来了清浪、坌处、三门塘一带人口的集聚和村镇的兴旺。

（四）嘉庆三年到嘉庆十一年（1798—1806 年），坌处与三江争江迭起，影响了木材村镇的发展

嘉庆三年（1798 年）到嘉庆十一年（1806 年），坌处王师旦、伍仕仁、王绍美等多次发起"争江"，并采取了一系列违规乃至暴力手段以求达到"开行"交易的目的。这些手段中既有相对温和的拉拢"三帮"木商孙贻盛到驻歇坌处，以造成事实上的"开行"交易；也有激进的暴力阻拦德山木商高永兴的木排，以致被洪水冲洗一空滞留在湖南洪江、托口；更有十分暴力的毒打"三帮"木商瞿从文及船主，焚烧五船蔑缆的威逼胁迫，等等，致使"内三江"的木材不敢放运下游的数百木商不敢前行，木商只能驻留在湖南洪江、托口等地。《争江记》中所谓的"上江之木不敢放，下江之客托口藏"就是当时的真实写照。木材交易的停止，对"篙子下水，婆娘夸嘴；篙子上岸，婆娘饿饭"严重依赖木材经济的木材村镇来说，负面影响是可想而知的。

（五）咸丰、同治年间（1851—1876 年）战争连绵，木业停顿，发展倒退

咸丰、同治年间，清水江流域先后爆发了以张秀眉为首的苗民起义和以姜映芳为首的侗民起义，张秀眉、姜映芳都攻占过天柱县城，姜映芳还攻占过锦屏县城，战火纷飞，前后连绵了二十多年，致使木业停顿。在覆巢的战火之下，木材村镇的发展也无法避免地会出现倒退。《黔南识略》记载的道光年间天柱县的人

口数为 25295 户共计 146200 人①，而到光绪年间只有 5674 户共计 38251 人②，户数仅为战前的 22.4%，人口数仅为战前的 26.2%，倒退可见一斑。

（六）光绪十五年至民国 5 年（1889—1916 年），内外三江并存，逐渐复兴

光绪十五年（1889 年）坌处等再向省请帖开行，锦屏三江考虑到影响木材经济的诸多因素已较清前期、中期发生了较大的变化，也没有加以干预，坌处等地开行得以批准。考虑到锦屏的卦治、王寨、茅坪和天柱的清浪、坌处、三门塘都是三寨，所以以内外三江分别命名。为了协调和避免冲突，对内外三江的经营作了若干规定：三帮五勷仍沿袭旧章，进内三江通过值年行户向山客购木；凡三帮五勷以外的汉口帮、黄州帮、宝庆帮等只能住在外三江，通过主家（行户）购木；永州等外江客商欲进内江买木，必须有外江主家引进，内江行户不得与外江客私自开盘议价，违者内江罚行户，外江罚客，等等。虽然内外三江的交易条件并不平等，但外三江得以开行，实现了内外三江并存，也极大地促进了外三江的木材贸易。

民国 5 年（1916 年），天柱、锦屏两县的县知事根据两县商会所拟的有关木材交易的若干条规，联合出示布告，正式划定内外三江，并全文刊刻于石碑，立于坌处杨公庙。从此，内外三江的木材贸易秩序得以理顺，两地遵章经营，沿江村镇的经济发展也得以平稳发展。

---

① ［清］爱必达：《黔南识略》，卷十五《天柱县》。
② ［清］光绪续修：《天柱县志》卷三《食货志·户口》。

（七）民国30年（1941年）前后，木业公司成立，木材经济逐渐远离村镇

民国初年，锦屏、天柱商会成立后，原有木行就逐渐开始解体。到民国31年（1942年），官僚资本的木业公司相继成立，"贵州木业公司""华中木号""申大木号""泰丰木号"等公司垄断了清水江木材贸易，木行退出了历史舞台。木业公司除垄断贸易外，还采取租地办林场、购买青山等方式控制木材的生产和来源，致使木材产业的链条大多掌握在木业公司手中，沿江村镇参与木材经济的领域越来越窄，只能在木材种植上发挥一些作用，已逐渐远离了木材经济。

三、清水江木材村镇的衰荣

清水江流域的木材经济先后持续了500年，给沿江村镇的发展提供了诸多机遇。虽然时至今日，因为木材资源的匮乏，公路、铁路运输的发展，国家专营政策的实施，甚至"打工"经济的兴起，木材经济已不再是清水江流域经济发展的支柱，但它对流域村镇发展的影响是不可估量的。

（一）王寨、洪江因木材经济而持续繁荣

王寨在清水江木材时代中处于中枢地位，它既是内三江之一，又是总木市及弹压局等木材贸易管理机构所在地。各色商家、移民集聚于此，逐渐形成了城镇的雏形。旧时王寨有两条主街。一条于红庙山下，高高低低向东西两向蜿蜒伸去，沿街均设有大小商业门面，街中可通马车和黄包车之类的交通工具。另一条叫河滨街，又叫河街，从竹缆厂沿河岸而上至小江口与马路街相交。此街下段约两华里最为特殊，全是因岸而建的半边吊脚楼铺成的木板街，宽约两丈，独具"木头城"的韵味。街里边是清

一色的大小店铺,每当夜幕降临,木板街上家家户户的檐灯、各商店里的汽灯、斗篷灯、美孚灯光亮闪闪,如同白昼。店内店外,人来人往,川流不息,其热闹程度胜过白天的马路街。1914年锦屏县治由50里外的铜鼓迁至王寨。从此,王寨不仅是锦屏的经济中心,而且还成了锦屏的政治中心。民国20年(1931年)前后,王寨人口达到了空前的5000余人。不仅"木业兴旺",其他商业也"十分红火",设有大小木号百家,木材成交额为黔东之冠。时至今日,王寨,这个旧时的木材村寨已经成为锦屏县的县城——三江镇。三江镇现有人口达3.2万,是锦屏县的林业重点镇,曾培育出了8年杉、16年杉,创造了杉木速生丰产的世界纪录,1958年全国林业现场会议在这里召开,其栽培杉木速生丰产经验被全国借鉴。

洪江,清水江流域的苗木与州木、广木、溪木一道在这里汇聚交易,构成了洪江的三大主导产业之一,促使洪江成为清水江流域的商业中心、物流中心、金融中心、娱乐中心,从小小的贸易城镇发展成为综合性的小城市。①商业中心:洪江早在明代就成为交通要道和商品集散地。清初康熙二十六年(1687年),文人徐炯在《滇行日记》一书中称洪江为巨镇。当时,全国18个省24个州府80多个县的商贾、游客和流寓之人纷至沓来,行商流动,来往返复;坐商久居,繁衍子孙,"十大会馆""五府十八帮"云聚一时。木业行是洪江的主导产业之一。明末清初时期,官府有记载,洪江一年输出的木材就高达60余万两白银(90多万立方米),价值700万银圆。而晚清以前,在洪江经营木材的木行有200余家,从业者数千人。在20世纪30年代,洪江还向上海、武汉大量销售木材、洪油。②物流中心:自唐朝开始,华东地区的货品经长江到沅水要运到云南、四川、广西、贵州去,船只都要在洪江这里停下来换成小船,再逆着巫水和沅水上游而去。明清以后,这里千帆竞渡,是鄂、湘、滇、黔、桂物资集散地，被称为"五省通衢"。洪江沿江共有 48 个水码头，最著名的应数"犁头嘴"，清末时湘西就流传一句谚语："汉口千猪百羊万担米，比不上洪江犁头嘴。"虽有点夸张，也依稀可见当时的盛况。③金融中心：商业的发达也带来了金融业的繁荣，清咸丰年间洪江建起了"盛丰钱庄"（1940 年 3 月为湖南复兴实业银行收购，成立湖南复兴实业银行洪江分行），专营银票汇兑、吸收存款、放贷等业务。至清末民初，已有大大小小 23 家银行和钱庄，货币流量在湖南省仅次于长沙。④娱乐中心：洪江至今依然保存着完好的 23 个古钱庄、48 个半古戏台、50 多家青楼、60 余家旧烟馆、70 余家酒楼、80 余家客栈、近千家店铺，娱乐业的繁荣不言自明。当时有名的青楼——荷风院门前的对联"迎送远近通达道，进退迟速逝逍遥"全部用走字旁部首汉字写成，不仅生动刻画了青楼女子迎来送往的生活面貌，还反映了古商城里客商来来往往的繁荣景象。新中国成立后，洪江原有的三大产业逐渐式微，但仍依靠着数百年的积淀发展起了轻工业，成为新型的工业城市，20 世纪八九十年代是湖南省的计划单列市，现在是县级区。目前，木材时代留下来的木商文化已成为洪江的宝贵资源，"洪江古商城"正是基于木商文化打造的旅游品牌。

可以说，王寨与洪江是因清水江木材贸易而不断走向繁荣和壮大。

（二）大部分村镇稳定发展

河口，依托水码头形成了著名的"月亮坪"和"月亮街"。月亮坪弧形如月，又叫姚家坪，占地 3000 多平方米。月亮街由月亮坪两侧分别向上、向下延伸，长达约 100 米。月亮坪、月亮街，皆以精工打凿的青石板和青石条镶砌而成。台高四五丈，前瞰清水江，侧俯乌下江，两江相拥。月亮街上在清代乾嘉时期出过著名的木商——姚玉魁，他在一带采购木材，运销三江，发迹后富甲一方，人称"姚百万"。"姚百万"，一门九子，发迹之后，在河边建成九重大院，一字排开，雄踞于河口码头虎形的虎口之上，气势磅礴、风光无限。现在的河口小村已发展成为河口乡，下辖19个行政村，明清时期著名的木材村寨瑶光、文斗、韶霭村、中仰、加池等都在辖区内，总人口达1.5万余人，森林覆盖率达65%，目前正利用自身的自然和人文资源发展生态旅游产业。

茅坪，优越的区位带来了巨大的交易量。鼎盛时期，茅坪的木行达到150余家，是内三江数量最多的。为了经营木业，外来的商帮在茅坪都建有各自的会馆和停泊木排的码头。各种会馆都以美名冠之，如"关圣宫""杨公庙""德山馆""两湖会馆"等。馆内设有戏台与酒楼，供商贾绅士们洽谈生意，消遣享乐。镇内临江伸展的街道，全由光溜的青石板铺成，几十家卖盐巴、针线布匹、烟酒糖果、日杂百货的店铺，打豆腐、染布、烤酒的作坊，以及出卖鱼肉的案铺交错罗列在街上，白天人来人往，声浪喧嚣；入夜灯火明亮，渔歌唱晚，呈现出一派林海水乡的景象。据《黎平府志》记载，光绪十五年（公元1889年）六月，云南赵一鹤赴开泰县任知县时，曾路经黄峭山，夜宿茅坪村。当时，茅坪木材麇集，人烟密布的兴旺景象极其优美，旖旎的风光由此可见一斑。茅坪现为茅坪镇，有人口近5000。镇上，一座座融湘黔文化、荆楚文化于一体的古民居还在向人们讲述着木材时代厚重的历史和浓郁的人文底蕴，20多幢保存完整的封火楼更是几百年来木商文化给茅坪烙上的深深的印迹。

与河口、茅坪一样在木材经济中得以平稳发展的村镇还有不少，像垒处、三门塘、白市、远口、翁洞、托口等，它们基本都是由原来的村寨发展成了后来的城镇。

（三）个别村镇发展停滞或衰微

清水江流域的大部分村镇在木材经济中都获得了较好的发展，但也有个别村镇发展停滞或衰微。如"内三江"的卦治、"外三江"的清浪，都是当年的主要交易地，它们没有像王寨、茅坪、坌处、三门塘等地一样发展起来，如今已是默默无闻的普通村寨。设于明代的清水镇与新民镇也没能发展起来，逐渐衰落，居民多离开而西上远口。

四、清水江木材村镇的发展对民族地区城镇化的启示

明清时期，清水江流域属于苗侗聚居区，生产力水平低，城镇几乎是空白，但木材经济的发展却促使沿江两岸一大批村寨兴起而成为城镇，有的甚至成为县级市或县城。回顾其发展历史，其发展对现今民族地区城镇化仍有着重要的启示。

（一）特色经济是民族地区城镇化的经济基础

城镇化既要有一定的经济基础，也需要有一定的人口集聚。通常情况下，由于民族地区地处偏远，自然条件差，生产力水平落后，人口分散，城镇化水平低。要集聚人口，形成城镇，发展经济是首要的。相比全国，民族地区经济发展水平呈整体落后状态，要全面推进经济发展难度大，但民族地区也常常拥有自身独特的资源优势，利用这些优势发展特色产业，就有可能形成具有相对优势的产业或产业集群，壮大地区经济，为城镇化奠定经济基础。明清时期，清水江流域木材村镇的发展，利用的就是木材资源的优势，形成了种植、加工、贸易、运输的产业链，沿江的村镇都参与到了这一产业链中，也都从中受益。本文列举的一些村镇，从河口到洪江，都深度参与了木材产业，其他村镇都有不同程度的参与。特色经济是民族地区经济发展的"核心竞争力"，

它的发展能够帮助民族地区寻求到经济发展的突破口，找到自身经济发展的市场定位，并在市场竞争中形成独特的竞争优势。有了特色经济的发展，也能为产业领域的拓展奠定基础，从而带动民族地区经济的全面发展。现今民族地区的特色经济发展也有如同清水江木材经济的例子可循，如云南普洱的茶产业、宁夏中宁的枸杞产业等。

（二）经济领域拓展是民族地区城镇化可持续发展的题中要义

特色产业是民族地区城镇化的经济基础，但随着经济环境的变化、人们需求的更新、市场竞争的演变，这些特色不可能永远都保持下去。就如清水江的木材产业，虽然历经了500年的繁荣，但随着交通条件的改善、经营体制的转变、新技术的不断采用等影响因素的变化，特色渐渐消失了。要保持民族地区城镇化的可持续发展，还需要抓住特色经济发展的机遇，不断拓展经济发展领域，全面提升城镇的品质。王寨最初与卦治、茅坪一样，都只是进行木材交易的"内三江"村寨之一，木材经济是它们共同的特色。可喜的是王寨抓住了总木市设置的机遇，在木材交易的同时还发展商业、竹缆加工业及相关服务业，吸引了许许多多到贵州来的淘金者，成为影响一时的"移民城镇"。经济繁荣、人口集聚，给王寨的城镇发展提供了持续的动力。从1914年，锦屏县治自铜鼓镇迁入至今已整整一百年，王寨（今名三江镇）一直是锦屏县城所在地，这与王寨的经济结构调整是紧密相连的。反观卦治、茅坪，对木材经济依赖过重，当产业形势变化后没有新的经济增长点，城镇发展也就受到了很大的局限。经济发展，产业兴旺，必然会吸引人口集聚，也必然会带动与人们生产、生活相关行业的发展，进而促进城镇化的发展。民族地区抓住特色经济发展的机遇，由点及面拓展产业领域并取得快速发展，是保证城镇化可持续发展的题中要义。

（三）政策支持是加快城镇化发展的重要机遇

从国家或上级获得政策支持对于民族地区加快城镇化有着积极的推动作用。民族地区经济相对比较薄弱，城镇化所需要的人财物巨大，靠自身的力量去筹集比较困难，如果能够争取到国家或上级的政策支持，往往能够取得事半功倍的效果。雍正年间，在王寨设立总木市，同时在内三江实施开行当江制度，无疑给王寨及内三江的发展提供了重要的机遇。王寨在清水江木材经济时代能够得以快速发展，从一个小苗寨成为锦屏县城，成为清水江下游发展得最好的城镇，"当江"制度，这一清王朝赋予的木材交易垄断制度为其提供了政策和制度保障。坌处等地也正是看到了国家政策对经济发展的影响、对城镇发展的影响，为了给自身争取到更多的发展机遇，才在数百年里开展"争江"斗争。创造条件争取政策，就是给自己争取发展的机遇，在经济落后的民族地区城镇化道路中显得尤为重要。

（四）把握机会是推进民族地区城镇化的关键

对于经济落后的民族地区来说，怎样抓住机遇、把握机遇是推进民族地区城镇化的关键之一。在市场经济时代，资源配置是由市场决定，经济发展常常是强者恒强，弱者恒弱。弱者在市场竞争中获得的机会并不多，而且稍纵即逝，失去了也许永远都追不回来。明清时期，清水江的木材经济其实给了沿江村镇很多的发展机遇，时间跨度也很长，如皇木采办、清水江疏浚、开行市易、内外三江并存等等，木材经济连绵了 500 多年。500 年，无论怎么说都是漫长的，但真正能够把握机会的并不多，能够让当今人们看到它们在木材经济时代发展起来的并不多。清水江在天柱县境内流经了 50 多个村寨，给我们留下一些感觉的也只有坌处、三门塘、白市、远口、翁洞等屈指可数的几个，绝大多数没能因此而崛起。锦屏县的卦治是最令人遗憾的，它是内三江之一，是当江制度的直接受益者，获得了极佳的发展机遇，但是卦治没有把握住机遇发展起来，至今仍是个小小的普通村寨，与王寨、茅坪相比，差距甚大。当今，国家的宏观调控政策、民族政策、扶贫政策等给予了经济相对落后的民族地区很多的发展机遇，怎样去把握机遇，发展经济，推进城镇化的进程已成为关键。

清水江"木材经济"与
黔东南特色经济发展研究

摘　要：明清时期，清水江流域的"木材经济"发展寻求到了适合自身经济发展的路径，形成了自身的特色。它的发展经验，对于当今占流域主体的黔东南的特色经济发展有着极大的启示作用。

关键词：黔东南　特色　经济

明清时期，清水江流域"木材经济"兴起，并持续五百年保持兴盛。"木材经济"的发展对尚处于"刀耕火种"式的原始农业生产阶段的清水江流域"苗疆"地区来说，不仅在一定程度上解决了流域居民的生计问题，而且寻求到了适合自身经济发展的路径，形成了自身的特色，推动了商品经济的发展。回顾与总结其发展历程与经验，对当今黔东南州特色经济的发展具有一定的启迪作用。

一、"木材经济"的发展及对流域经济的影响

(一)"木材经济"发展的简要历程

回顾清水江"木材经济"发展，缘起于明，历经清、民国，

一直延续至 20 世纪八九十年代。

据文献记载，明永乐年间，因修建故宫的需要，朝廷在全国征集所需的木材，史称"皇木"。当时清水江流域原始森林密布，巨木繁多，成了"皇木"采集地之一，清水江也因此成了"皇木"运输的通道。后因江南地区商业、手工业的繁荣，城市和大小集镇发展迅速，急需木材建材。因此，在"各省产木日少"而需求日益迫切的情况下，地处长江水系沅江上游的水道畅通、盛产木材的清水江流域，不仅是朝廷采办皇木之所在，而且也成为各地富商巨贾竞相采买木材的目的地。"木材经济"由此兴起。

明中后期，在沿江的茅坪、王寨、卦治等集市兴起，出现了为木商提供食宿的"伙店"。乾隆《镇远府志》记载，万历二十五年（1597 年），天柱县翁洞设立新市镇，"建官店数十间，募土著，聚客商，往来鱼盐木货泊舟于此"。而处于清水江、渠水交汇的千年古镇托口，凭借河床宽阔，水流平缓具有五华里木坞，泊排能量大，成为云贵两广桐油、木材的集散地。

至清代，清水江木材贸易市场日渐成熟，出现了专事木事的山客（山贩）、水客等经商队伍，稳定的排工（水夫），以及法定茅坪、王寨、卦治三寨设立木市，开设木行，轮流当江主持木材贸易等供销贸易系统。木材贸易的繁荣，也带来了人工营林的普及和兴盛，文斗、加池等一大批以营林为主的村寨应运而生，既维系了林业生态的平衡，又维系了清水江几百年木材贸易的繁荣。

民国时期，木材经营体制发生了巨大变化，"中华木业股份有限公司湘黔桂边区第二采办处""贵州木业公司""华中木号""森大木号""泰丰木号"等资本雄厚、管理先进的木业企业相继成立，清水江"木材经济"走向规模化，"木行"消失，"山客""水客"不复存在。

新中国成立后，清水江木材贸易发展到历史的巅峰，茅坪、王寨、卦治、平略、河口、加池等地及剑河、天柱沿江集镇，木材采运、交易红红火火。1953 年贵州黔东森林工业分局在茅坪建立近 2 万平方米、能贮存木材 4 万～6 万立方米的贮木场。1960 年在茅坪设立黔东南州属清水江木材水运局。1950—1984 年，清水江流域木材年均流经量 14 万～16 万立方米，为贵州省最大的木材集散地。至 20 世纪与 21 世纪之交，国家实施新的林业政策，天然林禁伐，人工林限伐，清水江木材采运、贸易渐渐退出林业历史舞台。

（二）"木材经济"对流域经济的影响

木材经济的发展对清水江流域经济的影响是多方面的。

1. 带动了木材贸易和林业生产的发展

木材经济发展的直接影响是木材贸易的长期兴盛，数百年间，清水江的木材贸易额都保持在一个较高的水准。锦屏县的卦治、王寨、茅坪三地为清水江木材的主要交易市场，"木行"为具体的交易机构，繁荣时，卦治有木行 70 余户，王寨有 120 余户，茅坪有 150 余户，总数达 300 户以上。各地木商云集于此，交易兴旺。据光绪《黎平府志》记载："惟杉木则遍行湖广及三江等省，远商来此购买，在数十年前每岁可卖二三百万金。今虽盗伐者多，亦可卖百余万金。"[1] 清末民初，清水江流域每年外销木材总额值六百万元。[2] 可见其交易规模巨大。为了保证交易的需求，清水江流域的人工营林也得以发展。在清水江流域现保存着大量的明清时期的林业契约文书，具体数量不详，但据专家估计可达 30 万份以上。从这些文书的分布地来看，锦屏、天柱、

---

① ［清］余渭：《黎平府志》卷三下卷，《食货志·物产》，光绪版。
② 蒋德学：《贵州近代经济史资料选辑》（第一卷），成都：四川省社会科学院出版社，1987 年，第 337 页。

剑河、三穗、岑巩等地都有，涉及整个清水江流域，文书内容也反映出了人工营林的繁荣。

2. 带动了沿江城镇的经济发展

由于清水江在明清时期一直是流域木材外运的唯一通道，沿江村寨也由此多从事木材贸易、木材种植、木材加工及放运等与木材相关的生产与服务工作。在持续繁荣的木材贸易带动下，清水江流域外迁人口逐渐增加，沿江村寨经济得以发展，其中的部分村寨还发展成了城镇，形成了一定的规模。河口、南加、卦治、王寨、茅坪、三门塘、坌处、远口、白市、翁洞、托口等城镇原本都是小的村寨，都是随着木材经济的发展而逐渐繁荣起来的。在这些城镇，木材时代遗留下来的窨子屋、祠堂、寺庙、青石板街道、学馆等痕迹常常可见。昔日的苗寨——王寨更是发展成了今天的锦屏县城。

3. 带动了沿江其他经济林的生产

清水江流域良好的杉木种植经验及对水土情况的了解也应用到了经济林的生产上，并产生了良好的经济效益。①油桐。清水江下游的洪江，是明清时期全国著名的桐油产地，其生产的“洪油”享誉国内外，年销量达20万担。洪江的油商在清水江下游的托口设榨坊48座榨取桐油，加工桐油所需的桐籽主要来源于清水江流域。镇远府、黎平府栽种油桐已蔚然成风。据清人爱必达《黔南识略》记载，镇远府地产松、柏、桐诸木，天柱县树多杉、桐。清末，以清水江流域为主的黔东地区，油桐年产量达到近5万担。②油茶。锦屏在清代就有“油壶”之称，民国时期，该县每年产油茶籽都在30万公斤以上。③樟树、五倍子等。清水江流域其他经济林也有一定的发展，如樟树，樟叶是提炼樟脑粉的主要原料，清水江流域适宜樟树的种植，锦屏、天柱、剑河等县都有大量种植。20世纪20年代，仅锦屏县的樟脑粉产量就达 5000 公斤左右。① 五倍子的种植也有一定规模，据民国时期丁道谦《贵州经济地理》统计，锦屏县的五倍子产量在贵州 60 个县中名列第 6，年产 3000 担。另外，松脂、蓖麻等经济林产品也呈一定规模。

二、清水江木材经济对黔东南发展特色经济的启示

目前，发展特色经济已成为民族地区经济发展的主要路径，以苗、侗民族为主黔东南也在寻求特色经济发展之路，也在寻求可以借鉴的发展经验。黔东南是清水江流经的主要区域，历史上的特色鲜明的"木材经济"就主要发生在黔东南境内。以史为鉴，"木材经济"给我们留下诸多启示。

（一）选择具有比较优势的产业

比较优势是发展特色经济的基础，要在市场竞争中取得一席之地，没有一定的优势是难以实现的。在经济竞争中，比较优势的内涵是较广的，资源独占、成本低廉、品质优良、品种齐全等等都可以成为优势，它需要我们去挖掘和发现。清水江"木材经济"的长期繁荣是由许多因素决定的，但其中清水江所产木材"量大质优"是最具竞争力的因素之一。《武汉文史资料文库工商经济卷第三卷》在记述清代长江中下游木材贸易中心和重要集散地之一的鹦鹉洲市场时记载，湖北本省也产一些木材，但来到鹦鹉洲，能上此"大雅之堂"的主要还是来自湖南洞庭湖的优质材。从洞庭湖西边的沅水、澧水来的木材叫"西湖木"，从洞庭湖东边的湘江、资水来的木材叫"东湖木"。清水江木材经沅水入洞庭湖，故属"西湖木"。"东湖木"量少质次，"西湖木"因

---

① 《中国少数民族社会历史调查资料丛书》修订编辑委员会贵州省编辑组：《侗族社会历史调查》，贵阳：贵州人民出版社，1988 年，第 24 页。

清水江的"苗木"源源而来，产量大而质量上乘，在鹦鹉洲特别
为四方木商青睐。可见，"量大质优"的优势是清水江木材"立
市"的重要基础，也是木材经济长期繁荣的重要基础。从整体上
看，黔东南目前的经济发展水平比较落后，产业的市场竞争力低
微，但也并非一无是处。黔东南在一些传统农业项目、劳动力价
格、民族特色产品生产、苗侗文化资源等方面还是具备了一定优
势。如何发现潜在优势、选择优势项目、发展优势产业，获取竞
争优势是发展黔东南民族特色经济的题中要义。

（二）延长特色产业链条

延长产业链条是优化资源配置、降低生产成本、提高附加
值、获取竞争优势、保证产业顺利发展的重要手段。清水江木材
经济繁荣也告诉我们，产业链在发展特色经济中的重要性。清水
江木材经济的起源是皇木供给和木材贸易，卦治、王寨、茅坪最
初是木材交易市场。回顾木材经济的历程，我们会发现木材贸易
还远远不能支撑其繁荣数百年，产业链的形成才是其中的关键。
持续的大面积的人工营林—砍伐与运输—木材贸易—木材加工与
放运构成了一个包括生产—销售—加工—运输等环节的较完整的
垂直的木材产业生产销售链条，并且这一链条全部在清水江流域
形成。"三帮五勷"及外来客商在清水江购木不用担心什么，只
需议价、验货、付银子就行了。木材市场销售各环节的利润也都
留在了清水江木材生产销售的各环节中，没有外流，实现了效益
的最大化。它告诉我们，特色产业的优势就是体现在"特色"两
字，要发展特色产业就需把"特色"两字做大做强，延长产业链
是做强特色、巩固特色的重要手段。黔东南的经济基础比较薄
弱，资金缺乏，有的特色产业在发展起步时特色较鲜明，也能得
到市场的认可，但在发展中，无力拓展产业发展空间，没能延长
产业链条，慢慢地变成了上下游产业两头都在外了，产业发展受

到的制约因素增多，自身的特色没有了，产业的发展空间受到了更大的限制。这是黔东南特色经济发展中值得关注的重要问题。

（三）促进产业综合开发

客观地讲，清水江"木材经济"只是发展了木材产业，结构单一，甚至木材的深加工、木材制品的生产等流域都没有拓展开，但它对清水江流域经济发展的影响是巨大的。我们从沿江发展起来的木材城镇就可见一斑。王寨，内三江之一，发展成了锦屏县县城；洪江，清水江木材的集散地，曾发展成为"烟火万家"的巨镇；河口、茅坪、坌处、三门塘、远口、托口等地都发展成为各自县域里较有影响的城镇。它们大多都通过木材经济带动了林产品种植业、商业、加工业甚至娱乐业的发展，并通过多个产业的发展集聚人口，人口集聚了又促进产业的发展，形成良性的累计循环因果效应，达到进一步促进区域经济发展的目的。从中我们可以看到，特色产业的发展应该是龙头产业的发展，要通过它的发展带动其他相关产业的发展，以促进产业的综合开发，形成综合效应。

三、黔东南特色经济发展路径选择

黔东南在森林资源、矿产资源、农业遗产资源、旅游文化资源、劳动力资源等方面有着自身的特色，将这些资源优势转化为发展特色经济的生产力是促进黔东南特色经济快速发展的关键。

第一，要以市场为导向，以黔东南特色和优势农产品系列化经营为突破口，走农业产业化经营道路，巩固和强化第一产业。黔东南在传统农业的一些方面是具有自身优势的，如人工营林、香猪养殖、糯稻种植等，利用优势，发展产业，拉长产业链，形成系列农产品生产销售是可选取的路径。利用所具备的优势，大力发展生态、特色、高效农牧业，建立一大批农村特色产品基地，如建立工业原料林基地、竹林基地、油茶基地、烟叶基地、特色养殖基地、优质苗圃基地，做大做强农产品名优品牌，为市场提供新、特、优、鲜、活农副产品，不断满足市场需要，不失为对特色经济发展的有益探索。

第二，要努力优化提高第二产业，加大新产品开发力度，促进以低层次的原料加工向高层次综合精加工转变的步伐。虽然，黔东南的第二产业水平较低，但资源优势在一定程度能够弥补不足，能够在一定程度上形成局部的竞争优势。一是把优化结构、合理布局、提高档次作为农副产品加工企业结构的调整重点，以扩大规模、提高水平、节能减排作为资源型和资源加工型企业调整的方向。二是从黔东南资源优势出发，积极发展电力、冶金、特色食品、民族医药、新型建材、农林产品和民族饰品加工业，重点优先发展优势农产品加工业，着力培育一大批民营经济龙头企业，促进农业产业化经营。三是加大新产品开发力度，以生产绿色食品为中心，积极采用生物技术和工业化食品技术，向方便、营养、安全、卫生、天然、保健的方向开发新产品，大力发展粮油加工、果竹藤棕草制品加工、林产品加工、药材加工等特色农副产品加工业，大力发展黔东南独特的功能食品和饮料工业。四是巩固发展主导产业产品，矿产业重点开发重晶石、汞、煤、铁、锰、锑等，努力提高采选、加工技术水平，形成深加工产品为骨干的多档次、多样化的产品结构；加大新型建材的研发，综合利用工业废渣，发展优质、高效、保温、隔热、防火、防水、节能的新型建材；用高新技术改选水泥制造设备和工艺，研究开发新的水泥产品。五是建立完善企业指导中心，引导科技人才和科技成果进入企业，增强企业创新能力。

第三，加快发展第三产业。一是加快发展农副产品的储藏、保鲜、运输等直接涉及第一、第二产业的服务业；二是按照国际旅游城市建设标准，打造一大批极具民族特色的旅游城镇，打造一批年销售收入超 5000 万元的民族旅游商品集团，发展民族旅游商品集团，发展民族旅游商品专业村或专业大户；三是加快农产品批发市场和各类工业品市场建设，加快物流企业的现代化营销水平建设，完善市场功能。

第四，利用交通优势进一步开拓区内外市场，完善农产品市场体系。黔东南州要充分利用厦蓉高速公路和贵广快速铁路这一得天独厚的交通优势，建立产业承接区，主动承接中东部产业转移，重点发展劳动密集型、资源加工和来料加工型产业，建设承接中东部产业转移的经济中心和加工贸易基地。黔东南因为发展滞后，许多农村地区经济主要是农业经济，工业化程度低，为发展特色农业创造了条件，应重点发展特色农产品、绿色和休闲食品、中药材等，构建黔东南州特色生态农业产业经济带，解决珠三角地区对特色农产品的需求，着力开发绿色食品、无公害食品和有机食品。两高沿线的丹寨、榕江、从江、黎平等县要坚持保护优先、开发有序的原则，合理开发利用现有特色生态农业资源，积极引进、吸收发达地区和国外的特色生态农业资源技术，重视特色生态农业生态环境的保护和高效利用，不断扩大黔东南州特色生态农业的试点，及时推广应用，调整农业产业结构，形成结构合理的农林牧渔和农工贸配套的特色生态农业，使特色生态农业的生产能力和可持续发展能力得以提高。

清代以来洪江古商城的兴起
及在清水江贸易中的作用

　　摘　要：在我国清代商业交通线中具有"扼西南之咽喉而控七省"地位的洪江古商城凭借地理优势对清水江流域的贸易产生了巨大影响，它在清代清水江流域贸易中发挥着贸易客商的大本营、输出商品的集散地、输入商品的转运站和金融中心的作用，极大地促进了清水江流域民族经济的发展。其兴起也有着天时、地利、人和的因素。

　　关键词：洪江古商城　清水江　贸易

　　清代以来，以"木材经济"为主的清水江流域贸易主要通过有"扼西南之咽喉而控七省"的湖南"洪江古商城"与沅江、长江水系相联系，从而进入全国市场。现今有着"中国内陆地区资本主义萌芽的活化石"之称，它一头连着大西南，一头连着长江中下游和东南沿海，对于清代以来的"苗疆"开发和清水江贸易发挥着重要的作用。

一、洪江古商城概况

　　洪江古商城位于湖南省怀化市洪江区。洪江犁头嘴是沅、巫二水汇合处，可称洪江古商城发祥之地，古时为渡口、驿站，继设墟场，开有茶馆、客栈、豆腐作坊、摊贩小店，为过往船民和前来赶集的村民服务。到北宋熙宁年间，已经有许多商人在洪江开店铺营生，并形成一定的规模，宋熙宁八年（1075年）设置洪江铺，因为有便利的水路交通，这里的生意越做越红火，更多的生意人摩肩接踵、纷至沓来，人丁兴旺，如同一个村寨似的形成定居人口。宋元祐五年（1090年），洪江铺改为洪江寨，逐渐形成洪江古商城雏形。至清康熙年间，江西、福建、安徽、浙江、贵州及湖南境内的湘乡、宝庆、衡阳等地的商贾因为经商的需要纷纷迁往洪江定居或者设立会馆、义园。洪江开始成为湘西南扼守湘、滇、黔、桂、鄂物资集散通道的商业重镇，被称为"五省通衢"，一时之间商贾云集。乾隆十六年（1751年），《洪江育婴小识》也有着本文导语中"俨然西南一都会"的记载。洪江古商城以商贾云集、百工荟萃，带动了汇兑、百货、药材、造船、运输、手工和服务等各个行业的兴起，发展成了商贾云集、舟樯林立的繁华闹市，为大西南的金融中心。光绪十三年（1897年）仲夏编查户口时，洪江有正册的居民已是22290人，至宣统年间接近5万人口，全国共有20多个省市的商贾游客聚居洪江。① 清朝末年、民国初年到抗日战争爆发前，洪江古商城行业众多、资本雄厚，过往的物资吞吐量巨大，市场极其繁荣，成了大西南的物资吞吐的枢纽，市场的现金流通量居当时湖南省的第二位，仅次于省会长沙，成了湘西南的经济、宗教和文化中心，洪江古商城达到了历史的极盛。

洪江古商城的建筑主要集中兴建于明清及民国时期，现今大多为民居。由于发现保护得较晚，商城遗址遭到了一定程度的破坏，但大体上保存了当年的主体面貌。建筑群主要由会馆、烟馆、青楼、钱庄、店铺、寺院、客栈和厘金局等城市建筑组成，

---

① 刘芝凤：《发现明清古商城》，广州：南方日报出版社，2002年。

现存共 380 栋，建筑面积约为 20 万平方米。据各级文物部门的调查研究，其中明朝时期建筑共 36 栋，建筑面积 17060 平方米；清朝时期建筑 278 栋，建筑面积 109000 平方米；民国时期建筑 128 栋，建筑面积 69040 平方米。商城建筑群的大体以窨子屋（建筑布局呈"井"字形排开，多数为两进两层或两进三层，四周为青砖砌成的封火墙，墙内堂屋、厢房均为穿斗式木质结构，中堂高敞，堂内有干湿两个天井，一层住人，二层为货物仓库。此外每个大门口都有一个做工精美的太平缸储水作为防火、养鱼观赏之用）为主要建筑形式。建筑群的基本面貌保存的状况较为完好，包括 60 余座宫殿、祠堂、寺庙和庵堂，17 家报社，23 家钱庄，34 所学堂或私塾，48 个半戏台，50 家青楼，60 家烟馆，70 家酒家和 80 家客栈。可以说洪江古商城是一座集明清时期及民国时期的"清明上河图"，是一座了解资本主义萌芽历史的形象教科书，一座集经济、军事、宗教和文化史料的历史博物馆，被誉为"中国第一古商城"。

除了房屋建筑以外，洪江古商城的文化遗产也相当的丰富。在古商城建筑群遗址中发现了清代康熙、乾隆、道光、同治和光绪年间以及民国时期的匾额、石雕和碑刻多处；风格各异的太平缸 40 余个。在其中不乏精品之作，如：记载抗日战争雪峰山战役重要史料的石碑"洪江奏凯亭记"，清代著名书法家、画家郑板桥和书法大师于右人的手迹真品。

二、洪江古商城的兴起与发展

洪江古商城历经数百年长盛不衰，有着自身的无穷奥秘，总归起来，占尽天时、地利、人和的优势是其兴起与发展的缘由。

（一）独特的地理位置和自然资源为洪江古商城的发展提供了条件

城市早期的出现有多种原因，包括军事和政治上的需要，但它的大规模的崛起是在剩余产品出现开始后，由于交换贸易的需要而产生了集市的集中。[①] 洪江地处沅水、巫水汇合之处，由于沅江汇纳了黔东南和湘、桂边陲的清水江、渠水、朗江、巫水等许多河流，经洪江下连洞庭贯长江，故经洪江可上达滇、黔、桂、川，下达江汉、荆扬地区。在交通闭塞时代，沅江是西南地区与长江中下游广大地区和东南沿海联系的唯一道，因此洪江成了西南地区和江汉、江浙地区进行商品交易的必经之地，并在这形成了大量的商品的集中和分散。沅水早在新石器时代就是沟通长江和珠江两大水系的重要通道，洪江是沅水带来的城市，商城的历史从何时开始，我们可以在林河先生的"水上丝绸之路"的理论中得到答案。湖南省文史馆馆员、我国著名的民俗学家林河先生在他的《寻找失落的中华文明：海上丝绸之路从古黔中郡起航》一书中提到"秦汉以前从四川到西域的海上丝绸之路就是从古黔中郡开始的，通过水陆联运，经川、湘、黔、滇、印度而到达西域各国"。

华中地区市镇以转运初级农业产品为主。[②] 洪江在拥有了得天独厚的区位优势的同时，它的兴起和发展与它当地以及周边的丰富的自然资源、物产也有很大的关联。洪江及周边地区多为丘陵、山地地貌，森林覆盖率高，林产品相当的丰富，特别是木材和"洪油"。

---

① 赵民、陶小马：《城市发展和城市规划的经济学原理》，北京：高等教育出版社，2001年，第193页。

② 齐涛：《中国古代经济史》，济南：山东大学出版社，1999年。

　　湘西、黔东南、桂北等地区保存了大片的原始森林，资源相当丰富，林区多为杉木，木质坚韧、正直挺拔，是优质的建筑材料。洪江古商城因位于沅水与巫水汇合处，沅水进入洪江后，河面宽广，水流平稳，在群山环抱中形成了数十里长的天然排坞，能防洪保安，如大湾塘、回龙湾、青山脚、萝卜湾和滩头等都是停泊木排的最佳场所。黔东南、绥宁、城步、通道、靖州、会同等产地编好的木排，经沅水和巫水都汇集于洪江地区销售，使洪江成了湘西南最大的木材交易市场，成为黔、桂和湘西各地最大的木材集散地。随着木材贸易的发展在洪江形成了木商八帮会，鼎盛时期有"斧记"（标记木商牌号的钢戳印）200余把。清朝末年杨恒源还取得了采购"皇木"的许可，将洪江木材直销北京。据《中国实业志》记载：民国10年至民国23年（1921—1934年），洪江输出的木材最高达60万两码子（约折合78万立方米），价值700万银圆，形成了洪江古商城经济发达和城市发展的三大支柱行业之一。

　　雪峰山区盛产油桐籽。桐子是桐油的主要原料，用传统的方法生产的桐油称为"清油"，主要用于涂敷农具、家具和照明。洪江的"洪油"是桐油的一种，制作工艺源于四川的"秀油"，并加以改进形成了自己的特色。洪油因其具有良好的防潮、防腐、防蛀的特性，且无污染，是房屋、船舶、农具和家具的最理想的绿色涂料，因而深受人民喜爱，在江南地区有很大的销售市场。洪油在洪江装船运往汉口、镇江、上海等地销售，有的甚至远销韩国、加拿大、澳大利亚和新加坡。从同治三年（1864年）张吉昌在洪江创建第一家油号开始，经营洪油的油号逐渐增多，形成了集采购、榨炼、制作、包装和销售于一体的格局，获利极大，成了洪江古商城兴盛的三大支柱产业之首。据《中国实业志》记载："鼎盛时期，同业（洪油业）有十六七家之多，运出桐油二十万担以上，值七百万银圆。由于洪油业的飞速发展同时也带动了洪江的制桶业、裱糊业、运输业和其他商业、服务业的发展。"

（二）特殊的时代背景为洪江古商城的兴起和发展提供了历史契机

历史的动荡给我们的民族、国家带来了巨大的伤痛，但在洪江却造就了洪江的经济的腾飞奇迹，使洪江由一个名不见经传的弹丸之地成了控制西南物流的商业重镇，而且经久不衰。在中国古代和近代历史上洪江古商城得到了两次历史的青睐，促成了洪江古商城的兴起和发展。第一次是自秦汉以来我国的人口迁徙特别是经济重心的南移，第二次则是清朝末年到抗日战争。

自秦汉以来中国的人口迁移频繁，富饶的湖湘大地成了北方各地移民的主要目的地。唐朝天宝年间的"安史之乱"，北宋末年的"靖康之难"以及明朝朱元璋时期的"调北征南"的战略方针促使南北人口的大迁徙，越来越多的北方汉人进入湖湘大地，迫使当地的土著居民不断地往西南边陲的山川、江河滩涂迁徙定居。此时居住在沅水流域的五溪蛮以及部分的土著居民溯江而上来到了位于沅水和巫水的交汇之地——洪江，为洪江古商城的形成带来了大量的人口和丰富的生产经验，加速了洪江的生产力和经济的发展，对洪江古商城的兴起和发展提供了强大的动力。

南宋时期中国的经济重心南移完成，到明末清初东南地区的经济日益活跃起来，个别地区已经出现了资本主义萌芽。资本主义持续发展的前提是要有广阔的市场和丰富的原材料产地。因此拥有丰富的自然资源而又相对比较落后的西南内陆地区大量的木材、桐油、药材、山货等在洪江聚集加工，然后经洪江运出销往经济较发达的江汉、江浙地区，同时经江汉、江浙地区购进的大批生活用品也在洪江集中被分散往西南各地。正是如此，洪江成了西南地区连接江汉、江浙地区的枢纽，由此便诞生了大量的商机，吸引了来自全国各地的商人带着大量的资金来洪江经商，为洪江古商城的兴起和发展带来了大量的原始资金和相当丰富的经商经验。

清末民初，军阀混战，相继盘踞洪江的湘、黔两省军阀，为了搜刮钱财以扩充自己的实力，相继在洪江采取了一系列措施，如鼓励和保护鸦片贸易等，推动了洪江的畸形繁荣。从 1840 年鸦片战争开始，中国多次割地赔款加之太平天国运动造成清政府国力空虚、财政紧张，为了缓解此局面开始将鸦片列为药材类进行课税，致使云贵地区大面积种植罂粟，由云贵地区出产的烟土大部分经过洪江地区销往全国各地。清光绪年间每年经过洪江的鸦片高达 3 万担，收入 1500 万银圆。民国 19 年至民国 21 年（1930—1932 年），每年由洪江征收的沿途税 500 万银圆，占湖南省全省鸦片贸易总额的 45％。[①] 正是如此，洪江成了军阀争夺的焦点，各个军阀为了维护在洪江的利益，采取了一系列的措施保护洪江的鸦片贸易，如组织武装押运等等。虽然鸦片贸易给中国人民带来了巨大的伤害，但是洪江因为它所在的地理位置是鸦片贸易的枢纽之处，反而从中获益，鸦片产业在洪江成为和洪油、木材鼎力的洪江三大支柱产业之一。

1937 年抗日战争全面爆发，华北、华中、华南大量的国土相继沦陷，中国的许多企业、机关、学校等开始大量地往西南内陆迁徙。洪江由于地处雪峰山西侧，有雪峰作为天然防线，没有受到日本帝国主义铁蹄的侵犯，成了诸多企业、学校、机关转移的目的地，其中最为典型的就是陆军机械化学校。大量的外来企业、机关、学校的迁入为洪江带来了大量的人口、资金以及先进的生产技术、经验，促使洪江出现了战时繁荣，经济以及城市发

---

① 中共洪江区工委宣传部洪江古商城系列丛书编委会：《洪江古商城》，北京：中国文史出版社，2007 年，第 105 页。

展进入了一个飞速发展的时期。1933 年洪江的货币流通量居湖南省第二位，仅次于长沙。[①]

（三）相对弱化的封建统治为洪江古商城的发展提供了较宽松的历史环境

在我国漫长的封建社会里，城市是以政治、军事统治中心为主要功能而产生的，其发展受到封建统治势力的严格控制。中国封建社会商品经济的发展受封建专制统治力量的影响较大。我们知道，中国很早就形成了大一统的封建中央集权专制体制，大一统的形成，消除了原来的封建割据，统一了全国的币制、度量衡及文字，有有利于商品经济发展的一面。《史记·货殖列传》说："汉兴，海内为一，开关梁，弛山泽之禁，是以富商大贾周流天下，交易之物莫不通得其所欲。"讲的就是大一统对商品经济的促进作用。但另一方面，大一统封建中央集权的形成，又使得统治者可以利用中央集权的强大封建专制统治力量，干预商品经济的发展，对其产生不利的作用。在整个封建时期，大一统中央集权对商品经济的干预极为突出。主要是通过重农抑商和禁榷制度对商品经济实施干预。所谓"重农抑商"，就是通过采取贬低、压制商人政治地位和社会地位的政策及措施，限制从商人数。其目的是防止农民大量弃农从商，保护农业的优先发展地位。自战国商鞅、韩非等人提出重农抑商的思想主张后，部分诸侯国及继起的秦汉王朝就推出一系列困辱商人的政策和措施，如禁止商人穿丝织衣服，禁止商人骑马，禁止商人仕宦以及谪发商人戍边等。而后，由这些政策措施又衍化出一种抑商、轻商的观念意识。重农抑商形成一个从政策到思想再到观念的有机整体，渗透

---

① 湖南省会同县志编撰委员会：《会同县志》，北京：生活·读书·新知三联书店，1994 年。

到社会的各个方面，成为一项根深蒂固的基本国策。到了唐宋，随着商品经济的发展，重农抑商受到一定的冲击，但从根本上还没有完全动摇。即使到了明清，重农抑商政策仍然不时推出。明清两代都还曾重申商人不得穿丝绸衣服及不得仕宦的旧规。重农抑商政策的实施，抑制了商人阶级的发展。这不利于商品经济的发展。在这种环境中，特别是由于封建统治阶级推行重农抑商政策的影响，城市的商业和手工业的发展受到严重压制。但是纵观洪江古商城的建制沿革，情况截然不同。洪江最早的建制可以追溯到宋朝年间。宋元祐五年（1090 年）置洪江砦，隶属黔阳县（今洪江市）；崇宁二年（1103 年）改属靖州三江县地，寻改三江县为会同县，随属会同县。元世祖八年（1271 年）废洪江砦，元贞三年（1279 年）设立洪江巡检司。明朝洪武年间设洪江驿，仍隶属会同县。清康熙二十六年（1678 年），会同县若水巡检司移驻洪江，洪江已经发展成了集聚五方商贾，烟火万家的湘西南巨镇；乾隆十六年（1757 年）若水巡检司改名为洪江巡检司。[①]从宋代的洪江砦到清代的洪江巡检司，并没有一个真正的封建政权组织对洪江实施管理，洪江地区的公私事务都是由洪江当地的商会和商业行会管理。因而封建统治者推行重农抑商政策对洪江的经济发展的影响相对于其他地区来说较为弱化，经营者自主经营的成分很大，这就为洪江的商业发展营造了一个相对宽松的社会发展环境，促进了洪江的经济的持续繁荣，并最终推动了洪江古商城的持续发展。

① 洪江市志编纂委员会：《洪江市志》，北京：生活·读书·新知三联书店，1994 年。

（四）浓郁的商业文化氛围促进了洪江古商城在历史上的发展

洪江古商城是一个商业城市，它的产生和发展与洪江的商业的产生和发展有着千丝万缕的联系，商业的兴盛与否直接关系到洪江古商城的持续的发展。商业的兴起和发展必须要以一个适合商业运作的优良环境为基础。而当时洪江的诚实守信等商业原则、商业道德和以会馆、商会为管理模式的商业运营模式为洪江的商业贸易的发展提供了一个良好的发展环境，成为洪江古商城之所以能够崛起并持续发展的主要因素所在。

洪江古商城能在相对落后的湘西地区崛起，能在激烈的商战中占得一席之地，与洪江商人的商业道德、经商理念和经营作风有着莫大的关联。简单地概括起来就是：①经商讲究以诚信为本，主张做生意对得起天理良心。②富贵不忘本，商会和商人积极地兴办慈善事业。③唯人才是举。正是这三点看起来简单的经商原则造就了洪江古商城的辉煌历史。

经商讲究以诚信为本，主张做生意对得起天理良心。在变幻莫测的商海中，盈亏是商家的常事，在面对商业上的盈亏的时候洪江商人讲究的是以冷静的和平心去对待，总结盈亏经验调整策略，认真地适应市场的变幻。最具有代表性的就是古商城陈荣信商行所奉行的"吃亏是福"的经商原则。同时在商业运作的时候洪江商人多为赊销，约定时间结账，无论是债主或借贷者，债务都必须按时结清，很少出现赖账不还的现象，为商业的运作创造了一个良好的诚信环境。

古商城育婴巷三号窨子屋在清朝雍正六年（1728年）设置洪江汛署，在天井上镌刻着"对天勿欺，罔谈彼短，勿矜己奇，待人以恕，不拘不卑，居仁由义"二十四字的警示语，时刻提醒洪江的商人要实实在在地经商，堂堂正正地做人。同时在洪江古商城的店铺的对联中也可以看出洪江商人的经商凭天理良心的原则，如：货真价实，信誉好，产销畅通。斗满秤平，商德高，买卖兴隆。又如：货有高低三等价，客无大小一样亲。由此可见在当时的洪江商人的道德观就是"君子爱财，取之有道"，做生意讲究对得起天理良心，不取不义之财。

富贵不忘本。商会和商人大力兴办慈善、公益事业。在洪江有这样一句俗话"一个包袱一把伞，跑到洪江当老板"。由此可见洪江的商人多是从基层做起，白手起家。因此商业成功了的商人们都有一颗慈善的心，热衷于慈善事业。清光绪六年（1880年），张吉昌油号为修建洪江育婴堂，一次捐赠白银1800多两。民国15年（1926年）洪江周边各县遭遇百年不遇的旱灾，各大商号老板纷纷捐款赈灾。民国20年（1931年）修建雄溪大桥耗资13万银圆，绝大部分资金来自几家大油号、大商号，同时还兴办了大量的学校以及消防机构。这些商人的所作所为，无论是出于回报社会还是自积阴德，都在客观上促进了洪江的市场稳定，为洪江的商业发展消弭了不少的隐患，促进了洪江商业的发展，最终也为洪江古商城的发展打下了坚实的基础。

唯人才是举。在洪江有这样的一句话"客无三代富，本地无财主"。至今在洪江的老一辈人的脑海中还清晰地记得富甲一方的张吉昌油号和朱致大油号因为子孙的不肖而破产和衰败的事实。在这残酷的现实的面前洪江商人们感触很深，逐渐明白"不求金玉重重贵，但求儿孙个个贤"的道理并逐渐地萌发了以人才为本的信念，在人才的培养上多下功夫，并将培养的目标并不仅仅局限于自己的后代。例如在洪江古商城各个时期的大油号之间不少都有着传承的关系，如：梁湘帆源自朱致大，高灿顺衍生了庆元丰等等。正是洪江商人们的唯才是举的传承理念，促成了洪江商业的持续繁荣，为洪江古商城的进一步发展添砖加瓦。

以工会、商会为商业管理模式为洪江商业的发展提供了良好的运作机制。在洪江地区从来没有出现过政治性的统治机构，仅仅有些地方的治安机构，并没有对洪江实行正式的统治。政治、政府对商业的干预相对较小，商业的运作很大程度上是在会馆和商会的协调下进行的，自主程度较高。民国4年（1915年），根据《商会法》成立洪江商会[①]，主要负责传达政府对工商业的政策法令，分配各行各业的纳税金额，举办公益救济事业，对驻洪江军政机关部队洽商捐募，了解、搜集各行各业的营业、资产情况等事务。在民国20年（1931年）洪江成立了洪江油业、钱庄业、绸布业、药材业、书纸业、金银首饰业、油盐南杂业、木业等一系列的以同业为标准的工会，另外还有不隶属于商会的木商八帮和鸦片烟业的特商工会。[②] 洪江的商界为了更好地统一市场，分行划市，避免各自为政，各个行业都制定了行业规矩。大体上的内容有：第一，开业。新店开业须向工会申报审查。第二，歇业。因营业不振，无力维持的店铺，需要歇业者，须报工会。经工会评估后决定是否能够歇业。第三，定价。行会内各店铺从进货到销售必须统一，不能擅自提价或减价。第四，税收。纳税是工会会员的义务，工会负责督促会员纳税，同时代表会员与税务部门协商。第五，行规店约。严禁无保无证开业等违规行为，同时规定了招收学徒的规定。除此之外，各个行会内还有自己所特有的规定。行会所制定的行规在很大程度上规范了洪江的市场秩序，杜绝了恶性竞争等市场隐患，同时行会肩负着代表个别营业者与商业管理部门的沟通，能更好地沟通经营者和管理者，以达到对市场最有效的控制，为洪江经济的发展保驾护航，在很大程度上推动洪江古商城不断地发展。

---

① 蒋学志：《从洪江古商城看中国近代商业管理模式的变迁》，《湘潭师范学院学报》，2006年第9期。

② 傅俊波：《古韵洪江》，北京：中国文艺出版社，2007年。

三、洪江古商城在清水江贸易中的作用

历史上，洪江古商城发挥着沟通大西南与沅江、长江流域以及东南沿海商贸的作用。由于经清水江输出的商品都要到洪江进行集散，清水江流域所需的许多商品也需从洪江运来，清水江流域贸易成了洪江重要的经济活动之一。贵州的两大输出商品——木材与鸦片都是经清水江运输到洪江古商城进行交易。以洪江为据点的东部客商"五府十八帮"多在锦屏、天柱等县建有分部，锦屏、天柱等县的商家也在洪江建有"会馆"，联系十分紧密。洪江在清水江贸易中发挥着无可替代的作用。

（一）清水江流域贸易客商的大本营

清水江流域的贸易在清代的数百年里，因木材贸易的带动显得十分活跃，往来的商船如鲫、客商如云。但从自麻江下司以下近千里水路贸易看，沿途客商主要有两类：一类是行商，负责苗疆输出商品的采购以及输入商品的配送；另一类是连锁分号，即其他地方商号的分店，而这两类客商的来源都是洪江，洪江成了清水江流域贸易客商的大本营。

洪江成为清水江客商的大本营主要由天时、地利、人和三方面因素促成。一是天时，洪江以上各支流都在群山之中蜿蜒盘旋，山高水窄、滩险浪激，而到洪江后，江面才变得宽阔平缓，便于航运，客商云集在此也是情理之中；二是地利，洪江地处沅江的主要支流清水江、渠水、潕水和巫水的最终汇流处，是"扼西南之咽喉"的商业重地；三是人和，清水江沿途除个别大宗商品外，其他商品的供需比较分散，不利于客商集中。当然，洪江不仅是清水江贸易客商的大本营，也是潕水、渠水和巫水贸易客商的大本营。

集聚洪江的客商主要以三种形式形成和存在。第一种，合伙

创业形成。或是一方出资，一方出力，有无相资劳逸共济；或是一个人出本、众伙而共商，也就是财东与伙计合作经营。富商张积昌、高灿顺、朱致大、刘同庆、刘安庆等都是通过这种形式发达的。第二种，按地区形成商帮。这一形式，是在合伙创业的基础上，以地域乡人为纽带组成大群体。洪江有来自全国18个省，24个州府，80多个县的客商，大多设立了会馆。在洪江设立的会馆中，以江西会馆为最早，这是形成洪江商帮的重要标志。第三种，以联号制和股份制形成。联号制是由一个大商号统管一些小商号，从而形成业缘群体组织，在商业经营活动中发挥企业的群体作用。如洪江的"八大油号"就是采取这种形式，他们在洪江本土设立总号，在上海、重庆、武汉、贵州等地设立分号。

自明末崇祯六年（1633年）江西会馆万寿宫的建成到今天洪江古商城遗留的大量商帮遗迹，见证了清水江贸易客商云集洪江的历史。

（二）清水江流域主要输出商品的集散地

清水江贸易点多线长，经销商众多，但从清水江流域各地采购到的商品最终都汇集到洪江，在洪江集中后形成一定的商品规模，集中销售到全国各地。清水江流域的输出商品主要有三项，木材、桐籽、烟土，都是大宗商品。

木材贸易。清水江流域产出的木材以"质优、干直、耐腐、易于加工"而享誉全国，有"苗木""苗杉"的美称，是明清时期皇宫建设巨木（皇木）的来源地，清水江流域现存的清代林业契约文书"清水江文书"就已大量记载了木材种植、贸易、放运的情况。嘉庆、道光年间，木材贸易的主要交易地——锦屏的"内三江"（卦治、王寨、茅坪）年交易额达二三百万两白银。到清水江流域采购木材的商帮众多，有能够进入"内三江"交易的"三帮五勷"，也有只能在天柱"外三江"交易的镇江帮、黄州帮、花老帮、五湘帮等，由于没有陆路运输，采购的木材全部扎成木排从清水江放运至洪江。洪江经营木材的商帮很多，先有所谓的"木业八帮"，后又增加了湘乡、宝庆、上海等商帮。洪江集中了沅江四条支流放运来的木材，根据产地和质量分为"苗木""广木""州木""溪木"四种，其中清水江流域的木材称为"苗木"，是质量和等级最高的。当时，一般每年运销量在 15 万两①至 20 万两之间，值 200 余万银圆上下。

桐籽贸易。清水江流域很多地方盛产桐籽，江市、托口、远口、剑河、下司、凯里、岑巩等地都是桐籽的主要产区，桐籽产出后，以各种方式销往洪江，在洪江进行提炼加工，然后行销全国乃至出口国际市场。清末民初的所谓"洪油"，就是以清水江流域等地桐籽为原料在洪江炼制的桐油。洪江洪油业的兴起自同治三年（1864 年）张积昌创立时起，一直长盛不衰。清光绪六至十三年（1880—1887 年）运销洪油共 36.5 万担，年均 4.56 万担。沈从文在《常德的船》中描述的"洪江油船"下行常德时一次就载"三四千桶桐油"。

烟土（鸦片）贸易。清代以来贵州、云南广种罂粟，是我国最大的鸦片产区，滇、黔出产的鸦片主要通过两条运输线进入洪江：一条是从贵阳以骡马驮运至镇远装船，进入沅水经晃县、芷江、黔阳到达洪江；另一条是从贵阳驮运至麻江县的下司，装船进入清水江，经剑河、锦屏、瓮洞、托口到达洪江，这一条是主要运输线。另外，还有多如牛毛的小本商贩和附属于他们的行栈经纪和零售店亲邻相约、成群结队在洪江采运纸张、笔墨、刀剪等手工商品深入云南、贵州各乡村墟场出售后，收购零星鸦片，再沿途多抄山径小道逃避税卡，"溜帮"来到洪江。烟土到洪江

---

① 两，即两码，是当时南方广大地区计量木材应用最广泛的计量单位，1 两码约合 1.069 立方米。

集中后，分由水、陆两路运往销区：水路由辰、沅运至常德，再由常德分水、陆两路运往长江流域分销，这一条运路最长，销区最广，是各条线路中的主要线路；陆路从洪江经过黔阳、武冈直到宝庆，再由宝庆分运至长沙及湘南汝城销往江西、粤桂等地。清代洪江烟土最高年集散量 3 万余担，常年 1.5 万担左右。烟土除征正税外，附加课税甚多，每担税银为 60～70 两，地方育婴每担捐银八分。光绪年间洪江每年征烟土税银达百余万两。民国以后，洪江烟土集散量有增无减。

清水江流域的其他农产品，如茶油、茶叶、烟草、山苍子、板栗、中草药杜仲等也通过搭乘木排等形式到洪江集散。

（三）清水江流域输入商品的转运站

清水江流域以农林产业为主，其他商品，特别是工业产品主要依赖外地从水运输入，其下游的商埠重镇洪江就成为输入商品的转运站。

沅江在洪江进入清水江水道后，水道变窄，原本行驶在沅江的如"洪江油船"一类的大商船无法行驶，要换成小船才能上行。这种小船叫"苗船"，又称雀船，它是一种船头尖尖，船尾如麻雀扇形尾且翘得老高的船。洪江人也将过去从贵州下来的船称苗船。洪江贸易客商从沿海运回的食盐、布匹、百货等商品要销往包括清水江流域在内的黔、桂、滇等边远山区，都要换上"苗船"进行转运。对于洪江商品贸易和转运的景象，清康熙二十六年（1687 年），文人王炯在他的《滇行日记》中称洪江为"烟火万家，称为巨镇"。

通过洪江转运至清水江流域的商品主要有：①川盐、淮盐，即由沅江支流酉水转运来的川盐和由江苏运来的淮盐，同治十一年（1872 年）清政府在洪江设立淮盐缉私局；②棉、布和绸缎，即由长江下游通州等地运来的棉与布，杭州、四川及长沙输入的

丝绸，以及洪江生产的土布，光绪六至十三年（1880—1887 年）
洪江转销的布匹达 11.4 万捆（每捆 30 匹），年均 14282 捆，折
合 42.8 万匹；③日用瓷，即主要由江西、醴陵等地输入的日用
瓷器，民国 23 年（1934 年）洪江有瓷业 12 家，全部做转口贸
易，销往清水江流域等地；另外，木器、铁质农具、纸张、百
货、南杂、米粮也是转运至清水江流域的常见商品。

洪江还有一种生产资料输往清水江流域，那就是篾缆。这种
用竹篾编织成的缆绳是清水江木排编扎中不可缺少而且需求量非
常大的一种生产资料，其来源全部出自洪江。洪江各木帮上溯清
水江的锦屏、天柱购买木材时，必须用船载上篾缆。

光绪十三年（1897 年）仲夏编查户口时，洪江有正册的居民已
是 22290 人；民国 23 年（1934 年），洪江 3.76 万人中，经商的就达
1.3 万人；据民国 19 年（1930 年）统计和民国 22 年（1933 年）《中
国实业志》载，当时洪江开设店铺达 1300 余家，货币流通量居湖南
省第二位，仅次于省会长沙，成为湘西的经济中心。

（四）清水江流域贸易的金融中心

清水江流域贸易的客商及流通商品集聚洪江，商品交易也以
洪江为中心，从而带动了洪江金融服务业的发展，并将影响扩展
到清水江中上游。

清水江流域贸易最初是用白银交易，在"内三江"，木行的
一项主要职能就是"评估银色"。随着交易方便的需求和信用的
扩大，金融票据也在一定范围内使用，洪江的商业中心地位也促
使了其金融中心地位的形成。洪江初期的金融机构"钱庄"使用
的信用票据称为"洪兑"，以代替白银在清水江流域进行流通。
其流通程序大约是：前往清水江流域购买大宗商品的客商，在由
长江进入沅江时把白银存入汉口的钱庄，兑换成"汉票"；上溯
到达洪江后，再将"汉票"换成"洪兑"；用"洪兑"到清水江

流域购买木材等大宗商品；清水江流域的商人得到"洪兑"后，可以到洪江进货；洪江商人得到"洪兑"后，到钱庄换成"汉票"到汉口进货或兑换白银。可以说，洪江对清水江流域贸易的金融方面的影响也是十分深远的。

服务于清水江及沅江上游贸易的洪江钱庄始于清代后期。光绪三十一年（1905 年），有钱庄 21 家，资本 4.1 万元（银圆），并发行纸币 1.28 万元；民国 5 年（1916 年），有钱庄 23 家，有资本 2.78 万元，铜圆 3.7 万串，发行铜圆卷纸币 2.33 万串，其中的裕道祥、裕道恒、义孚康、文庄四大银号其汇兑业务遍及西南、中南及华东各大城市。在经济发展中，钱庄也在向银行业发展，光绪三十四年（1908 年）成立湖南官钱局洪江分局，有资本白银 4 万两，主要办理存款、汇兑、贷款业务；民国 6 年（1917 年），改为湖南银行洪江分行。民国 22 年（1933 年），湖南省银行在洪江设立汇兑处；抗日战争时期，"中央""中国""交通""农民""复兴""湖南"及"中央合作金库"等 7 家银行在洪江都设立了支行。

可以说，洪江在清代以来清水江贸易中发挥了多方面的积极作用，促进了西南地区经济与全国的对接，也促进了清水江流域苗侗地区的经济发展。

四、结语

洪江古商城从形成到兴盛经历了数千年的风风雨雨，经历了从无到有、从小到大、从弱到强的过程，最终形成了"烟火万家，堪称巨镇"的以商业贸易为主的商业重镇，其在清水江贸易中的作用也得到了充分发挥。

参考文献

[1] 陈金全，杜万华. 贵州文斗寨苗族契约法律文书汇编——姜元泽家藏契约文书 [M]. 北京：人民出版社，2008.

[2] 单洪根. 木材时代——清水江林业史话 [M]. 北京：中国林业出版社，2008.

[3] 贵州省锦屏县志编纂委员会. 锦屏县志 [M]. 贵阳：贵州人民出版社，1995.

[4] 洪江市志编纂委员会. 洪江市志 [M]. 北京：生活·读书·新知三联书店，1994.

[5] 湖南省会同县志编撰委员会. 会同县志 [M]. 北京：生活·读书·新知三联书店，1994.

[6] 蒋学志. 从洪江古商城看中国近代商业管理模式的变迁 [J]. 湘潭师范学院学报，2006（9）.

[7] 锦屏县林业志编纂委员会. 锦屏县林业志 [M]. 贵阳：贵州人民出版社，2002.

[8] 刘芝凤. 发现明清古商城 [M]. 广州：南方日报出版社，2002.

[9] 马克斯·韦伯. 儒教和道教 [M]. 洪天富，译. 南京：江苏人民出版社，2008.

[10] 齐涛. 中国古代经济史 [M]. 济南：山东大学出版

社，1999.

[11] 黔东南苗族侗族自治州地方志编纂委员会. 黔东南苗族侗族自治州志·林业志［M］. 北京：中国林业出版社，1990.

[12] 王宗勋. 乡土锦屏［M］. 贵阳：贵州大学出版社，2008.

[13] 魏源. 圣武记：下［M］. 北京：中华书局，1984.

[14] 吴才茂. 清代清水江流域的"民治"与"法治"［J］. 原生态民族文化学刊，2013（2）.

[15] 吴兴然. 明清时期锦屏苗木生产经营初探［J］. 贵州社会科学，1990（4）.

[16] 曾梦宇. 清水江林契中的产权形式与深化林权改革［J］. 原生态民族文化学刊，2012（4）.

[17] 张应强. 木材之流动：清代清水江下游地区的市场、权力与社会［M］. 北京：生活·读书·新知三联书店，2006.

[18] 赵民，陶小马. 城市发展和城市规划的经济学原理［M］. 北京：高等教育出版社，2001.

[19]《中国少数民族社会历史调查资料丛书》修订编辑委员会贵州省编辑组. 侗族社会历史调查［M］. 贵阳：贵州人民出版社，1988.

[20] 中共洪江区工委宣传部洪江古商城系列丛书编委会. 洪江古商城［M］. 北京：中国文史出版社，2007.